INVENTAIRE
S 24,953

MANUEL
DE
L'AGRICULTEUR
DU MIDI DE LA FRANCE
ET DE L'ALGÉRIE

PETITE MAISON RUSTIQUE MÉRIDIONALE

PAR A. CHAILLOT

4ᵉ ÉDITION

entièrement revue et considérablement augmentée

ornée de Figures

AVIGNON
AMÉDÉE CHAILLOT, ÉDITEUR
Place du Change, 5

Automne . . . . le 23 septembre.
Hiver. . . . . le 22 décembre.

PLANÈTES.

Les Planètes tournent autour du Soleil qui les éclaire de sa lumière et les rend ainsi visibles. On les nomme, en commençant par la plus voisine du Soleil, Mercure, Vénus, La Terre, Mars, Jupiter, Saturne, Uranus, Neptune, plus 59 petites planètes entre Mars et Jupiter.

ÉNIGME.

Que je suis avant que de naître
Destinée à subir une fatale loi !
Quoi pour me conserver l'être,
J'ai beau, cruel lecteur, me voiler devant toi,
Tu me contrains de paraître,
Et tu m'anéantis en disant que c'est moi.

Le mot de l'énigme est ici-même.

Nous recommandons les ouvrages annoncés ci-après. La lecture en est aussi attrayante que variée; le prix très modéré. Ils peuvent être mis dans toutes les mains. Nous engageons à en demander un volume pour en juger. Cette Collection a reçu de haut...

---

18 M Les Cendres
19 I s Siméon
20 V s Eleuthère
21 S s Pepin
22 D *Quadragésime*
23 L Ch. s. Pierre à Antioche
24 M s Mathias
25 M *Quatre-Temps*
26 J s Alexandre
27 V s Léandre
28 S s Romain

3, à 10h 34m du soir.
11, à 10 56 du matin.
18, à 3 16 du matin.
25, à 0 43 du soir.
Soleil 7h 20m couch. 5h 8m.
7 10   5 20
6 54   5 35

...r comme en janvier. Tailler et ...ruitiers, si le temps est doux, fu... pousser. Planter des pommes-de-... ...piquer les laitues diverses.

MANUEL
DE
L'AGRICULTEUR
DU MIDI DE LA FRANCE
ET DE L'ALGÉRIE

PETITE MAISON RUSTIQUE MÉRIDIONALE

PAR A. CHAILLOT

4ᵉ ÉDITION

entièrement revue et considérablement augmentée

ornée de Figures

AVIGNON
AMÉDÉE CHAILLOT, ÉDITEUR
Place du Change, 5

1866

Tous droits réservés.

AMÉDÉE CHAILLOT, Imprimeur-Libraire-Éditeur,
à Avignon.

AVIS DE L'ÉDITEUR

SUR CETTE QUATRIÈME ÉDITION

Lorsque nous fîmes paraître cet ouvrage pour la première fois, nous disions : « Un livre manquait aux cultivateurs de nos provinces méridionales et de l'Algérie : c'était un petit traité d'agriculture particulier au sol et au climat de ces latitudes. Plusieurs ouvrages avaient été publiés sur ce sujet ; mais ils étaient tous d'un prix trop élevé pour qu'ils pussent être répandus parmi les habitants des campagnes. Nous avons voulu y suppléer en publiant cet ouvrage sous un petit format : nous nous sommes attaché à n'y traiter avec quelques détails que les cultures le plus en usage dans les contrées du Midi. Nous avons consulté les meilleurs agronomes de la Provence, du Languedoc et de l'Italie. Si, comme nous l'espérons, ce petit Manuel est accueilli favorablement par nos cultivateurs, nous continuerons à en publier de nouveaux sur les matières dont nous n'avons parlé que brièvement, et sur celles dont nous avons les manuscrits en porte-feuille et que l'exiguité de ce volume ne nous a pas permis d'y insérer. »

Notre livre a pleinement atteint son but et trois éditions tirées à grand nombre furent rapidement épuisées. Des circonstances qu'il est inutile de rappeler ici nous ont fait retarder jusqu'à ce jour l'impression de cette nouvelle édition. Nous cédons, en la publiant, à un désir qui nous a été souvent manifesté, et pour mieux répondre à ce qu'il a de flatteur pour nous, nous n'avons rien négligé pour que, sous un petit format et pour un prix bien modéré, on trouvât dans ce livre toutes les améliorations résultant des progrès que la science, l'industrie et l'expérience ont introduites dans l'agriculture, à l'époque actuelle.

Les éléments les plus essentiels de l'art de cultiver la terre sont ici réunis et exposés avec méthode et clarté, de sorte que ce livre peut encore servir de base à l'enseignement de l'agriculture, dans les *Écoles primaires du Midi*, et *MM. les Instituteurs* y puiseront les leçons les plus utiles à donner à leurs élèves.

Nous répéterons ici la prière qui terminait l'avertissement de la première édition :
« Les personnes qui trouveraient des erreurs dans ce petit ouvrage, et dont l'expérience en agriculture peut être utile à leurs concitoyens, sont invitées à nous adresser *franco* leurs observations : dans les publications subséquentes nous insérerons les

documents qu'ils nous feront l'honneur de nous adresser. Ils contribueront par ce moyen à propager l'art précieux de féconder la terre, parmi des hommes encore imbus d'anciens préjugés et esclaves d'une vieille routine si contraires à leurs intérêts. »

MANUEL DE L'AGRICULTEUR DU MIDI

Des diverses espèces de Terres.

L'influence de la terre sur la végétation et sur ses produits, sa culture et la réparation de ses pertes, en font un des objets les plus essentiels à considérer en agriculture. On compte plusieurs espèces de terres qui diffèrent beaucoup entr'elles, indépendamment des divisions principales, par leur plus ou moins grand degré d'humidité ou de sécheresse, par leur légèreté ou leur cohésion, et par les mélanges plus ou moins considérables que la nature et l'art y ont introduits.

Les quatre espèces principales, susceptibles de culture sont: 1° les terres sablonneuses; 2° les terres argileuses; 3° les terres calcaires; 4° le terreau ou humus.

Terres sablonneuses. Ces terres seraient stériles si l'on n'y rencontrait pas un mélange d'autres terres. Lorsque l'argile y entre pour un tiers, et le sable pour deux tiers, le terrain est propre à la culture du blé et des arbres; si l'argile n'en forme qu'un quart, on y cultivera le seigle, la vigne, ou on le plantera en bois. Pour améliorer ces terres, on y introduira le fumier de vidanges et de bêtes à cornes, la marne argileuse et le terreau. Ce sol, léger de sa nature, exige peu de labours. Laissant échapper facilement leur humidité, ces terres ont beaucoup à souffrir des ardeurs de l'été ; par conséquent, on y cultivera de préférence les plantes qui végètent principalement dans le printemps et en automne. Elles produisent abondamment dans les années pluvieuses ; il sera bon de les planter d'arbres sur les bords et dans l'intérieur pour arrêter la trop prompte évaporation des pluies et des rosées, les laisser moins exposées aux feux du soleil, et mettre à l'abri des grands vents les plantes qui y sont moins profondément enracinées que partout ailleurs. Si ces terres sont susceptibles d'être arrosées, on en retirera plus de produits en les consacrant au jardinage, pourvu qu'on leur fournisse une quantité suffisante de fumier.

Terres argileuses. L'argile pure ne serait pas productive si elle n'était pas mêlée à d'autres terres à qui elle fait part de ses bonnes qualités, principalement celle de conserver l'eau pendant longtemps. Sa couleur est tantôt bleuâtre, tantôt blanche, et le plus souvent tirant sur le jaune. Très-compacte, elle redoute beaucoup les sécheresses prolongées, qui y produisent des gerçures et des crevasses. Les plantes ont de la difficulté à s'y enfoncer ; mais les arbres plus robustes y viennent bien. Le fumier de cheval, d'âne et de mulet, les cendres, la marne, les démolitions, les plantes marines, les os en poudre, l'écobuage, conviennent à l'amendement de ces terres.

Terres calcaires. La chaux proprement dite qui

forme la base de ces terres est ordinairement mélangée avec l'argile, et quelquefois avec le sable. Avec ce mélange et une suffisante quantité de bon fumier de bêtes à cornes, elles sont propres à la culture des céréales, des vignes et des légumes.

— *Terreau* ou *humus*. C'est le résultat récent de la décomposition des végétaux, dont les parties désorganisées produisent ce résidu terreux, connu sous le nom d'humus. C'est la terre végétale par excellence. On la trouve principalement au pied des haies, des buissons et des arbres, où elle est produite par les feuilles et les bois pourris. Chaque récolte absorbe une partie des principes qui la composent; il est donc nécessaire d'entretenir sa fertilité par de bons engrais, si l'on ne veut pas qu'un bon terrain soit privé par degrés de ces sucs nourriciers.

On ne trouve guère de terres qui n'offrent quelque mélange : plus le mélange est varié, plus le sol est fertile. L'argile conserve l'eau assez longtemps pour qu'elle profite aux plantes; le sable rend le sol poreux, facilite l'écoulement des eaux et l'introduction de l'air et de la chaleur; la chaux tend à amener la matière végétale solide, qui est dans une terre, à un état de décomposition plus prompte afin qu'elle puisse devenir l'aliment des plantes. L'exposition et le gissement des terrains contribuent encore à varier la nature du sol, en lui procurant plus ou moins d'air, de chaleur et d'humidité.

Des Engrais.

On peut, dans les climats plus septentrionaux, employer sans danger les fumiers qui produisent une grande chaleur; mais sous notre ciel ardent, si avare de pluie, ce n'est qu'avec précaution, et en le mélangeant qu'on peut le confier à la terre.

Les engrais provenant du règne animal, sont les plus puissants et les plus actifs en ce qu'ils fournissent aux plantes une plus grande quantité d'aliments; mais ils conviennent peu aux terres légères et chaudes, si ce n'est après leur fermentation et lorsqu'ils sont consommés; on peut sans danger les appliquer aux terres froides et fortes. Il faut observer que dans les terres sèches, on ne doit les employer qu'avec ménagement, car en augmentant déjà la chaleur de la terre, ils causent bien souvent la mort des plantes annuelles.

Des excréments humains. Aucun fumier ne produit des effets aussi actifs, et n'est plus propre à tout genre de culture; il convient à toutes les plantes, à tous les arbres. Il doit être enterré dans l'automne ou l'hiver, et jamais dans l'été, si ce n'est dans les terrains arrosables. Plusieurs agronomes prétendent que cet engrais communique aux plantes une saveur désagréable; cela ne serait pas étonnant dans les jardins des grandes villes où l'on emploie une grande quantité de ce fumier; mais on peut facilement remédier à ce mal, en employant cette matière sèche dans le jardinage.

Colombine. La fiente de pigeon est un engrais moins actif que les excréments humains, et cependant il est de plus longue durée. On la sème en même temps que le blé ; mais dans des endroits secs, peu soumis à l'influence de la pluie, il faut la mélanger. On s'en sert pour hâter la croissance des plantes potagères et redonner de la vigueur aux arbres épuisés. Elle sert également pour améliorer les fumiers froids, provenant du règne végétal, ou ceux de bœufs ou de vaches, en les répandant en poudre, couche par couche, lorsqu'on entasse ces fumiers pour les faire fermenter. Elle produit des effets étonnants, lorsqu'elle est répandue sur les prairies. Le fumier des oiseaux de basse-cour, quoique d'une qualité inférieure, s'emploie de la même manière.

Fumier de moutons, de chèvres et de lapins. Ce fumier, quoique moins chaud que les deux que nous venons de citer, peut être considéré comme l'engrais par excellence ; il est gras, d'une longue durée, et convient à tous les sols et à toutes les productions. Les petits propriétaires qui n'ont point de prairies artificielles, et ne peuvent avoir toute l'année un troupeau, doivent, pour ne point manquer de ce précieux engrais, acheter à l'entrée de l'hiver un petit troupeau proportionné aux moyens de subsistance qu'ils peuvent ramasser pour les engraisser, tels que des herbes, feuilles sèches, fanes de garance, marc de raisin, de betterave, de navet, etc. Ils doivent composer leur litière d'un mélange de paille de céréales, de genêt, de fougère, de thym, de romarin, de buis, et d'autres plantes odoriférantes. Ils trouveront dans cette opération non seulement le profit que leur donne la vente avantageuse des moutons qu'ils ont engraissés, et le produit de la tonte, s'ils les gardent jusques en avril, mais encore un tas considérable d'excellent engrais.

Ce qui est encore à la convenance des petits propriétaires qui ont le moyen de les nourrir toute l'année dans l'écurie, ce serait d'avoir un petit troupeau de chèvres. Le lait, les fromages et les chevreaux assureraient un joli bénéfice, et la litière donnerait un fumier excellent.

Nous recommandons aussi aux propriétaires qui ont beaucoup d'herbes dans leurs champs, et particulièrement à ceux qui cultivent la garance dans des pays humides comme les paluds, où l'on est obligé de sarcler souvent et où l'herbage croit en abondance, d'établir des garennes domestiques. Le lapin, qui se nourrit pendant toute l'année de plantes inutiles, fournit à l'agriculture un des meilleurs engrais. Cet animal, qui se reproduit fréquemment, assure encore un profit certain par la vente qu'on en peut faire journellement. Les petits cochons d'Inde élevés de la même manière, donnent un excellent engrais qui, placé au pied des vignes et des oliviers, agit puissamment.

Le fumier de cheval, de mulet et d'âne est encore un de nos meilleurs engrais, lorsque la litière avec laquelle il se trouve mêlé a acquis le degré de fermentation convenable ; il est applicable à toute sorte de production.

Les excréments de bœuf, de vache, fournissent un engrais moins chaud ; il a besoin d'être mêlé avec d'autre fumier ou avec de la chaux pour être amélioré. Il faut l'employer dans les terres sèches et légères.

Le fumier de porc offre encore une grande ressource aux petits propriétaires ; mais comme l'on est obligé de sortir la litière au moins tous les huit jours, il convient pour accélérer sa décomposition, de la saupoudrer couche par couche, à mesure qu'on l'entasse, de colombine, de suie, de cendre ou de marc d'olives, ou de l'arroser avec de l'eau salée.

Le fumier de vers-à-soie sert, en le mêlant avec des engrais froids ou qui abondent en litière encore en nature, à hâter, par sa grande chaleur, leur décomposition. Elle leur communique de si éminentes qualités, qu'il y a des propriétaires qui n'élèvent de vers-à-soie que pour se procurer leur fumier, et qui pour peu qu'ils réussissent, considèrent avoir gagné que d'avoir à leur disposition de ce précieux engrais.

Le guano. Produit des excréments que des millions d'oiseaux ont déposés depuis des siècles dans des îles du Pérou. Il est très chaud, et ne s'emploie que mélangé avec d'autre fumier moins actif.

Les os, les cornes, les écailles et coquillages concassés ou réduits en poudre, donnent un engrais durable, très bon pour les terres fortes et argileuses.

Les chiffons de laine sont encore un excellent fumier, qui agit puissamment sur les arbres et les céréales ; les plantes légumineuses et potagères n'en profitent qu'autant que les retailles sont très menues. Son action sur les terrains chauds ne se fait sentir que lorsque les pluies l'ont entièrement pourri ; voilà pourquoi il convient de le mêler avec les plantes légumineuses qu'on enfouit en pleine floraison ou lorsqu'on a récolté leurs gousses en vert. L'eau de la végétation que rendent ces plantes en se pourrissant, humecte ces morceaux de drap et facilite leur décomposition. Il faut avoir soin, en répandant ce fumier, qui doit être par morceaux d'environ 5 centimètres carré, que chaque morceau soit placé à la distance de 12 à 15 centimètres de son voisin et qu'ils soient enterrés profondément, les racines descendant toujours pour aller les chercher, ce qui les garantit de la sécheresse pendant la chaleur.

Les vieux chapeaux, peaux de lapin, rognures de peaux, vieux souliers qui forment un fumier d'autant plus durable qu'il est lent à se décomposer, doivent être enfouis de la même manière que les chiffons de laine; mais ils doivent être exclus des terres sèches et légères, parce qu'ils ne sont profitables qu'aux terres argileuses, humides et arrosables.

Des cendres. On ne peut douter que les cendres, quelle qu'en soit l'origine, ne soient un bon engrais, favorable surtout aux terrains d'une nature glaiseuse. Les cendres des plantes sont les meilleures, en ce qu'elles sont plus chargées de potasse. Le meilleur moyen de s'en procurer avec abondance, c'est de faire sarcler toutes les plantes que les animaux refusent de manger, et particulièrement celles qui, par leur nature dure et ligneuse, sont difficiles à pourrir, ou qui étant employées comme litière, infectent les terres de leurs semences et qui refusent de se putréfier.

Des cendres de gazon. Pour obtenir ces cendres, qui sont d'une excellente qualité, on coupe avec un instrument bien tranchant, les recoins négligés des chemins, les bords des fossés et les lieux gazonnés qu'on destine à cet objet. On laisse sécher au soleil ces mottes de gazon; lorsqu'elles sont sèches, on fait un petit fagot de bois sec, on l'entoure de gazon posé à plat, on en forme une espèce de cône, auquel on met le feu; et à mesure qu'il brûle, on pose du gazon sur les joints des premiers; et l'on laisse brûler ces fourneaux jusqu'à ce que les racines du gazon soient entièrement consumées.

Les cendres de charbon de terre peuvent également s'employer comme engrais étant arrosées avec l'urine ou avec de l'eau de suie ou des égouts. Elle ameublit avantageusement les terres humides, argileuses et froides.

Les cendres lessivées exposées à l'air sous des hangards à l'abri de la pluie, reprennent de la vigueur, surtout si on a soin de les arroser comme celles du charbon de terre.

Les heureux effets des cendres sur les prairies sont généralement reconnus; mais elles ne doivent être répandues que dans un état très-sec, par un temps calme et lorsque l'atmosphère promet une pluie prochaine. Elle convient aux terres argileuses; mais nullement aux calcaires, pierreuses ou sablonneuses qu'elles rendraient infertiles, surtout dans les années de sécheresse.

La suie donne encore un bon fumier, mais elle n'agit qu'avec le secours de l'eau; dans le terrain léger et sec, elle est nuisible.

Le poussier du charbon de bois est doué des plus excellentes qualités. On l'applique heureusement aux pieds des arbres, des câpriers, et sur les prairies. Il défend les oliviers et les figuiers des gros vers blancs qui leur sont si nuisibles.

La tourbe, dans diverses contrées, remplace le bois et le fumier ; il y en a de deux sortes, l'une presque noire, et l'autre grisâtre. La première s'emploie rarement comme engrais, parce qu'on s'en sert comme combustible et remplace le bois ; mais la cendre en est bonne. Elle se trouve dans d'anciens marais, et sous tous les rapports elle vaut mieux que la seconde qui, provenant de terrains marécageux en pente, est toujours mêlée de terre argileuse et de sable. Sa couleur moins noire prouve que les plantes qui ont contribué à sa formation, étaient moins grandes que celles des eaux stagnantes. Elle ne renferme pas autant de parties végétales, et n'est pas aussi propre à la végétation. On peut aussi employer ces deux espèces de tourbe comme engrais, en l'exposant en couche mince aux influences atmosphériques pendant un an, et en y mêlant une petite quantité de chaux quelque temps avant de s'en servir, ou en la faisant passer sous les animaux en la mêlant avec leur litière.

Le marc d'olives mêlé avec des substances charbonneuses ou à des débris de végétaux, accélère la végétation des fleurs ; mais depuis le perfectionnement de nos moulins, on préfère s'en servir comme combustible après l'avoir converti en mottes.

Le marc de raisin échauffe et ameublit les terres ; mais il faut l'enfouir de suite après les vendanges et ne pas l'entasser, parce que la fermentation lui fait perdre ses bonnes qualités. Il peut encore être employé comme un préservatif de la sécheresse en le mettant autour des arbres fruitiers qu'on ne peut arroser, de l'épaisseur de 15 à 18 centimètres à la fin du printemps, et en le couvrant bien de terre. Mais, pour le conserver, il convient de le garder dans une cave ou en un lieu frais, après l'avoir fait fermenter avec de l'eau. Il garantit de la pourriture, en s'en servant comme engrais, les plantes bulbeuses, telles que le safran, etc.

Le marc des huiles de graines, et particulièrement celui du colza qu'on appelle *trouille*, est un excellent amendement. La trouille échauffe et accélère la végétation, elle s'emploie efficacement dans les terres légères; on en jette, réduite en poudre, 1000 à 1500 kilogrammes par hectare, selon qu'on veut plus ou moins abondamment fumer; on l'enterre peu profondément avec un araire, et l'on sème quelque temps après les céréales, la graine de garance, etc.

Des plantes marines. L'algue de mer qui ne peut se pourrir étant entassée, s'emploie avantageusement pour diviser les terres fortes; mais elle est nuisible aux terres légères, surtout dans les temps de sécheresse; on peut la brûler, et ses cendres conviennent admirablement aux prairies et aux terres humides. Employée comme litière sous les chevaux, moutons et cochons, elle engraisse et ameublit généralement les sols argileux.

La patte de poule, autre plante marine qu'on retire de la mer avec toute sa sève, et qu'on transporte de suite dans les champs, est un très bon engrais pour toutes les terres, surtout si on l'enfouit avant qu'elle soit putréfiée. Elle amende singulièrement les arbres au pied desquels elle est enterrée.

Les plantes aquatiques herbacées des eaux stagnantes, des ruisseaux et des rivières qui coulent lentement, enfouies au sortir de l'eau, rafraîchissent les terres sèches et légères, préservent de la sécheresse les arbres qu'on ne peut arroser. Si on ne peut les enfouir de suite, il faut les mêler avec la litière de cochon ; elles accélèrent la putréfaction.

La paille des céréales hachée est encore un excellent engrais pour les terres fortes qu'elle divise ; la vigueur des plantes qui croissent près des aires en est une preuve non équivoque.

Le chaume doit s'enfouir dans les terres fortes et argileuses pour les rendre plus meubles et plus faciles à travailler, et doit s'arracher dans les terres légères dont les molécules ayant moins d'adhésion, ont besoin d'engrais qui leur en donnent. C'est ce qu'opère le chaume lorsqu'il a servi de litière aux bestiaux.

Plantes, arbustes, arbrisseaux propres p̀ servir d'engrais en les enfouissant. Toutes les plantes et arbustes de nos montagnes méridionales, et toutes celles qui croissent sur les bords de la mer, donnant de la soude par l'incinération, peuvent servir d'engrais, surtout lorsqu'elles sont coupées au printemps et enterrées sans les laisser sécher ; elles sont également propres à servir de litière aux bestiaux. Les plantes et arbustes odoriférants, et les arbrisseaux à qui l'hiver n'enlève pas leurs feuilles, sont un engrais d'autant plus précieux, qu'ils fournissent par leur décomposition une grande quantité de terre végétale.

Dans les contrées où l'on est privé des plantes

ou arbustes, on doit semer des plantes annuelles qui, étant enfouies en pleine floraison, améliorent considérablement les champs.

L'on peut donc se servir de ces herbes légumineuses comme engrais, mais il faut les couper jeunes et avant que le grain soit bien formé, pour pouvoir en obtenir un effet satisfaisant. C'est un demi-fumage connu depuis longtemps.

Nous préfèrerions néanmoins à toute autre plante et même au lupin, la fève des marais, qui a la propriété de fertiliser les terres légères, et de diviser les terres argileuses.

Viennent ensuite la plante de pomme de terre, la vesce, l'hers, la féverole, le sarrasin ou blé noir. Ce sont des plantes fertilisantes, qui donnent de l'engrais et des sels à la terre.

Les feuilles même du tabac, qui donnent de la potasse, réduites en cendres, sont un engrais végétal, à la vérité peu connu et hors d'usage, mais que l'expérience qu'en a fait un agronome instruit, a démontré être un puissant secours pour la végétation.

Telle est la voie dont se sert la nature pour réparer les pertes que fait la terre dans la production et l'alimentation des herbes et des plantes qu'elle produit. Mais l'homme par des semences successives épuise trop la terre, pour qu'un simple engrais provenant des végétaux enfouis puisse lui suffire ; il est donc obligé d'avoir recours à des engrais plus puissants et plus substantiels; tels que le fumier qui vient des excréments des hommes ou des animaux, et que l'on appelle stercorat, et quelquefois de celui qui résulte de la putréfaction des animaux même. Tout en un mot doit être mis en usage par l'agriculteur, afin d'amender son terrain épuisé. Parmi les engrais végétaux, on peut comprendre le terreau naturel, c'est-à-dire celui que l'on peut prendre dans les forêts, et qui se forme de la décomposition des feuilles : ce n'est pas un fumier chaud ; mais l'humus qu'il contient le rend néanmoins propre à fertiliser les terrains de toute qualité, et surtout les champs argileux.

Aux engrais tirés des végétaux tombés en putréfaction, se joignent ceux que l'on tire du règne minéral. Ce règne en fournit un grand nombre, et quelques-uns d'une nature très fertilisante, et qui ne coûtent presque rien que de les préparer.

La marne, se trouve quelquefois à la surface de la terre, et le plus souvent à une médiocre profondeur : c'est un composé d'argile, de sable et de craie, amalgamés ensemble, au point que l'on a quelquefois de la peine à distinguer l'une de l'autre. Quand la marne est argileuse, c'est-à-dire, que l'argile y domine plus que le sable ou la craie, c'est alors la meilleure et la plus pure.

La marne agissant sur les plantes comme engrais et comme stimulant, produit des effets plus marqués que les autres sortes de fumier. L'expérience a appris que toute marne n'était pas propre à toute espèce de terrain, et qu'il faut en bien distinguer les qualités. On doit employer la marne calcaire pour les fonds un peu compactes. La marne argileuse améliorera les terrains secs, tandis que les terres fortes et argileuses se bonifieront par l'emploi de la marne calcaire et sablonneuse.

C'est au mois de septembre et d'octobre, qu'il

faut de préférence enterrer la marne sur les terres où l'on veut semer le froment, pour que les pluies de l'automne puissent facilement la pénétrer et l'incorporer avec la terre du fonds sur lequel on l'a placée. On donne d'abord à cet effet un léger labour, puis un second ; ensuite les autres cultures du printemps et de l'été achèveront de la fondre.

L'emploi de la marne pour la culture de la vigne et des arbres, se fait de la même manière que pour la culture des grains. Sans pouvoir déterminer d'une manière précise, la quantité de marne à répandre sur chaque espèce de terrain, l'on peut affirmer qu'une terre quelconque est bien marnée, lorsqu'elle est couverte depuis 2 centimètres jusqu'à 4 d'épaisseur tout au plus. Ce qui, comme nous l'avons déjà dit, doit se faire au mois de septembre et d'octobre.

Pour ce qui regarde les prairies, l'on doit attendre que le bétail ait cessé d'y paître ; en préparant toutefois la marne, pour qu'elle produise par la délitescence son effet fertilisant ; mais quand la marne véritable manque au propriétaire, il peut y suppléer par une marne factice. Cette marne factice se trouvera dans le plâtre et même le plâtras.

Du plâtre. Cette substance employée sur les terrains dépourvus de terre végétale, et par eux-mêmes sans force, a obtenu le succès le plus complet. L'on doit, dans les départements méridionaux, répandre en automne, le plâtre sur les prairies sèches, et au commencement du printemps, sur les prairies artificielles qui sont à portée d'être arrosées, avec la précaution de les arroser quelques jours après, si le temps est sec.

On peut encore employer au même usage les plâtres que l'on retire de la démolition des maisons, pourvu qu'on les pulvérise et que l'on y en répande une plus grande quantité.

La chaux. On peut se servir de la chaux pour engrais dans les fonds humides et marécageux, parce que la chaleur naturelle à cette substance absorbe une partie de l'humidité de ces terrains, et facilite la végétation trop lente des plantes. C'est pour cela que cette sorte d'engrais réussit merveilleusement en Allemagne et dans les autres pays du nord, naturellement froids et humides; ce qui ne réussirait pas probablement aussi bien dans nos contrées méridionales, où le sol aride et brûlant manque en général d'humidité.

La houille. Il y a une sorte de houille qui peut servir d'engrais ; cette houille d'engrais est une terre friable composée de débris d'animaux et de végétaux, et elle contient des pyrites et d'autres substances inflammables. La quantité moyenne à placer sur toutes sortes de fonds en général, est de 4 hecto par mètre de houille crue, et 2 hecto de houille calcinée. Mais les heureux résultats de l'emploi de la houille ne se sont encore fait sentir d'une manière bien sensible que sur les herbages, les prairies naturelles et artificielles : les blés en ont beaucoup moins profité.

Soude artificielle. Elle a été reconnue aussi propre que la soude végétale à fournir de la substance à la terre, surtout aux fonds humides qui ont plus besoin de sels que de graisse ou de limon.

Le sel marin, propre à fertiliser les terres argileuses et humides, peut néanmoins être employé comme engrais dans les terrains calcaires ou sablonneux, en l'unissant à l'eau dans une proportion convenable. L'on fera pour cela dissoudre 100 kil. de sel terreux dans 75 litres d'eau pluviale, et en répandant cette eau au mois d'octobre sur un pré, l'on en verra croître l'herbe au printemps avec la plus grande célérité.

Il y a encore d'autres manières d'employer le sel marin, comme engrais; mais la meilleure est de le décomposer et d'en atténuer la causticité, en le mêlant avec du fumier à demi pourri. C'est par ce procédé bien simple que l'on peut amender un terrain de médiocre qualité, et lui faire produire une récolte plus abondante que l'on ne pourrait en obtenir par tout autre engrais.

Les décombres qui sont un mortier sec composé d'un mélange de chaux et de sable, ou un vieux plâtre uni au mortier, matière que l'on peut aisément se procurer quand on démolit des maisons, contiennent un sel très propre à faire végéter avec force certaines plantes et certains arbres. On les emploie avec succès pour amender les oliviers, les capriers et les terres arables ou peu fortes.

La poussière des chemins qui vient des débris des pierres calcaires, entre aussi comme engrais dans les fumiers, d'autant mieux qu'elle n'est jamais sans mélange de substances végétales et animales. La boue des chemins et des fossés devrait aussi être ramassée avec soin pour être enterrée au pied des vieux oliviers, des vieux figuiers et de quelques autres arbres fruitiers, dont elle a la vertu de ranimer la végétation languissante.

La boue des rues et des ruisseaux est encore

meilleure que celle des chemins et des fossés, attendu qu'elle contient plus de limon et d'argile. Il est incontestable que cette terre desséchée par la chaleur de l'été, étant formée de débris végétaux, est grasse, limoneuse, et que l'on pourrait l'extraire et l'employer avec succès pour la fertilisation des terres maigres et sablonneuses.

Écobuage. Mais un grand moyen de suppléer au fumier, lorsqu'il manque, ce qui arrive assez souvent, c'est de brûler des mottes de terre, en construisant des fourneaux au moyen du chaume qui reste dans un champ moissonné et de quelques broussailles que l'on ramasse. Ces fourneaux sont ensuite, lorsqu'ils ont été brûlés, écrasés avec soin, mêlés avec la cendre, et répandus le plus uniformément qu'il est possible, sur la terre que l'on se propose d'amender par ce procédé qui peut avoir un heureux résultat, en l'employant sur les terres fortes, humides, difficiles à travailler, attendu qu'elles les rendent plus meubles et leur communiquent des sels dont elles étaient privées. Les fourneaux sont aussi avantageux, quand on veut mettre en rapport des terres depuis longtemps en friche et infectées de mauvaises herbes.

Vases des ports de mer. Il a été reconnu par des expériences renouvelées à différents temps, que la vase des ports de mer, au moins celle de quelques ports de la Méditerranée, est un engrais excellent, soit qu'on l'emploie seule, soit qu'on la mêle avec d'autres engrais du règne végétal ou animal, et qu'elle produit des effets très satisfaisants dans les terres ensemencées en blé, en légumes, et même lorsque ces terres sont maigres et lasses de produire.

Eau de la mer. Si la vase des ports est un engrais, il est hors de doute que le sel marin favorisant la végétation, l'eau de la mer doit remplir le même but, attendu qu'elle contient plusieurs substances fertilisantes, dont la formation est probablement due à la décomposition de la nombreuse quantité d'animaux qui habitent cet élément.

L'essai que l'on a fait de cette eau de la mer sur les oliviers, sur les terrains ensemencés en blé ou en plantes légumineuses a bien réussi, au rapport d'un agronome provençal fort instruit qui l'a fait et répété plusieurs fois lui-même avec un succès complet. La proximité de la mer donne aux habitants des côtes maritimes du Languedoc, de la Provence et de l'Algérie, la facilité d'user, pour l'amendement de leurs terres, de ce moyen de fertilisation, que l'éloignement où en sont tous les autres leur refuse.

Eaux savonneuses et des lavoirs. Les eaux provenant des savonneries ne sont pas moins échauffantes que l'eau de lessive, et doivent être employées avec la même précaution. Jetées inconsidérément au pied des arbres et sur leurs racines, elles leur nuiraient fort en arrêtant tout-à-coup la circulation et l'ascension de la sève ; au contraire, répandues sur la terre sans les enfouir, les pluies ont le temps de dissoudre les substances salines qui les constituent, et par là de les transmettre suffisamment modifiées aux racines des plantes qu'on y sème quelque temps après. Ces eaux ont encore la propriété de donner de la force aux fumiers faibles du règne végétal.

Eau de neige. L'on sait en principe, et par l'analyse, que l'eau de neige est favorable à la végétation, à cause de la grande quantité d'oxygène qu'elle renferme.

Engrais mixtes ou composés des trois règnes de la nature. C'est des Anglais que nous tenons la composition de ces sortes de fumiers mixtes qu'ils appellent, et que nous pouvons d'après eux appeler *composts.* On se procure d'abord pour cela des matières sèches, de la colombine, de la suie, des cendres, du plâtre, etc., et l'on fait en sorte d'avoir suffisamment de l'eau à sa disposition.

Cela fait, on creuse des fosses de telle grandeur que l'on veut, pour contenir le fumier, ce qui se pratique à quelque distance des maisons de campagne, pour ne pas s'exposer à respirer les gaz méphitiques qui s'en exhalent. Il y a plusieurs espèces de ces composts ; nous nous contenterons d'en faire connaître plusieurs.

Premier compost. On mêle deux bonnes charretées de fumier frais sortant de l'écurie, avec trente charretées de terre neuve, la meilleure qu'on puisse se procurer. L'on y ajoute 75 kilogrammes de chaux vive et 25 kil. de sel marin.

On met dans un tonneau plein d'eau de puits, de source ou de rivière, cette chaux et ce sel que l'on mêle bien ensemble ; après quoi on fait un lit de terre dans la fosse que l'on arrose avec un seau de l'eau du tonneau ; on met ensuite un lit de fumier qu'on arrose de même, et l'on continue ainsi jusqu'à l'épuisement des matières, en terminant le tas par un lit de terre. Ce mélange ainsi composé, on le laisse reposer un mois, au bout duquel on le retourne, ce qui se répète encore une fois après un second intervalle ; cela fait, on n'y touche plus jusqu'au moment de l'enterrer.

Second compost. On s'en sert surtout dans la Belgique ; il consiste à creuser dans la basse-cour une fosse d'une certaine grandeur que l'on entoure d'un petit fossé pour recevoir les eaux pluviales que l'on détourne à cette fin. On met dans cette fosse une couche de fumier saupoudrée de chaux vive ; on arrose cette première couche de fumier de l'eau prise dans le petit fossé ; on place ensuite sur le fumier une couche de bonne terre ; on renouvelle le même procédé, toujours dans le même ordre, en observant de recouvrir la dernière couche de fumier d'une plus forte couche de terre, pour le mettre à l'abri de l'action desséchante du soleil. C'est par cette méthode que l'on compose un bon fumier mixte qui se réduit en terreau au bout de l'année sans rien perdre de sa force.

Troisième compost pour les terres argileuses : un lit de fumier d'écurie ; un lit de sable de rivière, arrosé avec de l'eau de chaux ; un lit de marc de raisin saupoudrée de suie ; un lit de fumier, ainsi de suite finissant par le sable.

Quatrième compost pour les terres sablonneuses : un lit de craie qu'on arrose avec de l'eau où l'on a fait dissoudre des excréments humains ou de la colombine, ainsi de suite en terminant par l'argile.

Cinquième compost pour une terre crayeuse : un lit d'argile saupoudré de cendres, un lit de fumier d'écurie bien fermenté, un lit de petits graviers, et on recommence et on finit par l'argile.

Sixième compost. Un lit d'environ 30 cent. de

mauvaises herbes, un lit de fumier d'écurie, un lit d'argile si c'est pour les terres sablonneuses, ou de sable si c'est pour les argileuses; arrosé avec de l'eau de colombine; on recommence et on finit par l'argile ou le sable.

On peut varier ces composts d'une manière analogue aux précédentes, en y mettant les matières qu'on a à sa disposition.

Tous ces composts arrosés avec de l'urine qu'on peut recueillir dans les maisons, dans les écuries, et dans les loges à cochons; ou avec de l'eau salée ainsi qu'elle est indiquée à l'article *sel marin*, page 24 sont bientôt dans un état de décomposition qui permet de les employer de suite.

Des fumiers et de leurs emplois. — Pour que le fumier puisse bien engraisser la terre, faire végéter les arbres et les plantes d'une manière vigoureuse, et les conduire à l'état de fructification, il est nécessaire qu'il soit bien pourri, c'est-à-dire que les substances végétales et animales dont il est formé, soient décomposées. Il faut donc pour cela tenir le fumier entassé lorsqu'on l'a sorti des étables ou des écuries, non pas au soleil, où il se dessèche et perd une grande partie de ses sels fécondants; mais à couvert, arrosé de temps en temps, et ménager pourtant les arrosements pour entretenir la fermentation putride, et faciliter la décomposition des matières végétales, à laquelle nuirait une trop grande quantité d'eau, qui entraînerait les sels sur le sol. Ce n'est qu'en évitant les deux extrêmes de le tenir trop sec et trop délayé, que l'on parvient à mettre le fumier dans l'état le plus favorable à la végétation.

Une fois qu'il est dans cet état, il ne faut plus rien faire au fumier que de le couvrir pour le garantir du contact de l'air qui le dessécherait et lui ferait exhaler, par l'évaporation, l'azote qui est sa première et sa plus précieuse qualité.

S'il arrive que l'on place plusieurs tas de fumier l'un sur l'autre, ce n'est que mieux, attendu qu'ils se bonifient successivement en recevant chacun à leur tour l'eau azotée qui découle du tas placé au-dessus. Lorsque les fumiers sont purs et sans mélange, ils n'ont pas besoin de fermenter, attendu que la fermentation les affaiblit en les décomposant. Il est donc nécessaire de les enfouir secs, et de les placer jusqu'alors dans un endroit frais, afin de prévenir leur décomposition.

Du temps où il faut fumer. Personne n'ignore qu'il n'y a que deux saisons pour semer et planter avec succès, le printemps et l'automne.

Or, que l'on sème à la première ou à la seconde de ces deux saisons, l'intérêt du propriétaire est d'enterrer ou de faire enterrer son fumier au moment où la semence va être jetée dans la terre. Car le fumier enterré au printemps ou en été, se dessèche quand les saisons, ce qui n'est pas rare, surtout dans les climats méridionaux, ne sont pas humides. C'est donc en automne, de préférence, qu'il importe d'enterrer le fumier, non pas la veille de l'ensemencement, mais quinze ou vingt jours avant de semer; parce que la chaleur que la terre renferme à une certaine profondeur, se joignant à l'humidité des pluies d'automne, aide à la décomposition du fumier, du suc duquel les racines s'emparent, et qu'elles transmettent ensuite à la plante après s'en être saturées.

Si dans l'intervalle de l'enfouissement du fumier aux semailles, les mauvaises graines qui pouvaient se trouver dans le fumier avaient fait germer de mauvaises herbes, on les détruirait par le labour de l'ensemencement.

Pour ce qui est de la quantité de fumier à répandre sur le terrain que l'on se propose d'ensemencer, c'est sur quoi l'on ne saurait établir de règle fixe ; parce que cela dépend de la nature et de la qualité du terrain, de son exposition et du genre de production auquel on le destine.

Tout ce que l'on peut dire là dessus, c'est que les terres en général exigent d'autant plus d'engrais, que leur défrichement est plus ancien, et que ces assolements vicieux les ont plus épuisées ; qu'il faut une moindre quantité de ceux qui sont échauffants que des autres ; qu'il n'en faut pas autant dans les terres fortes que dans les terres légères, et qu'il y a des espèces de plantes qui en demandent plus que d'autres.

Ce qu'il y a en cela encore de bien certain, c'est que la trop grande quantité de fumier est à peu près aussi nuisible aux plantes que la trop petite ; car si dans le premier cas le fumier est favorisé par les pluies, il les fera pousser beaucoup en feuilles, ce qui épuisera la sève, et ne lui laissera pas la force de produire des grains ; au lieu que quand il ne pleut pas assez pour dissoudre les sels du fumier, ces sels non dissous dessèchent les racines des plantes. Et dans le second cas on perd, par l'insuffisance du fumier, le travail et la semence, ou au moins son effet est à peu près nul. L'économie du fumier tient souvent, il est vrai, au manque de bétail, il faut donc s'en procurer ; car il vaudrai beaucoup mieux semer moins et fumer davantage. C'est le seul moyen d'obtenir une bonne récolte.

Malgré la théorie qui recommande de ne pas enterrer les engrais à une trop grande profondeur, l'expérience nous apprend que souvent les fumiers enfouis à une plus grande distance de la superficie de la terre, au moins dans les contrées du midi, sont ceux qui font le mieux végéter les plantes. Et la raison en est facile à donner: 1º Quand le fumier est enterré à une certaine profondeur, les racines, que le fumier attire, se trouvent moins exposées au froid, et travaillent même pendant l'hiver. 2º Le fumier humecté par les pluies, conserve cette humidité pendant l'été, et préserve les plantes de la sécheresse. 3º Le fumier s'y décompose plus lentement, ce qui aide les racines à s'étendre.

Il paraît que les racines des arbres, comme celles des plantes, attirées par la chaleur et l'humidité qui sont les deux grands principes de la végétation, vont chercher l'une et l'autre à des distances et à des profondeurs incroyables, quand elles peuvent les y trouver, l'eau qui s'y infiltre et le fumier que l'on y a placé.

A ce que nous avons dit ci-devant sur la manière de préparer le fumier pour le rendre propre à fertiliser la terre, nous devons ajouter quelques observations sur celle de le conserver dans sa force jusqu'au moment où il doit être enterré.

Quand le fumier a cessé entièrement de fermenter, et qu'il n'exhale plus d'odeur fétide, on doit le couvrir d'une couche de terre glaise, de l'épaisseur environ d'un pied, afin d'empêcher que l'air ne le dessèche. C'est par ce moyen qu'il retient longtemps son humidité et conserve l'azote dont il tire ses qualités fécondantes.

L'on pourrait faire ici une question, et demander si le fumier conservé jusqu'à ce qu'il soit réduit en terreau, serait aussi profitable aux plantes, que si on l'eût enfoui lorsqu'il a été suffisamment préparé ?

On répondrait à cela que quoique le fumier réduit en terreau se décompose peu-à-peu, et perde sa chaleur et son humidité, et les gaz que l'une et l'autre lui procurent, tous ces principes fertilisants ne sont pas perdus pour cela : l'on pourrait même dire, que ce fumier réduit en terreau et tout-à-fait consommé, s'amalgame, se confond mieux avec la terre à laquelle il doit servir d'engrais.

Manière dont le fumier agit sur les végétaux. Les fumiers que l'on enfouit dans la terre pour l'améliorer, y agissent de trois manières différentes. Par leur fibre végétale non décomposée, ils divisent, ameublissent les terres fortes ; leurs sels dissous par les pluies s'unissant à l'humus, deviennent la nourriture des plantes, et attirent l'humidité de l'atmosphère auprès d'elle, ce qui les garantit de la sécheresse, ou du moins en atténue les effets.

Ces fumiers, en engraissant peu-à-peu la terre, forment cette première couche appelée terre végétale, qui donne de belles récoltes, seule ou avec très peu d'engrais.

Les substances végétales et animales converties en fumiers par la putréfaction et déposées dans la terre, sont absorbées par les racines des plantes, et deviennent par conséquent parties constituantes de la matière organisée, à quoi l'eau et tous les fluides contribuent puissamment. C'est pour cette raison que les engrais liquides bien préparés, et employés à propos, ont une influence si marquée sur la végétation.

De l'amendement des terres. Quoique les terres prises en général soient à peu près partout les mêmes, on ne laisse pas de les distinguer par leurs qualités ; on les divise en terre végétale argileuse, terre calcaire, sablonneuse. Si le but que se propose l'agriculteur en amendant son champ, est de lui faire contracter la qualité essentielle de ne retenir l'eau que dans la proportion qui convient exactement à chaque espèce de plante, le seul moyen d'y parvenir, est de procurer à ce fonds de terre les principes qui lui manquent pour devenir fertile, de venir, par ses peines et par son industrie, au secours de sa stérilité, ce qui n'est pas toujours facile.

Nous avons déjà dit, que la terre végétale était celle qui formait la première couche, et que le temps, les engrais et les influences atmosphériques avaient améliorée au point d'en changer la nature ; mais il ne s'ensuit pas de là que cette terre végétale, quelque bonne qu'on puisse la supposer, soit propre à produire toutes sortes de plantes. Sa qualité peut varier dans un même terrain, s'il est de quelque étendue, de manière que l'une se refuse à la production des plantes qui réussiraient bien dans l'autre. Celle-ci est trop légère, trop sablonneuse, elle ne peut retenir les eaux de la pluie et des arrosements qui la rendraient capable de donner aux plantes une végétation constante.

Celle-là est trop argileuse, les eaux du ciel la pénètrent facilement ; mais le soleil la dessèche, la gerce, la durcit surtout en été : alors l'humidité s'évapore, le chevelu des racines se flétrit. Quel moyen reste-t-il au propriétaire de ces fonds de terre, qui ont des qualités si opposées, et dont l'un a de trop ce qui manque entièrement à l'autre ? Il n'y en a pas de meilleurs et de plus sûrs, que de corriger l'une de ces terres par l'autre ; de répandre de l'argile sur les terres légères et sablonneuses, du gravier et du sable sur les terres compactes ou argileuses. Il y a des argiles de plusieurs couleurs, comme de plusieurs qualités : en divisant ces terrains argileux par le gravier, le tuf et le safre, en les ramollissant par la craie, elles forment alors un mélange de glaises douces que les sucs fertilisants pénètrent mieux, et peuvent devenir des fonds excellents, qui, au moyen des engrais convenables à leur nature, seront capables de donner une végétation superbe.

On se sert de la craie et du tuf pulvérisé, pour amender les terres schisteuses ; l'on emploie aussi pour produire le même effet, la chaux mêlée au fumier d'écurie et en général toute espèce de matière calcaire. Ces moyens ne sont pas impraticables, tant s'en faut ; mais ils nécessitent toujours des soins, quelquefois de la dépense, toujours de l'intelligence.

Du Drainage.

Dans les climats humides on a senti de bonne heure la nécessité de débarrasser les terres d'un excès d'humidité nuisible à la végétation. On a d'abord creusé des fossés d'écoulement ; mais on a par là diminué d'autant la surface des terrains productifs. Alors est venue la méthode de creuser ces fossés souterrainement. Voici une des méthodes les plus généralement adoptées. On creuse à ciel ouvert des fossés coupant en divers sens la surface à dessécher ; on les fait communiquer entr'eux en leur donnant une pente convenable pour que les eaux s'écoulent les uns dans les autres et soient portées dans les ruisseaux et rivières. Ces fossés ne sont pas grands ; ils sont garnis des deux côtés de pierres plates sur lesquelles on en pose une qui couvre la largeur du fossé. On rejette ensuite sur ce canal couvert la terre retirée du fossé. Les eaux s'infiltrent dans les intervalles des pierres et s'écoulent par ces petits canaux.

Ailleurs on pose des tuyaux en terre au fond des fossés, et l'eau s'infiltre entre les joints de ces tuyaux qui ne sont pas mastiqués, et qui peuvent avoir des trous.

Dans nos climats du midi, où la terre souffre ordinairement de la sécheresse, le drainage n'est utile que dans certains terrains trop humides.

Du Colmatage.

Le colmatage est un moyen de transformer un terrain stérile ou peu productif en bonnes terres, en y introduisant les eaux des rivières, lorsqu'elles sont troubles, et y faisant déposer le limon qu'elles tiennent en suspension. C'est surtout pendant l'automne et l'hiver, époque où les eaux ne sont plus nécessaires pour l'arrosage, que l'on peut les utiliser avec avantage. Au moyen du Colmatage, on peut aussi combler les portions basses et marécageuses d'un domaine, et l'on obtient par là un double profit, celui de faire disparaître des foyers de fièvres paludéennes, et celui d'obtenir des récoltes précieuses là où le sol à demi submergé la plus grande partie de l'année ne donnait que de mauvais herbages ou des joncs.

Voici la méthode employée par un grand propriétaire qui pouvait disposer des eaux de la Durance, rivière longtemps considérée comme un des fléaux de la Provence, et qui peut devenir la bienfaitrice de ceux qui sauront faire de ses eaux torrentielles un usage intelligent. Les terrains à colmater sont en général des garrigues, c'est-à-dire des plaines cailloutteuses, d'un très faible produit. Après avoir enlevé les plus gros cailloux, qui cassés servent à macadamiser les routes voisines, on divise le sol en compartiments, par des bourrelets de terre d'environ 50 centimètres. Ces compartiments sont nivelés avec soin, et disposés suivant la pente du terrain, de manière qu'ils soient comme étagés les uns par rapport aux autres. Lorsque la rivière amène dans les canaux de dérivation des eaux limoneuses, on les introduit dans le compartiment supérieur qu'elles remplissent ; celui-ci étant plein, sans cesser d'y introduire l'eau, on le met en communication avec le suivant par une petite coupure dans le bourrelet et ainsi de suite, de sorte qu'il existe un courant constant qui alimente tous ces compartiments ou caisses. L'eau, occupant une large surface, et ne circulant d'une caisse à l'autre que par une petite ouverture, est comme immobile, et laisse tomber au fond le limon dont elle est chargée. Naturellement la première caisse reçoit un dépôt plus considérable, la seconde un peu moindre, et la dernière est celle qui en reçoit le moins, et l'eau qui en sort enfin est à peu près claire. La promptitude avec laquelle le colmatage se fait dépend de la quantité de limon charrié par les eaux, mais au bout de six mois la couche de la caisse supérieure est déjà fort épaisse, et en moyenne il ne faut pas plus de trois ans pour avoir transformé la garrigue en une terre excellente. Ces caisses se remplissent bientôt de plantes aquatiques, dont les débris s'y accumulent à la fin de chaque saison, et ajoutent à la terre un élément de plus de fertilité.

Il est essentiel de ne pas introduire des eaux quand elles sont chargées de sable et non de limon, ce qu'on reconnaît à leur couleur rouge prononcée ; le sable est stérile.

Lorsque les terres ont reçu l'épaisseur de limon qu'on a voulu leur donner, on les laisse se dessécher ; ensuite on les ouvre par un labour dont la profondeur est proportionnée à l'épaisseur de la couche limoneuse; et après qu'elles ont reçu l'influence de l'air et du soleil, pendant un temps que l'expérience fait juger suffisant, on les ensemence. On recueille alors amplement le fruit de ses peines, et une végétation puissante couvre le terrain, là où ne croissaient autrefois que des arbres rabougris, ou tout au plus de maigres ceps ou des oliviers chétifs.

L'assainissement d'une contrée par le colmatage

devrait être l'objet de l'attention publique. Là où le drainage ne peut opérer l'écoulement des eaux stagnantes faute de pente suffisante, il convient, quand c'est possible, d'introduire dans les bas fonds les eaux limoneuses, et d'exhausser de plus en plus le plafond des marais. Mais ceci ne saurait être l'œuvre d'un simple particulier.

Du Soufrage.

L'emploi du soufre contre l'oïdium qui a fait tant de ravages dans les vignobles a été reconnu si efficace qu'il s'est généralisé, et qu'on a pensé à l'utiliser pour combattre les maladies d'autres cultures. Voici le moyen les plus habituellement employé. On prend de la fleur de soufre, ou soufre sublimé, et à défaut du soufre ordinaire réduit en poudre très fine. On choisit un temps calme et sec, calme pour que le vent n'emporte pas le soufre; sec, pour que le soufre puisse se répandre également partout, au lieu de se fixer seulement sur les parties mouillées par la pluie ou par la rosée. On a le soufre dans une boîte ou petite caisse, et l'on se munit d'une houpe (ou pinceau) que l'on plonge dans la boîte de manière à ce qu'elle se charge du soufre en poudre. L'on secoue cette houpe par secousses sur la plante, ou le cep de vigne, en divers sens, pour que les feuilles, les jeunes pousses, les fleurs, ou les fruits naissants reçoivent cette légère aspersion qui doit leur apporter la santé.

L'usage, dans le Languedoc, pour les vignes,

est de soufrer trois fois; la première quand la vigne est en fleur, la seconde quand le raisin a noué, la troisième quand le raisin a pris à peu près sa grosseur. Quelques propriétaires ne soufrent que deux fois. Il faut éviter de soufrer dans les très fortes chaleurs.

Du Labourage.

Les instruments du labourage sont la charrue, pour les terres compactes, *l'araire* pour les terres légères, la bêche, le *luchet*, la houe, pour les labours en petit, et le *pic*, quand la terre renferme beaucoup de cailloux. Les labours du printemps sont ceux qui profitent le mieux à la terre dans nos climats. Par cette opération, l'air, la chaleur, la pluie pénètrent mieux le sol, les plantes parasites sont coupées, et enfouies pour améliorer la terre au lieu de la sucer, les fumiers sont enterrés, les couches inférieures sont ramenées à la surface, et les racines des plantes trouvent dans la terre ainsi préparée une route plus facile pour aller au loin chercher leur nourriture.

De plus, la terre labourée laisse un passage au gaz acide carbonique, qui étant plus lourd que l'air se tient à la surface du sol; c'est un des agents les plus actifs de la végétation.

Pour conserver à la terre cet ameublissement, on doit, après les labours, aplanir grossièrement les sillons, et écraser les mottes de terre que la charrue a tournées. Le moment le plus favorable au labourage est lorsque la terre n'est pas assez humide pour se coller aux instruments, ni assez sèche pour leur présenter une trop grande résistance. Les labours multipliés fertilisent la terre et la rendent moins avide de fumier. Il est avantageux de labourer peu de temps après la récolte, parce qu'on met ainsi sous terre le reste des tiges et un grand nombre d'herbes vertes qui deviennent engrais, et que la terre moins tassée est plus facile à travailler. Pendant l'été, les labours devront être moins profonds que dans les autres saisons, vu qu'ils ont l'inconvénient de faire évaporer trop de gaz et d'humidité. Les premières terres qu'il convient de labourer au printemps sont celles qui sont légères, en pente, exposées au midi, parce qu'elles sont les premières en état de supporter le travail, les premières à entrer en végétation, et qu'il est avantageux de les voir couvertes de plantes avant que l'ardeur du soleil ne les dessèche. On fera le contraire pour celles qui sont compactes et exposées au nord.

Lorsque les pièces de terres qu'on laboure sont voisines d'une vigne, comme dans le pays où le sol est divisé en oullières parallèles et alternatives de vignes et de blé, il faut une main habile pour diriger la charrue, pour empêcher que le soc n'endommage les racines des vignes latérales. Si les bêtes qui labourent ne sont pas bien obéissantes aux rênes, on doit les faire tenir par la longe par une femme, pour qu'elles ne se jettent pas sur les ceps voisins. Le laboureur doit aussi arrêter les bêtes, lorsqu'il sent que le soc trouve dans la terre un obstacle. Cet obstacle ne peut être qu'une grosse racine de la vigne, qui ne cède à l'effort du soc qu'en se rompant ou se déchirant, et la vigne à laquelle elle appartient doit bientôt mourir de cette blessure dangereuse.

Plus le labour est profond, plus il exige d'engrais ; car engraisser un champ n'est autre chose que mêler avec des engrais la portion de terre que retourne la charrue. Si l'on n'a qu'une quantité donnée de fumier, il fera plus d'effet par mètre cube de terre, que par deux mètres. Les récoltes ne peuvent donc pas être les mêmes dans l'un et l'autre cas. Ainsi la quantité des engrais doit être proportionnée à la profondeur des labours.

Dans les terrains unis, le labour est moins pénible et plus facile ; mais dans les champs en pente, pour éviter que les pluies, les averses, les orages, ne lavent les engrais, n'entraînent les terres, et ne déracinent les cultures, on dispose les sillons de manière que les eaux n'y puissent pas couler dans les raies ; aussi on les dirige le long des flancs de la pente et non du haut en bas.

Les animaux employés au labourage sont le bœuf et le cheval. Dans les pays de petite culture, où l'on élève beaucoup de jeunes bœufs, il y a de l'avantage à les employer, parce que, marchant lentement mais d'un pas égal, ils font une bonne opération, et après avoir travaillé utilement pendant leur accroissement, mis ensuite à l'engrais, ils produisent beaucoup de viande. Mais un attelage de bœufs ne fait que le tiers du travail des chevaux. Ainsi dans les pays de grande culture, où il faut faire beaucoup de travail dans le moins de temps possible, on est obligé d'employer le cheval, quoiqu'il coûte beaucoup plus pour sa nourriture, que son fumier ne soit pas aussi gras, et qu'il finisse par mourir à la voirie, sans autre produit que sa peau. Dans nos pays du midi, on se sert des mulets, qui travaillent bien et coûtent peu à nourrir. L'âne et la vache sont trop faibles pour travailler ailleurs que dans des terres très légères.

Du Mûrier.

Personne n'ignore l'utilité et les avantages de la culture du mûrier. Le sol de la France méditerranéenne est trop propre à la végétation de cet arbre, son climat trop favorable à l'insecte précieux qui s'en nourrit et qui fournit à notre industrie une de ses matières principales, pour qu'on se laisse décourager par la durée de la maladie qui rend depuis quelques années la récolte des cocons si précaire. Des fléaux analogues ont sévi à d'autres époques et ont disparu ; celui-ci cessera également.

Tous les arbres de culture, dit Sauvages, ont plus ou moins besoin d'être émondés, pour croître davantage et pour profiter ; mais il y a une raison de plus pour les mûriers, à cause des ravages presque inséparables de la cueillette de la feuille, où les plus adroits cueilleurs tordent ou rompent les branches et en déchirent l'écorce ; d'où il arrive que, si l'on passe quelques années sans y porter remède, l'arbre se hérisse d'ergots qui le déparent, et qui embarrassent les cueilleurs. Le mûrier se garnit encore en dedans de branches chiffonnes et de mauvaise venue, qui ne produisent que des feuilles menues, affament des branches qui en produisent de plus belles, et rendent la cueillette plus longue et plus difficile.

Il faut, en émondant, emporter avec la serpette, non seulement tous les brins desséchés, mais encore ce qu'on appelle le faux bois, sous lequel on comprend les branches chiffonnes, ou les scions courts, tortus, ou trop menus, qui croissent le long des grosses branches ; et de plus celles qu'on appelle gourmandes ; celles même qui, étant de belle venue, se nuisent mutuellement, ou parce qu'elles sont trop serrées, ou parce qu'elles croissent l'une sur l'autre en se touchant ; celles enfin qui, pendant trop bas, sont broutées par le bétail, et ferment un passage qui doit être libre pour le labour.

En émondant, il faut couper bien uni, sans y laisser de chicots, qui empêcheraient la plaie de se refermer. Il faut raccourcir les branches menues qui forment le tour de la tête et dont le défaut est d'être trop grêles pour leur longueur. Il faut éclaircir celles qui sont trop serrées, en les coupant immédiatement au-dessus d'une fourchure ; et entre deux brins à retrancher, on coupera toujours le plus vieux, qui est dans une direction droite avec ce qui est au-dessous, et on laissera le scion plus jeune qui pousse obliquement au premier ; la sève y trouvera une entrée plus libre, où se rendront tous les sucs qui servaient à la partie retranchée.

Les mûriers rabougris, vieux ou malades, soit qu'on les ravale ou qu'on les récèpe, ont besoin d'être conduits de la manière que nous venons de prescrire.

Le ravalement qu'on fait aux mûriers ne convient qu'à ceux qui ont été négligés par l'émondage et les cultures, appauvris par un défaut de terrain, ou épuisés par la vieillesse, ou bien à ceux dont on cueille la feuille trop tard, ou qu'on ne cueille point du tout pendant quelques années.

On peut parer à tous ces défauts, et corriger, par un émondage léger et fréquent, les mûriers qui ont été négligés ; on peut aussi améliorer le terrain autour des arbres par le transport des terres, et cueillir plus tôt chaque année les feuilles que ces arbres malingres produisent ; mais on ne peut empêcher la vieillesse de ces mûriers, à qui il faut maintenant des labours et des engrais fréquents, un ravalement bien entendu ou un récépage.

Le ravalement n'est autre chose que l'abatis au tiers de plusieurs grosses branches coupées avec la scie ou avec la serpe, en y joignant l'émondage ordinaire en faveur des branches moyennes qui sont de belle venue.

Le récépage est, pour les mûriers vieux ou malades, ce que l'émondage est pour les jeunes. C'est la dernière opération agricole qu'on fait à ces arbres ; encore réussit-elle rarement, excepté aux mûriers négligés ou rabougris par la faute du propriétaire. La manière de récéper ou d'êteter ces mûriers, est de tailler trois ou quatre beaux brins de chaque tête de mûrier, s'il y en a, et de couper tout le reste du bois à 45 cent. au-dessus des fourches. Dans l'émondage, le ravalement et le récépage, les coupures doivent être toujours planes et unies avec une légère pente, pour faire écouler l'eau de la pluie et de la rosée, qui, sans cela pénétreraient dans le corps du mûrier et le pourriraient insensiblement.

On ne taillait autrefois le mûrier que dans l'automne, et pour l'ordinaire au mois d'octobre. L'usage de faire cette taille après la cueillette de la feuille, c'est-à-dire à la fin de mai, et même au commencement de juin, est aujourd'hui généralement adopté, au moins dans nos contrées. Il est essentiel de tailler l'arbre le lendemain du jour où la feuille a été cueillie ; parce que la sève n'ayant pas eu le temps de descendre, sert à faire naître immédiatement des bourgeons vigoureux.

Les mûriers craignent peu le froid, à moins que l'on n'essuie de ces hivers rigoureux qui font périr les oliviers, les amandiers, les vignobles et jusques aux jeunes chênes : mais ils ont l'inconvénient de se communiquer les uns aux autres, le mal qu'ils ont reçu d'un arbre voisin, et la contagion devient quelquefois si forte, qu'une rangée entière de mûriers disparaît dans très peu d'années.

Le meilleur moyen pour remplacer vos mûriers morts, est de laisser la terre se reposer pendant trois ou quatre ans et de bien arracher toutes les racines qui restent, parce que leur contact ou leur voisinage serait funeste à vos jeunes plants : avec cette précaution, vous réussirez à vous procurer de nouveaux mûriers de belle venue, qui remplaceront avec avantage ceux que vous avez perdus.

C'est pour réparer ces désastres causés par des mortalités contagieuses, ainsi que pour mettre les propriétaires à même d'étendre leurs plantations que les jardiniers ont des pépinières de mûriers.

On choisit parmi les jeunes plants les plus vigoureux et les plus droits ; on les taille de manière qu'ils fassent trois enfourchures à pied d'oie, et au bout d'environ quatre ans, ils commencent à donner un peu de feuille : cette feuille augmente ensuite progressivement à mesure que les branches multiplient leurs jets, et à la quinzième année, l'arbre a déjà acquis une grande partie de sa force.

L'on distingue trois principales espèces de mûriers : ceux qui ont de petites feuilles dentelées, ceux dont la feuille est grande, mince et unie et l'espèce qui donne une feuille ronde, épaisse et même un peu rude. Cette troisième espèce est connue dans notre contrée sous le nom d'*Espagnens*, et donne une feuille grasse et nourrissante, dont nos femmes expertes dans la conduite des vers-à-soie, se servent pour purger leur chambrée et se débarrasser des vers inutiles, qui n'ayant qu'une existence languissante, doivent périr avant de commencer ou de perfectionner leur cocon.

L'on sait que les mûriers viennent de semis de la graine enfermée dans les mûres, que l'on sème au mois de mars à peu près comme les épinards, et qui pousse de petits brins auxquels l'on donne le nom de *pourrettés* : les mûriers que l'on transplante, ont pour l'ordinaire été entés dans la pépinière. Mais lorsqu'ils ne l'ont pas été, si l'on désire une plus belle feuille que celle que donne le jeune arbre, on s'empresse de le faire enter au printemps suivant. Après avoir pris votre greffe sur l'arbre dont vous voulez inoculer la sève à celle de votre jeune plant, vous faites une incision à l'endroit le plus uni, et vous insinuez la greffe qui doit presque être entièrement couverte, l'œil excepté, par l'écorce du jeune arbre que vous entez, en faisant une ligature avec l'écorce de cet arbre coupée en rubans.

Huit à neuf jours après cette opération, vous couperez avec un instrument d'acier mincé et bien aiguisé cette ligature, avec toute la précaution possible, pour ne pas courir risque d'endommager le jeune bourgeon, qui à raison de son extrême délicatesse serait infailliblement détruit, pour peu qu'il fût entamé.

En résumé voici les principes que l'expérience a consacrés pour la conduite et la taille des mûriers. Ce qu'on se propose, outre leur belle venue et l'abondance du produit, c'est de leur donner une forme qui facilite la cueillette de la feuille. A cet effet, on dirige leurs branches charpentières de manière que le cueilleur placé au centre de l'arbre, en atteigne avec facilité toutes les branches; de plus l'air et la lumière pénétrant aisément à l'intérieur comme à l'extérieur impriment une grande force à sa végétation. En plantant le jeune mûrier tiré de la pépinière, on ravalera à 2 ou 3 cent.; les rameaux qui doivent former sa tête. La 1re année, on en laissera 4 ou 5; et on réduira plus tard ce nombre à 3, les plus vigoureux. Le jeune mûrier ne doit être taillé que deux ans après sa plantation; les branches qu'il aura poussées seront raccourcies à 25 ou 30 cent. du tronc. Pour donner de la vigueur aux bourgeons bifurquants, on arrêtera les autres par le pincement. L'année suivante, on raccourcira à 25 cent. les branches charpentières, sur deux yeux latéraux destinés à former de nouvelles bifurcations. On pincera pendant l'été, pour les arrêter, tous les bourgeons qui ne seraient pas utiles à la charpente de l'arbre. L'année d'après, on raccourcira encore les branches charpentières à 20 cent.

dans le but d'obtenir de nouvelles bifurcations. On aura eu soin de débarrasser l'intérieur de l'arbre, des branches qui s'enchevêtraient, de manière à le tenir accessible à l'air, à la lumière et au cueilleur. Toutes ces tailles devront se faire au mois de février, et ce ne sera que l'année suivante, que l'on commencera à cueillir la feuille. Cette année la taille se fera le lendemain de la cueillette, ainsi que toutes les suivantes.

Les mûriers nains forment des haies ou de petits bosquets qui ont l'avantage de joindre l'agréable à l'utile, en ce qu'ils font un ornement à l'entour des métairies, et que dans la primeur des vers-à-soie, ou lorsque pendant leur montée l'on n'a que très peu de feuille à cueillir, on la trouve pour ainsi dire sous sa main, sans avoir besoin d'échelle.

Ces sortes d'arbres nains, rendent à proportion bien plus de feuille que ceux de haute tige, par la raison que la sève se communiquant à toutes les extrémités avec moins d'obstacles, doit faire pousser à l'arbre plus de rameaux, et conséquemment faire produire plus de feuillages. Ces petits bosquets de mûriers nains, peuvent encore être une ressource pendant le temps de pluie ; attendu que ces petits arbres, faciles à secouer, souffriraient fort peu d'être dépouillés de leurs feuilles alors, et ne seraient pas exposés aux maladies souvent mortelles, auxquelles sont sujets les gros mûriers, effeuillés dans le temps où ils sont chargés des eaux de la pluie.

Quand on voudra élever des mûriers nains en haie ou en buisson, ou bien en former des vergers, on se procurera des plants de pourrette qui soient déjà un peu formés ; on les plantera dans une terre bien labourée ; on aura l'attention de mettre entr'eux une distance d'au moins deux mètres, en les alignant au cordeau ; et cette plantation qui doit se faire aux mois de décembre ou de mars, réussira bien, prospérera même, pourvu que le cultivateur puisse fumer son champ, au moins à une certaine distance tout autour de ces jeunes plants : il serait même fort utile de les arroser pour accélérer leur croissance ; mais si l'on est privé de la ressource de cette irrigation, ils ne laisseront pas de prendre racine, le petit verger se formera, et payera avec usure le propriétaire des soins peu nombreux et des légères avances qu'il aura faites pour mettre en rapport un sol maigre, ingrât, et jusques alors réputé stérile.

De l'Éducation des Vers-à-Soie.

De la culture du mûrier, dont la feuille nourrit l'insecte précieux appelé ver-à-soie, il est naturel de passer à la manière de conduire ce merveilleux animal depuis son éclosion, jusqu'au moment où il s'enferme dans le cocon, duquel il sortira bientôt, à l'état de papillon, pour pondre la graine ou œuf, qui le reproduira au printemps suivant.

On fait éclore la graine naturellement ou artificiellement. Pour la couvée que l'on nomme artificielle, et qui est la meilleure quand elle est bien soignée, l'on se sert de poêles ou fourneaux, ou bien d'une boîte de fer-blanc ; et avec l'aide de la chaleur donnée à la graine, par le moyen d'un feu continu qui doit s'élever graduellement depuis 15 degrés jusqu'à 26 et même 30 du thermomètre de Réaumur, lorsque les vers sont à la veille d'éclore, l'on parvient à obtenir un plein succès de cette couvée, qui est moins longue que la couvée naturelle et sujette à moins d'inconvénients.

La couvée naturelle est le plus en usage parmi nous. Les femmes, qui sont presque exclusivement chargées du soin de couver la graine et de conduire le ver qui en sort depuis sa naissance jusqu'à sa maturité, mettent dans leur sein, pendant le jour, la graine qu'elles ont couvée; la nuit, sous leur matelas ou leur paillasse, en observant de ne pas la laisser refroidir. Elles examinent, au cinquième ou sixième jour de la couvée, si elle commence à changer de couleur ; et lorsqu'elle blanchit d'une manière sensible, elles la sortent du linge où elle était enfermée, pour la placer dans une boîte de sapin tapissée de papier blanc ; avec la précaution de bien faire chauffer cette boîte avant d'y déposer la graine. Elles la mettent alors sous un matelas dont la chaleur est constamment entretenue par un enfant couché dessus, ou par une pierre chaude qu'elles placent au-dessous : elles mettent ensuite sur la graine une *rosette* ou papier arrondi, percé d'un grand nombre de trous, par lesquels l'embryon sorti de sa coque, monte pour manger la feuille de mûrier que l'on a soin d'éparpiller par-dessus.

Quand la graine change tout-à-fait de couleur, elle perd celle de gris très foncé, tirant même un peu sur le noir qu'elle a communément dans nos contrées méridionales, pour en prendre une blanchâtre ; celle qui soigne la couvée la voyant près de sa fin, n'oublie pas de lui donner un plus fort degré de chaleur, pour faciliter la sortie du ver, ce qui dure ordinairement trois ou quatre jours, c'est-à-dire depuis le sixième ou le septième jour, jusqu'au neuvième ou dixième, et quelquefois au-delà. Au reste, à moins que la graine ne fût brûlée, ce qui arrive bien rarement dans la méthode suivie par les petits propriétaires, l'on ne doit point s'alarmer d'un trop fort degré de chaleur qui aurait pu être donné à la graine pendant la durée de la couvée, surtout pendant les derniers jours. L'expérience a appris que les vers qui sortent de la coque ne sont ni moins bons, ni moins sains que les autres qui ont à cette époque une couleur noirâtre : mais si en naissant vos vers paraissent suer et être couverts d'une espèce de liqueur blanche, ce serait une preuve que la graine en couvant a reçu un trop fort degré de chaleur, et que les vers qui en sont éclos ne sont pas nés avec la vigueur nécessaire pour parvenir à leur maturité. Ce serait alors le cas, si la saison n'était pas encore trop avancée, de se procurer d'autre graine, et d'essayer une seconde couvée.

En général, l'on peut avancer qu'il y a deux mois propices pour la récolte des cocons, depuis le milieu d'avril jusqu'au milieu de juin. L'on voit même souvent réussir des vers-à-soie qui ne montent qu'à la Saint-Jean ; mais comme les grandes chaleurs, dont on ne saurait les garantir, sont plus nuisibles à ces animaux que le froid, le plus sûr est de ne pas faire couver la graine avant le 15, ni après le 25 avril ; parce que, sans cela, on s'expose d'un côté à voir le ver mourir de faim, si des gelées tardives font périr la feuille ; et de l'autre à avoir des chambrées qui manquent complètement par l'effet des chaleurs précoces et parfois étouffantes du mois de juin.

Au reste, quelque peine que l'on prenne, quelque soin que l'on se donne pour parvenir à avoir des vers égaux, il n'est guère possible d'y réussir parfaitement, et il se trouve toujours des avant-coureurs et des traînards. J'approuverais assez la méthode de rendre les uns et les autres à peu près égaux, en faisant aux derniers des données de feuilles plus fréquentes qu'aux autres, jusqu'à ce qu'ils aient atteint le degré de force et la grosseur des premiers. Car l'expérience nous apprend que ce petit animal ne craint pas les indigestions ; et j'ai connu des femmes très habiles dans l'art de conduire les vers-à-soie, qui pressent les mues et par là même la maturité des vers, en leur faisant prendre quatre repas par jour, et même cinq, sans le moindre inconvénient, pourvu que les données se fassent d'ailleurs avec précaution et en petite quantité, et que le feu et l'air aident à leur digestion.

En général, et abstraction faite de toute théorie scientifique, deux choses essentielles sont prescrites pour la réussite d'une chambrée de vers à soie : le feu et l'air ; un feu modéré qui tempère un froid trop fort ; un air fréquemment renouvelé qui assainisse sans refroidir. On attribue à l'excès de chaleur la maladie qui fait que le ver meurt dans son cocon, sec et blanc comme une dragée. C'est ce qu'on appelle vulgairement les *engypsés*.

C'est un précepte rigoureux, quelle que soit la quantité de vers qu'on élève, de ne pas les entasser les uns sur les autres ; car cet entassement leur est funeste et en fait périr une grande partie. Dès que les vers sont éclos, on doit se presser de les tirer de la boîte du couvage pour les transporter dans des clayons appelés *rondeaux*, sur de la paille propre et sèche, où on les tient très clair-semés.

L'appartement que vous destinez à recevoir vos vers-à-soie ne saurait être trop sec, trop sain, et trop éloigné des exhalaisons méphitiques qui leur sont funestes. Pour bien purifier l'air de ces appartements, auxquels on donne chez nous le nom de *magnaudières* ou *magnaneries*, lorsqu'ils sont grands, on commence, même avant la couvée, par faire brûler des plantes de thym, de lavande, et autres plantes aromatiques dont l'expérience a appris que l'odeur leur était favorable, et à boucher tous les trous et toutes les crevasses, pour qu'ils ne deviennent pas la proie des rats qui en sont très friands. Pour ce qui est de la litière salie d'une mue à l'autre, il faut l'enlever soigneusement après chaque mue, et avoir l'attention que les vers, au sortir de leur mue, n'y séjournent pas, parce que l'odeur infecte qu'elle exhale leur serait très nuisible.

Dans les couvées tardives, quoique la feuille que l'on donne au ver au sortir de la graine ait un peu de dureté, il ne laisse pas de s'en nourrir, pourvu qu'elle soit bien hachée ; mais il est certain que la feuille jeune et tendre convient mieux aux jeunes vers et leur est une nourriture plus agréable et plus salutaire.

Pour ce qui est de la feuille qui sert d'aliment aux vers à-soie, l'on ne saurait porter trop d'attention, quel que soit leur âge, à la préserver de toute humidité, surtout de celle qui provient de la rosée. C'est pour cela qu'on ne monte sur les mûriers que lorsque le soleil a entièrement fait disparaître la rosée ; l'humidité de la pluie n'est pas à beaucoup près aussi nuisible aux vers-à-soie, et pourvu que l'on ait soin de bien brasser la feuille et de la faire ensuite sécher en l'étendant et en l'éparpillant dans des chambres spacieuses, elle peut leur être distribuée sans danger et sans inconvénient.

Il ne faut point oublier que la température du local que les vers occupent, doit suivre les gradations de leur âge ; ainsi au premier âge, vous leur conserverez le degré de chaleur qui a servi à les faire éclore, c'est-à-dire de 24° à 26 degrés Réaumur ; au second âge, vous l'abaisserez de 22° à 24° ; au troisième, de 20° à 22° ; au quatrième, de 18° à 20° ; au cinquième, de 16 à 18°. C'est au défaut d'exactitude sur ce point, qu'on doit attribuer une partie des maladies qui affectent les vers-à-soie ; car il est généralement reconnu que si l'on n'était pas obligé de leur faire du feu, presque toutes les chambrées réussiraient. Le feu leur est donc essentiellement nuisible, alors qu'il leur donne un degré de chaleur qui excède la température naturelle qui leur rend le feu inutile. Or, dans leur dernier âge, l'atmosphère est en général assez échauffée pour que toute autre chaleur leur soit superflue. Si donc à cette époque on ne réduit pas leur température artificielle au degré de la chaleur naturelle, par la suppression du feu, les vers-à-soie doivent se dessécher par l'excès de la transpiration.

Toute l'éducation des vers-à-soie se trouve renfermée dans ces préceptes généraux : l'attention dans la couvée ; des repas fréquents, proportionnés à la chaleur ; de la feuille fraîche ; point d'entassement sur les claies ; un air pur et renouvelé ; une vigilance continuelle.

Il faut éviter soigneusement que la fumée s'empare des appartements; elle est très nuisible aux vers.

Des clayons ou rondeaux où les vers-à-soie font ordinairement leur première mue, on les place sur des claies, vulgairement *canisses*, faites de cannes concassées ou fendues par le milieu, de deux mètres de long sur un de large, couvertes de paille bien nette.

Pour ce qui est de la chaleur factice qu'il peut être utile de communiquer aux vers-à-soie, c'est une chose qui n'a pas de règle fixe. La chaleur atmosphérique du mois de mai, pourvu qu'elle ne soit pas refroidie par la bise, peut leur suffire, depuis leur naissance jusqu'à la montée avec un succès complet. On peut pousser la chaleur factice jusqu'à 22 degrés Réaumur, sans danger pour les vers-à-soie, en ayant toutefois l'attention de leur faire prendre au moins quatre repas dans vingt-quatre heures ; et la précaution d'entretenir constamment de l'air dans la *magnaudière*. Les mues se font alors avec beaucoup plus de célérité, et trente jours peuvent suffire depuis la fin de la couvée jusqu'à la montée. Vos vers-à-soie n'en seront pas exposés pour cela à plus de maladies : il faut seulement observer dans les cas où vous voudriez les conduire de cette manière rapide, de diminuer le feu de vos poêles ou de vos brasières, s'il s'élevait des chaleurs excessives.

Pendant la mue, qui dure depuis vingt-quatre jusqu'à trente six ou quarante heures, les vers sont dans un état de sommeil et d'immobilité parfaite, et il ne servirait de rien de leur donner à manger à cette époque, parce que l'on dérangerait ce sommeil.

4

qui leur est prescrit par la nature, sans pouvoir les tirer de leur engourdissement. Dès qu'ils sont éveillés, il faut les transporter sur d'autres claies, couvertes d'un à deux centimètres de bonne paille, et bien nettoyer les claies où les mues viennent de se faire, afin qu'elles puissent servir pour la mue suivante.

Les vers-à-soie, au sortir de la mue, mangent d'abord peu, et redoublent ensuite d'appétit à l'approche de la mue suivante ; il faut que les distributions de feuille se fassent autant que possible à des intervalles réglés et avec une certaine économie. Ne leur donner pas assez, c'est empêcher ou au moins retarder leur croissance et par conséquent leur maturité ; leur donner trop, c'est pour ainsi dire vouloir les étouffer. Quand les vers-à-soie se sentent surchargés de feuille, ils s'élèvent avec peine sur la feuille qu'on leur a distribuée avec cette énorme profusion, et se contentent d'en ronger les extrémités en laissant le reste, tandis que lorsque, au lieu de trois grosses données, on leur en fait cinq légères, ils dévorent tout, et ne laissent que les tiges et les mûres qui se trouvent mêlées avec les feuilles. Au reste, le soin que demandent les vers-à-soie, depuis leur naissance jusqu'à ce qu'ils montent sur le bois pour construire leur cocon, est constamment le même : toujours même surveillance, même attention à les tenir nets, à éloigner d'eux toute odeur fétide, à les préserver d'un air trop froid ; mais surtout de l'entassement et d'un excès de chaleur qui les relâche, paralyse leurs forces et les rend incapables d'amener à sa perfection leur travail admirable.

Lorsqu'il arrive que, par l'effet de la trop grande chaleur de l'appartement, ou par le souffle d'un vent de sud-est ou levant, celui de tous les vents qui leur est le plus funeste, les vers-à-soie paraissent lâches à la montée, on peut leur donner un peu de vigueur, si l'appartement est aéré, en plaçant un linge clair et parsemé de quelques trous aux fenêtres qui jusqu'alors auraient été bouchées ; et si ce moyen ne suffisait pas, on pourrait suppléer à l'air qui manque, en faisant quelques ouvertures au toit de la magnaudière, pourvu qu'elle fût placée immédiatement au-dessous du couvert. Voilà pourquoi, dans certaines fermes, l'on préfère les greniers à foin à tout autre local, parce que cet air frais et salutaire qui vient d'en haut circule partout.

Venons-en maintenant au dernier âge des vers-à-soie, celui qui s'écoule depuis la quatrième mue jusqu'à la montée, qui est ordinairement de huit à dix jours, et au bout desquels le propriétaire ou le colon doivent recueillir le salaire de leurs peines et de leurs soins.

Lorsque les vers-à-soie doivent réussir, ils sortent de la troisième et de la quatrième mue, et surtout de celle-ci blancs comme la neige ; ils ont le corps bien nourri, et se meuvent avec facilité ; s'ils s'en trouve quelques-uns de traînants et de malades, l'on s'empresse alors de leur faire une forte donnée de cette feuille grasse, appelée *espagnène* pour se débarrasser au plutôt de ces vers inutiles.

Cinq à six jours après cette dernière mue, on commence à placer *les enseignes*, qui sont des branches de genêt ou autre menu bois un peu allongé, pour recevoir les avant-coureurs, et ne pas les laisser languir lorsqu'ils se sentent prêts à filer leurs cocons. Deux jours après, pour l'ordinaire, l'on construit les fourneaux, c'est-à-dire des rangées de menu bois de bruyère sèche, dont on a soin de secouer les feuilles épineuses : on en place de neuf à dix sur chaque claie ou canisse, et même davantage selon la longueur des canisses : ces fourneaux ont 25 cent. à peu près d'ouverture et une certaine épaisseur ; afin que le bois ne manque pas aux vers à soie valides. Et comme, malgré tous les soins que l'on se donne, il y a toujours des vers qui traînent, sans être malades, ceux qui restent après que la généralité a monté, sont placés à terre sur de la litière fraîche, où l'on pratique quelques fourneaux ou bien sur lesquels l'on place quelques touffes de chiendent garnies de papier, pour que le ver-à-soie paresseux puisse s'y enfermer, et construire son cocon. Ces sortes de vers-à-soie languissants traînent fort au-delà de dix jours après la dernière mue ; mais, pour les autres, l'intervalle qui s'écoule depuis cette mue jusqu'à la montée n'est pas plus long, et quelquefois moindre, lorsque les vers sont sains et vigoureux. Quand les vers-à-soie sont conduits rapidement par les deux grands moyens du feu et de l'air, chaque mue étant alors plus avancée que celle des autres d'un ou deux jours, quarante ou quarante-cinq jours tout au plus peuvent suffire depuis la naissance des vers-à-soie, jusqu'au déramage ou décoconage, terme des peines de la surveillance et de cette constante sollicitude qu'entraîne nécessairement avec elle la conduite des vers-à-soie, mais dont le fruit, quand il est complet, ou au moins satisfaisant, dédommage amplement des soins que l'on s'est donnés et des avances que l'on a faites pour obtenir cette riche moisson.

Quinze jours après que le ver s'est renfermé dans le cocon qu'il a construit, il le crève, s'il est sain, et en sort dans l'état de papillon, pour pondre sa graine et se reproduire. C'est pour cela que l'on ne saurait trop se hâter, après le décoconage, de faire étouffer les cocons que l'on destine à être filés pour la soie. Cet étouffage se fait de plusieurs manières, mais surtout de deux principales, qui sont le four, et l'étuve sur une bassine pleine d'eau bouillante. La première est peut-être plus efficace, pour ne pas laisser subsister des vers après l'étouffage, ce qui occasionne un grand déchet aux cocons ; mais elle a l'inconvénient de les trop dessécher. Cependant c'est celle dont on se sert communément dans nos contrées, comme étant plus facile et ne nécessitant pas une si grande dépense de bois. La seconde manière d'étouffer les cocons qui est pratiquée aujourd'hui dans les grandes filatures, et qui s'opère, comme nous venons de le dire, par la vapeur de l'eau bouillante, sur laquelle l'on place un grand tamis plein de cocons, a l'avantage de mieux ramollir les cocons, et de les préparer à être réduits en soie par l'opération du filage, chose étrangère au sujet que nous traitons.

Les cocons étant déramés, on choisit ceux dont la fève remue en les secouant, propres, pesants, et qui ont été les plus hâtifs à la montée et au filage. Pour avoir 25 grammes de graine, il faut ordinairement 400 grammes de cocons. On les place sur des tables ou on en fait des liasses suspendues par un fil. Dès que les papillons sont sortis des cocons, on les pose sur une table nue pour qu'ils se vident et s'accouplent. Soit qu'ils s'accouplent d'eux-mêmes, soit qu'on favorise leur accouplement, les papillons mâles et femelles ne doivent être unis que l'espace de 10 à 12 heures. Ce temps fini, on les sépare, s'ils ne le sont déjà, on jette les mâles et on présente les femelles sur des pièces d'étamine usée, sergette grise ou rouge ou des lambeaux de voile noir avec un repli qui forme une poche de la longueur de l'étoffe suspendue. Dès que les papillons ont fini leur ponte il faut laisser sécher quelques jours la graine et l'étoffe qui l'a reçue, la détacher ensuite du mur, la plier et l'enfermer pendant un mois et demi. Ce délai expiré, on enlève la graine des vers-à-soie des étoffes, soit avec un instrument propre à cet usage, soit avec une pièce de monnaie bien mince. On la place de suite dans un linge bien propre qu'on suspend dans un endroit frais durant les plus grandes chaleurs ; on la met à la fin du mois d'août dans un pot de terre vernissé, ou dans un vase de faïence qui n'ait jamais servi ; on l'enferme dans une armoire, ou dans un coffre à l'abri des grandes chaleurs, de l'humidité et de la gelée.

Le choix de la graine est la chose la plus essentielle pour l'éducateur de vers-à-soie. L'expérience seule montre quelle est la meilleure. Depuis les premières éditions de ce livre, il y a eu bien du mal à s'en procurer de saine ; on a été la chercher jusqu'en Chine et au Japon, après avoir vu échouer celles du Levant. Espérons que la maladie mystérieuse qui sévit depuis trop longtemps aura enfin un terme.

De l'Olivier.

Quand on veut multiplier cet arbre qui donne un si grand produit, et pour la reproduction duquel il serait à désirer qu'il existât des pépinières, comme l'on en fait pour la propagation des mûriers, l'on arrache les rejetons que la nature fait pousser autour des vieux troncs d'oliviers, et qui souvent croissent par touffes, lorsqu'ils ont acquis une certaine grosseur. On choisit les plus beaux, les plus droits, dont on élague avec soin toutes les pousses latérales qui pourraient dériver la sève, en observant, autant qu'il est possible, lorsqu'on arrache le rejeton, d'enlever toutes les racines et tous les filaments, pour que le jeune arbre croisse avec plus de célérité et acquière plus de vigueur. Les racines d'ailleurs sont fort nécessaires à cet arbre qui en a fort peu, et n'étend pas les siennes à une fort grande distance, soit en largeur, soit en profondeur ; c'est pour cela que les ouragans sont très funestes à l'olivier ; et il n'est pas rare, après qu'il a régné quelques jours des orages de vent de mer, de voir de grands vergers jonchés d'oliviers, même vieux, qui ont été déracinés par la force de la tempête. Cependant cet arbre qui a si peu de racines, eu égard à son volume et à l'étendue de ses branches, est du petit nombre de ceux qui peuvent prendre dans la terre et croître, quoique plantés sans racines, en choisissant de belles branches d'oliviers, que l'on taille en forme de pieu par un des bouts, comme les saules. Un olivier, même vieux, peut être transplanté, pourvu que l'on ait soin de lui conserver en l'arrachant toutes ses racines, ou du moins la meilleure partie.

Quand on fait de ces plantations d'oliviers pris des branches des vieux et conséquemment sans racines, on ne saurait les enterrer à une trop grande profondeur, pour qu'ils puissent s'enraciner au plutôt et être plus facilement à l'abri des grandes sécheresses.

L'olivier croît et prospère dans la région méditéranéenne qui lui est propre, en toutes sortes de terrains, pourvu que le sol ne soit pas trop compacte et serré. Les terres sablonneuses lui procurent une forte croissance, ainsi que les grès. Mais l'olivier qui végète si bien dans les fonds sablonneux, et qui se couronne d'une si belle tête, ne donne malheureusement qu'un fruit sec et peu huileux, tandis que dans un terrain argileux, les olives rendent en huile à peu près la moitié de leur poids. Les fonds humides, dit-on, ne conviennent pas à l'olivier, par la raison que cet arbre y est plus sujet à geler ; mais outre qu'il arrive bien rarement que que l'olivier soit planté dans un terrain humide, cet inconvénient ne serait peut-être pas autant à craindre qu'on se l'imagine, attendu que l'humidité qui existerait autour des arbres, pourrait très aisément être corrigée par le fumier que l'on y mettrait, en l'enterrant mêlée à de la terre sèche et bien pulvérisée, qui serait prise à quelque distance des arbres, ou bien avec de la cendre lessivée. Comme l'olivier a l'écorce tendre, l'aubier huileux et facile à pénétrer, il craint beaucoup les froids lorsqu'ils sont rigoureux ; aussi commence-t-on à avoir des craintes sur l'existence de cet arbre lorsque le froid s'élève au-delà du sixième degré du thermomètre de Réaumur. Par cette raison, l'exposition du midi est celle qui convient le mieux, toutes les fois qu'elle est possible. La bonne méthode de planter l'olivier est de creuser un trou d'un mètre 25 cent. en carré sur un mètre au moins de profondeur, au milieu duquel on place le jeune arbre, en ayant soin de ne pas donner aux racines une autre direction que celle qu'elles avaient déjà. On les recouvre bien de terre meuble, que l'on presse un peu pour qu'elle remplisse toutes les cavités, et lorsque le creux est comblé, on en presse encore la superficie avec la bêche ou avec les pieds, pour qu'il ne reste point de vides au-dedans.

Dans les champs maigres ou pierreux, on doit faire le creux plus grand et plus profond, et mettre à l'entour un tombereau de bonne terre neuve bien pulvérisée, pour faciliter l'enracinement et la végétation des jeunes plants.

Au reste, l'on peut planter indistinctement l'olivier partout, même dans les endroits où il en serait mort d'autres, parce que la racine de cet arbre mort sur pied n'a rien de contagieux, et des arbres des climats méridionaux, c'est un de ceux qui périssent le moins par contagion.

L'on greffe quelquefois l'olivier, mais rarement chez nous, parce que toute qualité d'olives est bonne, et que celles qui ont le moins de saveur, sont presque toujours préférables aux autres, par la quantité d'huile qu'elles rendent. Quand on veut enter l'olivier, on le fait pour l'ordinaire à l'écusson carré : on prend un écusson à une petite branche de l'arbre que l'on veut inoculer, et on incisé cette tige tout autour de la greffe qui doit être enlevée. Le sauvageon est insinué d'une manière horizontale au-dessus de la place de la greffe. On sépare cette écorce du sauvageon, et quand l'inoculation est faite, les écorces coupées par bandes sont relevées et liées avec une ficelle sur l'écusson. L'on peut enter l'olivier pendant toute la durée de la sève ; mais l'époque la plus favorable pour cette opération est au mois de mai.

Pour ce qui est de la culture de l'olivier, il n'y en a point de plus facile, et qui nécessite moins de soins et de peines : et il suffit pour que l'arbre maintienne sa vigueur, de lui donner une seule façon qui est celle du *terrotage*, laquelle consiste à placer chaque année autour du pied de l'arbre, de la terre meuble prise dans un fossé voisin, quoiqu'elle ne soit pas de meilleure qualité que celle qu'on enlève, parce que l'olivier aime la terre neuve, et que cette terre étrangère facilite sa végétation. Dans certains endroits, l'on a la méthode de déchausser les oliviers au printemps, et de les découvrir jusqu'aux racines, pour que les pluies du printemps pénètrent mieux et donnent plus de vigueur à la sève, ce qui est d'autant plus nécessaire que les grandes sécheresses de l'été font languir l'arbre et occasionnent souvent la chute de son fruit. Mais comme alors la nudité des racines rend les oliviers plus faciles à être déracinés par l'orage, il est expédient de les recouvrir au milieu de l'automne, pour les mettre à l'abri des ouragans qui s'élèvent quelquefois dans cette saison.

L'on peut fumer les oliviers comme la plupart des arbres que nous cultivons dans les provinces du midi de la France, et il n'est pas douteux que le fumier n'accélère la croissance des jeunes plants d'oliviers, et n'aide à la fructification, mais la plupart des agriculteurs et les plus instruits, se contentent de les *terroter*, et de garnir à l'entrée de chaque hiver, les troncs de leurs oliviers de terre vierge, par la raison que le fumier étant trop échauffant, les met trop tôt en sève, et les expose davantage à l'action des froids rigoureux.

Les oliviers sont sujets à des maladies, et surtout à celle des poux, petit insecte presque imperceptible qui se forme entre l'écorce et l'aubier de l'arbre, le pique et l'épuise.

L'on ne saurait trop recommander d'être bien soigneux à émonder l'olivier et à le tailler. Cette taille, pour être favorable à l'arbre, doit se faire régulièrement tous les deux ans, au mois de mars ou d'avril. Si on l'élaguait chaque année, on l'épuiserait trop, et forcé d'employer sa sève à réparer la perte de ses rameaux, il ne pourrait produire que très peu d'olives. Mais la taille alternative des oliviers ne saurait que leur être utile.

Il est donc bon, quand l'olivier a du bois mort ou malade, de l'en débarrasser au plus tôt, et de ne pas attendre que le bois inutile fasse périr l'arbre de consomption, en arrêtant sa sève. Mais si cet usage ne peut être trop recommandé aux propriétaires qui ont des vergers d'oliviers, lors même que les arbres sont pleins de vigueur, elle devient d'une absolue nécessité, lorsqu'ils sont atteints par des gelées. Quand cet accident arrive, et que l'on peut s'assurer que l'olivier est mort du moins en partie, l'on ne saurait trop se hâter, sinon de mettre la coignée au pied de l'arbre, du moins de le récéper jusques à un mètre du tronc. Par cette opération qui doit se faire au mois d'avril prochain, l'on facilite la circulation de la sève, que les frimats avaient répercutée, et on met l'olivier en état de pousser de nouvelles branches aussi vigoureuses que celles qu'il avait auparavant. Quand bien même l'olivier n'aurait pas assez souffert de la gelée pour avoir besoin d'être récépé si profondément, le propriétaire n'y perdrait rien, parce que les nouveaux jets que pousserait l'arbre étant sains et pleins de vigueur, le dédommageraient bientôt par les fruits qu'ils produiraient, de la perte momentanée qu'il pourrait souffrir de cette amputation. Mais quand la rigueur des frimats a frappé l'arbre au point qu'il ne pousse plus de jets après le premier récépage, le meilleur alors, est de le couper tout-à-fait au mois de mars prochain, comme on dit communément entre deux terres, c'est-à-dire à une assez grande profondeur pour aller trouver la sève qui bien rarement s'éteint tout-à-fait dans les oliviers. C'est pour cela que ces belles forêts d'oliviers que l'on voyait en Provence avant la mortalité de 1820, et qui paraissaient avoir disparu pour toujours du sol de cette riche province, se sont reproduites d'elles-mêmes par ce récépage, et l'on y recueillerait aujourd'hui encore plus d'olives qu'avant cet hiver désastreux, si tous les propriétaires avaient taillé les oliviers qui donnaient quelque espérance de vie assez avant pour dégager la sève et lui faciliter les moyens de pousser de nouveaux rameaux.

Nous n'entrerons point dans le détail des différentes espèces d'oliviers que l'on plante dans nos contrées méridionales, ni des qualités d'olives qu'ils produisent ; parce qu'il y en a une grande variété, et que toutes les espèces de ces arbres ne sont pas connues dans chaque pays où l'on cultive l'olivier : nous nous contenterons de les réduire à trois principales, qui sont le sausin, le rouget, et le ribiers. Le dernier est celui dont le fruit est le plus gros et le plus noir : on pique les olives, et on les prépare pour manger l'hiver. Il y a une quatrième espèce d'olivier qui est connue assez généralement partout où l'on cultive cet arbre précieux, et qui donne un fruit fort, vert et oblong, qu'on appelle la picholine, parce que c'est de cette olive que l'on se sert ordinairement quand on veut conserver, pour la table, des olives cueillies avant la maturité, par une préparation de cendres qui les amollit, et d'eau salée dans laquelle elles se conservent. Il y a pourtant d'autres qualités d'olives qui pourraient servir au même usage, en ayant l'attention de les cueillir avant qu'elles changent de couleur, c'est-à-dire au milieu d'octobre. On en trouve dans chaque pays.

L'olivier est un arbre qui, comme nous l'avons déjà observé, entre trop tôt en sève, supposé qu'il n'y soit pas toujours, pour que l'on puisse prescrire de méthode sûre afin de le garantir de ces gelées qui, étrangères à nos climats, ne peuvent manquer de les détruire, ou du moins de considérablement endommager ces arbres originaires des contrées plus méridionales que la nôtre.

L'olivier sauvage, en latin *oleaster*, étant celui qui vit le plus longtemps et qui résiste le mieux à l'action du froid ; ce sont des plants de cette espèce sauvage que les propriétaires qui cultivent l'olivier devraient choisir de préférence, en n'oubliant pas de les greffer au bout de deux ou trois ans, si elle n'était pas si rare. Mais il y a des contrées en Provence, en Languedoc et autres pays limitrophes où l'olivier est connu, dans lesquelles on serait peut-être en peine d'en trouver un seul.

Le labour des vergers au printemps, fût-il même réitéré jusqu'à trois fois, ne saurait qu'être avantageux aux oliviers, aider à leur végétation, ainsi qu'à leur nourriture ; et on ne devrait jamais négliger de leur donner une façon en mars ou en avril, en remuant bien la terre autour du tronc pour le rendre plus pénétrable aux pluies. Il arrive cependant que bien des personnes négligent cette méthode, d'ailleurs fort bonne, quand leurs vergers sont de grès très pierreux ou argileux, et qu'ils ne valent pas la peine d'être semés. Quand les vergers, au contraire, sont plantés dans un terrain sablonneux propre à produire des légumes, ou bien du seigle, on les sème tous les deux ans, et même souvent tous les ans avec un peu d'engrais, avec la seule précaution de bêcher un peu les oliviers autour du tronc, et d'y enterrer un peu plus de fumier qu'ailleurs.

C'est après une récolte abondante, que l'olivier fatigué, épuisé, a le plus besoin de cette espèce de repos que lui donne un élagage bien entendu et fait avec ménagement.

Mais c'est une opération encore bien plus essentielle, plus indispensable, lorsque les oliviers ont souffert de la gelée, et que des symptômes non équivoques nous donnent la certitude qu'ils ont péri au moins par les branches ; c'est alors qu'il faut prendre, non pas la serpe, mais la hache, et couper jusqu'au vif, si vous voulez conserver l'espoir de voir repousser vos arbres malades et languissants.

Il n'existe point chez nous de pépinières d'oliviers proprement dites, et les jeunes oliviers que l'on plante, ne sont guère que des rejetons qui sont arrachés du pied des vieux oliviers auprès desquels ils ont poussé.

Lorsqu'on veut transplanter les rejetons en les arrachant du pied des vieux oliviers dont la racine leur a donné naissance, il faut les en séparer d'un coup de hache bien assuré, coup qui suffit pour l'ordinaire, sans avoir besoin d'en donner un second ; mais il est essentiel de le donner de manière que ce jeune plant ne soit pas séparé du tronc qui l'a produit, sans emporter avec lui une partie de ses racines. N'y en restât-il qu'une seule, elle lui suffit pour qu'il prenne en terre. Cependant en veillant à la prospérité du rejeton, il ne faut point compromettre la sûreté de la souche dont il émane, et on doit l'en sevrer sans endommager le vieux tronc à côté duquel il végétait.

Pour qu'un plant d'olivier fasse concevoir à celui qui le plante l'espoir de le voir prospérer par sa transplantation, il faut qu'il ait la tige ronde, l'écorce unie, vive et luisante. Il doit surtout prendre garde de ne lui laisser aucune de ses parties tarées, et ne pas manquer de couper avec une serpe le bout des racines, mais seulement à l'extrémité et tout au plus de l'épaisseur d'une ligne. Ainsi rafraîchies, ces racines répareront bientôt cette faible perte, s'allongeront et prendront facilement en terre : et comme le chevelu fait aussi partie intégrante des racines, qu'elles y adhèrent nécessairement, et ne peuvent en être séparées sans danger, il faut leur laisser ce chevelu comme un moyen de plus pour s'assurer que le jeune plant croîtra avec vigueur. Il faut aussi que la souche du jeune plant puisse être assise dans la fosse qui doit le recevoir sans vide ni jour. Pour cela on doit la couper, autant qu'il est possible, d'une manière horizontale. Reste ensuite, avant de le planter, à le faire tremper dans l'eau trois ou quatre jours, et à lui couper la tête ou le chapeau, afin que la sève qui se porterait en haut au préjudice des racines, soit contrainte à se répercuter et à les nourrir pour qu'elles puissent se cramponner dans la terre.

Lorsque vous aurez enlevé vos jeunes plants d'oliviers de la pépinière, ou que vous les aurez séparés de la souche qui les avait engendrés, toutefois après la préparation dont nous venons de parler, vous ouvrirez, pour chaque olivier, une fosse au moins de 0, m. 25 cent en carré et de 2 m. et demi de profondeur. Si la plantation doit s'effectuer dans un terrain qui n'ait pas reçu une pleine culture, ces fosses doivent être à 6 mètres de distance les unes des autres, dans les terrains maigres, et à 7 mètres environ dans des fonds plus substantiels ; cela se pratique afin que les racines qui dans ces terrains gras s'étendent davantage, y trouvent mieux leur nourriture, et puissent fournir des sucs à l'arbre qui pousse et y croît avec plus de vigueur. Si au contraire le champ où vous vous proposez de planter vos oliviers, a été défoncé en plein, comme il ne s'agit pour la réussite du plant que de bien enterrer la souche qui porte la tige, et de ne laisser aucune racine hors de terre; un creux de 60 centim. environ de profondeur suffira : bien entendu que vous n'oublierez pas de donner à ce creux la largeur nécessaire pour que les racines du plant puissent commodément y entrer.

Vous devez observer encore que si le fonds où vous voulez planter n'a point reçu de culture dans toute son étendue, il est bon, et même nécessaire, d'ouvrir les creux deux mois avant la plantation, afin que la terre ait le temps de recevoir l'influence de l'air, de la pluie et du soleil. La plantation des oliviers ne peut s'effectuer à une époque plus favorable qu'aux premiers jours du printemps, lorsque le climat est pluvieux, ou bien si l'on plante dans des terrains gras et humides; mais comme dans la plus grande partie des contrées méridionales, les vergers d'oliviers sont confiés à des terres qui ont peu de substance et d'humidité naturelles, et que la fin de l'hiver peut être pluvieux, et le printemps sec, il vaut beaucoup mieux, pour ne pas courir la chance de cette sécheresse du mois d'avril, planter à la fin de février ou au commencement de mars.

Le fond de la fosse qui recevra le plant d'olivier doit être garni de terre meuble, jusqu'à la hauteur de la souche; cette terre légèrement humectée, doit encore être pressée avec les pieds, et disposée d'une manière horizontale, pour qu'il ne reste point de vide entr'elle et la souche du rejeton transplanté. Et s'il y avait à cette souche d'olivier un côté qui fût taré et plus mal sain que le reste, il faudrait placer le côté malade à l'exposition du midi ou le tourner contre le mur, supposé que vous plantassiez dans un champ clos. Et comme les rayons du soleil pénètrent plus aisément les terres légères et poreuses que celles qui sont grasses, fortes ou humides, il ne faut pas oublier d'enterrer plus profondément les plants d'oliviers dans les terrains secs et brûlants, afin de mettre, autant que possible, leurs racines, à l'abri des ardeurs de la canicule qui leur est nuisible.

Quand le creux où l'on veut planter un jeune olivier a déjà été occupé par un autre qui est mort sur place, il faut l'agrandir autant qu'il est possible, extirper les racines de l'olivier mort, laisser le creux ouvert pendant cinq ou six mois, et bien garnir ce plant de terre neuve, pour que la maladie de l'olivier mort ne gagne pas par contagion celui qui l'a remplacé. Car quoique l'olivier craigne peut-être moins que tout autre arbre cette contagion, c'est pourtant là une précaution de rigueur dont on ne saurait raisonnablement se dispenser.

Lorsque l'olivier est placé dans le creux qui lui a été préparé et qu'on l'a assis de manière que sa tige soit bien droite, il ne reste plus qu'à l'y consolider en couvrant toutes ses racines et sa souche avec de la terre neuve criblée qu'il faut presser fortement contre le pied du jeune arbre, avec l'attention de ne pas laisser à cette terre trop d'humide, ni de vide entr'elle et les racines, afin que les eaux qui s'y infiltrent ne les pourrissent pas, et que les insectes rongeurs ne viennent pas dévorer ces mêmes racines, et passer de là jusqu'au cœur de l'arbre. Et comme tous les arbres en général, les jeunes plants surtout, ont besoin d'être humectés par les pluies, sans lesquelles ils ne peuvent ni prendre ni végéter, il ne faut pas que celui qui plante un rejeton d'olivier, quel que soit son âge, oublie de laisser autour un petit creux en forme d'entonnoir, pour recevoir les eaux des pluies qui, en s'infiltrant, aideront au mouvement de la sève, afin qu'il puissent s'enraciner. Et s'il arrivait que l'on n'eût point coupé la tête du plant avant de le mettre en terre, l'amputation de cette tête à environ un mètre de hauteur, selon la grosseur du jeune olivier, serait une opération indispensable. Une chose qui n'est pas d'une mince conséquence, non seulement pour la forme, mais encore pour la vie de l'arbre, c'est de bien prendre garde de couper aucun bois au jeune plant d'olivier, au moins la première année, afin de ne pas interrompre l'action de la sève, qui est toujours en rapport avec les racines nouvelles et les jets nouveaux, quelque direction qu'ils puissent prendre.

Vous devez donc attendre une année révolue avant d'y porter la serpe pour retrancher les pousses du jeune arbre qui vous paraîtront inutiles, afin de ne pas contrarier la correspondance que la nature a mise entre les branches et les racines. Dans cet intervalle de temps, les racines du plant s'établiront, acquerront de la force, et vous pourrez alors, sans nuire à l'arbre, faire quelques légers retranchements dans le bois qu'il a déjà poussé. Mais à la seconde année que la tige s'est formée une tête un peu touffue, vous pouvez couper toutes les pousses latérales, parce qu'elles sucent l'arbre en attirant une partie de sa sève, et ne laisser que les branches qui sont nécessaires pour la formation de sa tête. Lorsqu'un vieux olivier produit plusieurs rejetons qui forment une touffe autour du tronc, il faut les sevrer de bonne heure pour les planter ailleurs, et n'y laisser qu'une seule tige, d'abord parce que ces tiges multipliées se nuisent réciproquement, en empêchant que le cultivateur ne donne au pied de chacune d'elles les façons et cultures dont elles auraient besoin pour croître et végéter ; ensuite parce qu'un arbre qui n'a qu'une tige se nourrit mieux, pousse plus de branches, et par conséquent plus de fruits.

Quoique, d'après ce que nous avons dit ailleurs, le fumier ne soit pas d'une absolue nécessité à l'olivier, et qu'il puisse croître et prospérer par le seul secours du terrotage ou de la terre neuve que l'on place autour de l'arbre aux approches de l'hiver, il n'est cependant pas inutile, surtout dans les premières années, de mêler un peu de fumier à cette terre neuve que l'on mettra autour du jeune olivier. Nous avons déjà dit qu'il serait à désirer que des agronomes jardiniers tinssent des pépinières d'oliviers, comme ils en ont de mûriers et d'autres arbres, pour les propriétaires qui ne trouveraient pas les plants dans leurs propres fonds. Nous allons indiquer les moyens de former cette pépinière. Outre le mode de propagation des oliviers par la voie des boutures, des rejetons et des souchets, qui sont les seules en usage jusqu'à présent, quoique ce ne soient pas les meilleures, attendu que par ces voies-là nous n'avons encore obtenu que des arbres nains, à racines traçantes et très sensibles au froid, il y aurait une autre manière de propagation de ces arbres précieux. Ce moyen de reproduction est le semis ; il est très lent, et lorsqu'il a fait germer de faibles sujets, l'on est encore contraint de les greffer, ce qui retarde beaucoup la jouissance ; mais l'on serait bien dédommagé du désagrément de cette longueur, par la certitude de se procurer par là des oliviers capables de résister aux gelées.

Semis de l'Olivier.

Voici de quelle manière il faut s'y prendre pour obtenir, par la voie du semis, une pépinière d'oliviers. Comme l'olive, par rapport à la dureté de son noyau, est au rang des graines qui ne lèvent qu'à la seconde année, si en la semant on veut qu'elle germe la première année, il faut, au lieu de la semer au mois de mars, la semer en automne, la cueillir bien mûre, la dépouiller de sa chair, et lui faire subir une préparation qui est de faire tremper pendant sept à huit jours le noyau dans une eau de lessive, afin de le ramollir et de le disposer à la germination.

Le terrain que vous destinez à ce semis, et qui doit être d'une qualité médiocre, vous le préparerez d'avance, vous lui donnerez une façon en le défonçant à 60 cent. au moins de profondeur, afin que lorsque le temps où le noyau doit germer arrivera, la faible racine qu'il poussera en pivot ne trouve point d'obstacle pour descendre. Ensuite, avec une petite pioche, vous ouvrirez des rigoles qui aient 18 cent. de profondeur sur à peu près 25 de large. C'est dans ces petits creux allongés en manière de sillon, que vous sèmerez vos noyaux, en les espaçant à 15 cent. l'un de l'autre; mais il faut qu'auparavant vous ayez rempli à 5 cent. près, ces rigoles ou sillons de fumier réduit en terreau, et que vous ayez couvert ce fumier de terre fine. Vous enfoncerez ces noyaux avec le doigt, en sorte qu'ils ne soient couverts que de quelques millimètres. Au mois de mars, s'il ne pleut pas, il faut avoir soin de les arroser et de les couvrir avec des branches d'arbres, afin de les tenir à l'ombre et à l'abri de l'ardeur du soleil, jusque à ce qu'ils aient entièrement levé. Car ces noyaux n'ont rien de plus à craindre que la sécheresse ; et si elle venait à les gagner au moment où ils doivent germer, il serait impossible qu'ils pussent lever. Mais cette nécessité de l'arrosage se borne au temps où les noyaux sont en terre, et à la première année de leur transformation en jets : l'année suivante, il ne s'agit plus que de les sarcler, de les biner plusieurs fois, afin que la terre bien ameublie autour du tendre plant, aide à l'action de la sève et accélère sa croissance. Lorsque ces petits jets, qui ont formé une pépinière de sauvageons, ont acquis la grosseur d'environ un cent. de diamètre, il faut les transplanter à demeure sans leur couper la tête, avec l'attention de les arracher avec toutes leurs racines, et les assujétir ensuite à un échalas, soit afin qu'ils poussent plus droit leur tige, soit afin de les garantir des coups de vent.

Lorsque le tronc de ces jeunes sauvageons a formé deux petites branches, il faut les enter un peu haut, afin que si la gelée venait à faire périr les pousses de la greffe, vous puissiez les enter de nouveau sur les mêmes branches qui, étant aussi dures que la tige, ou au moins aussi capables de résister au froid, jetteront par le moyen de la greffe, des nouvelles pousses qui mettront bientôt vos jeunes plants en rapport.

Les trois autres modes de reproduire l'olivier sont mieux connus que celui dont nous venons de parler ; l'on en fait du moins plus fréquemment usage. Le premier se pratique en enlevant les jets qui croissent sur la souche d'un vieux olivier, de manière à emporter un morceau du tronc de l'arbre avec le rejeton qu'il a produit. Le second en détachant de ces souches des morceaux à peu près de la grosseur du poing munis d'yeux, c'est-à-dire de petites bosses unies propres à pousser d'autres rejetons, qui peuvent être plantés à demeure ou en pépinière ; la troisième en enterrant des branches d'olivier de 20 à 25 cent. de longueur, et de la grosseur du bras, comme l'on plante les autres boutures, et en ne leur laissant que 2 cent. hors de terre. On peut aussi les coucher horizontalement à la profondeur de 15 à 20 cent., en leur donnant un peu plus de longueur. Les boutures de cette troisième espèce qui donnent des jets de tous leurs yeux, après avoir été déplantées au bout de cinq à six ans, sont refendues et partagées par une scie en autant de portions qu'elles ont de pousses que l'on transplante à demeure avec toutes leurs racines. Sur quoi il est bon d'observer que les souchets ou boutures d'oliviers ne sauraient réussir, si l'on n'a la précaution de les arroser jusqu'au printemps, jusque à ce qu'elles aient produit des pousses.

Maladies de l'Olivier.

L'olivier est sujet à certaines maladies qui lui sont plus ou moins funestes.

Des insectes quelquefois gros comme des vers ou des chenilles, quelquefois presque imperceptibles, auxquels nous donnons le nom de poux, l'attaquent, le sucent et l'épuisent. Cet arbre a donc beaucoup d'ennemis parmi les insectes ; il en a même parmi les plantes. On le trouve parfois entouré d'une mousse épaisse, espèce de lichen qui s'attache d'abord au tronc de l'arbre, et passe souvent de l'écorce aux branches, s'y répand par plaques et le suce. Bien qu'il ne soit pas certain que cette plante parasite vive de la sève des arbres auxquels elle s'attache, il n'en est pas moins vrai qu'elle porte beaucoup de préjudice aux oliviers, en bouchant leurs pores, en interceptant les gaz qui contribuent à leur nutrition, et qu'ils ne peuvent plus pomper. Les oliviers sont aussi attaqués quelquefois de la gale. Cette maladie leur est moins funeste, lorsque la gale ou *rasquette* ne gagne que les grosses branches ; l'arbre languit à la vérité, mais sans cesser de pousser des rameaux et de porter du fruit ; au lieu que lorsqu'elle se propage jusqu'à l'aisselle des feuilles, la sève se trouvant alors interceptée, il en résulte que les rameaux de l'arbre se dessèchent et périssent infailliblement l'un après l'autre.

Mais les insectes sont bien plus à craindre pour l'olivier que les plantes parasites ou rongeantes et que la gale. Il en est malheureusement de plus d'une espèce ; et chacune de ces espèces lui est plus ou moins nuisible. La première est le ciron ou pou, qui est presque imperceptible. Cet insecte rongeur perce les petites branches qui portent les rameaux. Bientôt ces rameaux languissent, se dessèchent et se dépouillent de leurs feuilles. Le remède est de couper tout de suite les branches de l'olivier et de les jeter au feu.

La seconde est une petite chenille que produit un œuf déposé sur le revers de la feuille, de la pellicule inférieure de laquelle elle se nourrit. Cette chenille se reproduit ensuite au printemps sous une autre forme et fait encore plus de mal à l'olivier dont elle détruit les bourgeons naissants qui porteraient des olives l'année suivante. Devenue plus grosse, elle se cache pour l'ordinaire dans une feuille qui se roule lorsqu'elle l'a piquée. Quelquefois elle se fixe et se tapit au centre de plusieurs feuilles qu'elle roule et joint pour ainsi dire ensemble par le moyen des fils qu'elle file, et dont elle fait une espèce de cocon.

La troisième espèce est une mouche armée d'un dard avec lequel elle lance dans les olives un œuf ; cet œuf produit une petite larve blanche qui pénètre dans la chair, s'en repait et reste ensuite un mois entier dans l'olive sous une autre forme. Quand il arrive qu'une même olive est piquée par plusieurs mouches, chacune d'elles y déposant un œuf qui engendre une larve, l'olive en est tellement rongée qu'il n'y reste plus que le noyau.

Une autre sorte de pou se montre aussi sur l'olivier pour en ronger les branches ainsi que les rameaux, et conséquemment pour les dessécher entièrement si l'on ne peut parvenir à lui donner la mort. C'est la cochenille ou le kermès qui, des orangers sur lesquels il se plaît, a gagné les oliviers auxquels il porte le plus grand préjudice. Or comme il est probable que tous ces insectes et d'autres encore également ennemis de l'olivier, pour se mettre à l'abri des frimats, se cachent pendant l'hiver dans les cavités des vieilles écorces du tronc où ils déposent leurs œufs qui doivent éclore au printemps, c'est dans ces retraites qu'il faudrait les attaquer pour les détruire et prévenir leur funeste fécondité. L'on indique pour cela divers moyens, mais le meilleur et le plus sûr, est de racler fortement dans tous les sens, avec un ratissoir à pointes, cette vieille écorce morte et raboteuse. Au moyen de cette opération qui n'a rien de difficile, ni de bien pénible, on fait tomber tous ces insectes qui meurent de froid avant l'époque où ils peuvent se multiplier par leurs œufs : on a soin ensuite de les bien écraser avec les pieds, et de garnir l'écorce ainsi que les cavités du tronc, de terre glaise et de suie, afin qu'il n'en puisse pas échapper un.

Il nous reste à dire un mot des moyens qu'il peut y avoir pour garantir l'olivier de la rigueur des frimats qui le détruisent quelquefois sans ressource, et de lui donner sa première vigueur, lorsque la gelée ne l'a pas frappé jusque dans ses racines.

Pour ce qui est des préservatifs, il ne paraît pas, d'après l'expérience de plusieurs siècles, qu'il y ait des moyens suffisants et efficaces pour garantir les arbres à sève huileuse des gelées des hivers, lorsqu'elles excèdent un certain degré. Le seul que l'on ait employé jusqu'à présent avec quelque succès, c'est de les chausser de bonne terre jusqu'à la moitié de la hauteur du tronc. Mais on peut tout au plus ainsi mettre une partie du tronc à couvert, et on laisse toutes les branches qui en sont les parties les plus sensibles, à la merci des aquilons, des neiges, des givres et des frimats.

Lorsqu'après avoir pris toutes les précautions infructueusement, ce malheur arrive, la seule ressource qui reste au propriétaire est dans le recépage, méthode la plus propre à rétablir l'arbre, à lui rendre la vie par ce qui lui reste de sève rentrée dans les racines. C'est là sa dernière retraite ; et s'il arrive, ce qui est bien rare, que l'olivier coupé entre deux terres ne repousse pas au printemps prochain, tout principe de vie dans lui est absolument éteint. Mais quand et comment doit se faire ce recépage ? voilà les deux questions auxquelles il faut répondre, qui ne sont pas sans difficulté, surtout la dernière. Dans quelques contrées de la Provence maritime, l'on appréhende assez généralement de tailler l'olivier, soit que ce soit un préjugé local, soit que la nature de leurs arbres fasse une exception au principe reçu partout ailleurs où l'olivier est cultivé, qui veut que cet arbre atteint par le froid et devenu malade par l'effet de la gelée, soit taillé au printemps lorsqu'il est devenu rouge, ou que sans changer totalement de couleur, on le voit se flétrir et languir.

Mon avis est que lorsqu'après une gelée de sept à huit degrés ou même plus, après des gels ou des dégels extraordinaires qui ont fait craindre pour les oliviers pendant la durée d'un hiver rigoureux, vous voyez les arbres rouges au mois de mars, vous ne risquez rien de les tailler au mois d'avril, mais avec la précaution de ne rabaisser leur tête que de 1 m. 50 cent. environ, parce que l'olivier rouge n'est pas ordinairement mort, et qu'il ne s'agit par cette opération que de dégager la sève que le froid a répercutée et fait descendre. Si l'arbre sans être rouge paraît sec, et que ses feuilles soient adhérentes à la tige, rabaissez-le jusqu'au milieu, et allez même bien près du tronc ; si par l'inspection des racines, vous ne lui en trouviez que très peu de saines, et si vous pouvez vous convaincre par la cessation entière de la végétation que l'olivier est mort, ne tardez pas à le couper entre deux terres, en nettoyant bien ses racines, et en leur enlevant tout le bois mort et pourri qui pourrait faire gangrener le reste. Au moyen de la sève qui existe encore dans les racines saines, il s'élèvera bientôt sur la souche de l'olivier que vous avez coupé, un ou deux rejetons ; d'autres croîtront à l'entour, et vous fourniront, par la voie de la transplantation, le moyen de repeupler votre verger. Nous l'avons déjà dit plus haut, et nous nous faisons un devoir de le répéter, quand les oliviers sont sensiblement malades et dans un état d'épuisement et de langueur, il vaudrait encore mieux se priver pendant trois ou quatre ans de la petite quantité d'olives que cet état de langueur peut leur permettre de porter, en s'assurant, par une taille sévère et bien entendue, que vous leur redonnerez la vie et l'existence, et qu'au bout de ce temps vos oliviers, pour ainsi dire ressuscités, seront en plein rapport et aussi vigoureux qu'auparavant, plutôt que de courir, par une puérile timidité et un ménagement inexcusable, la chance inévitable de les voir perdus sans ressource.

Dans plusieurs communes de la Provence méridionale, l'on fait la cueillette des olives en gaulant, et en recevant dans des draps étendus sous l'arbre, les olives que l'on abat. Cet usage, qui ne peut manquer d'être préjudiciable aux oliviers, vient peut-être de leur espèce qui, étant d'une grosseur et d'une hauteur prodigieuse, ne permet guère aux journaliers employés à ce travail, de monter à la cime des arbres sans danger. Dans les autres contrées où les oliviers sont moins hauts, comme dans les départements du Gard et de Vaucluse, les journaliers cueillent les olives à l'aide d'une échelle, et n'abattent jamais avec des gaules que celles auxquelles la main ne peut atteindre, pour ne pas priver les arbres des rameaux qui pourraient se couvrir au printemps de fruits nouveaux.

Il est une espèce d'oliviers, celle qu'on nomme la verdale, qui croît peu, surtout en hauteur, et il ne serait pas difficile, par des amputations réglées, de le tenir assez bas pour qu'un homme d'une stature ordinaire pût en cueillir le fruit sans avoir besoin d'échelle.

L'on a eu occasion de remarquer, que toute espèce d'olives donne à la détrication une huile de fort bonne qualité, pourvu que les olives ne soient pas trop entassées, qu'elles soient portées à la meule et au pressoir avant qu'elles aient pris en s'échauffant une odeur de moisi ; que la meule et la coupe soient propres, ainsi que les cabas ou *couffins* dans lesquels on met la pâte pour être pressée, et que l'huile provenant de la détrication soit placée dans des vases qui ne lui communiquent point d'odeur fétide.

De la Vigne.

Taille de la Vigne. La vigne est, de tous les arbres ou arbustes, celui dont le fruit est le plus utile à l'homme, et demande le mieux ses soins, attendu que le vin entre dans les premiers besoins de la vie. Voici quelques principes tirés de l'usage et de l'expérience, sur la manière de cultiver la vigne, de l'entretenir en bon état, et de la régénérer, dans le cas où la mortalité ne s'étendrait que sur une partie des souches dont elle est formée.

Dès que les premières gelées blanches qui précèdent les frimats ont dépampré vos vignes, commencez à prendre la serpette pour les tailler ; que la taille se fasse d'abord sur les plus vieilles, et finisse par les moins âgées et les plantiers ; car il arrive souvent que les gelées du mois de novembre, qui est l'époque la plus favorable pour cette opération essentielle, sont bientôt suivies de gelées plus fortes, quelquefois même de froids rigoureux, ce qui serait funeste à vos jeunes vignes, qui ont les rameaux fort tendres et fort poreux. On doit donc tailler les vignes vieilles dans le courant de novembre, suspendre quelque temps cette opération, et la reprendre à la mi-février, lorsque le plus fort des frimats a passé ; alors le soleil commence à devenir ardent, les gelées des nuits ne sont plus si violentes, ce qui facilite la sève à circuler par la plaie que l'instrument tranchant a faite à la souche. Cet écoulement de la sève, qui est particulier à la vigne, s'appelle pleurs. On taille aussi quelquefois les vignes nouvelles au commencement de mars, sans qu'elles en souffrent, lorsque la fin de l'hiver est froid ; mais comme le plus souvent le temps s'adoucit à la fin de février, et que le mois de mars est déjà chaud dans nos climats du midi, le plus sûr, pour ne pas s'exposer à cet écoulement trop abondant de la sève, est de faire en sorte que la taille de toutes vos vignes soit finie dans tout le courant de février : alors le temps qui s'écoule depuis la taille jusqu'au moment de la pleine sève, est suffisant pour que la blessure qu'y a faite la serpette se resserre, et n'occasionne pas, lorsque la vigne est en pleurs, ce qui a lieu année commune au milieu de mars, cet écoulement abondant et rapide qui, épuisant le cep, ne peut qu'être préjudiciable à ses fruits.

Quelquefois, après un hiver plus ou moins rigoureux, à quelques jours de beau temps succèdent des gelées tardives : ces gelées, il est vrai, ne sont pas pour l'ordinaire de longue durée ; mais les vignes, les jeunes surtout, souffrent beaucoup de ces froids tardifs qui, gelant les pleurs sur la plaie nouvellement faite au cep, ainsi que les nouvaux bourgeons que ces pleurs ont mouillés, font périr le fruit qu'ils auraient produit. Il est donc expédient aux propriétaires, pour le bien de leurs vignobles, de tailler ou de faire tailler leurs vignes, comme nous l'avons déjà dit, dans tout le courant de février, lorsque le temps le permet.

Tout le monde sait que la vigne ne prospère et ne fructifie bien, qu'autant qu'elle est bien taillée, que la taille étant d'une grande importance, et tous les autres travaux qui se font aux vignobles n'en étant que les accessoires, cette opération ne saurait être faite avec trop d'intelligence. D'abord, il faut ne laisser à chaque cep que le nombre de bras et de têtes qu'il peut en nourrir, sans s'épuiser, et au sarment que l'on taille que deux yeux, vulgairement deux *bourres*. Lui laisser, comme on dit, plus de vie, serait vouloir hâter la déradence et par conséquent la mort de la vigne, en la forçant à produire plus qu'elle ne peut. Ce cep, obligé d'alimenter trop de sarments ou de branches, ne pousse que des rameaux courts et faibles ; les raisins qu'il nourrit sont aigres, sans saveur, la souche languit et finit par périr d'épuisement.

Lorsque ce malheur arrive, c'est-à-dire, lorsque par l'ignorance ou la maladresse d'un paysan employé à la taille des vignes, le propriétaire s'aperçoit du préjudice que lui cause une taille surchargée, il ne doit rien avoir de plus pressé que d'y remédier, en faisant remettre les ceps de sa vigne à leur port naturel, ce qui s'opère par le retranchement de tous le bois inutile. Tous les jets inférieurs doivent être rigoureusement retranchés, pour qu'ils ne viennent pas former de nouveaux bras qui vivraient aux dépens de ceux que la force du cep lui permet de nourrir, à moins que l'on ne veuille laisser de ces rejetons pour remplacer quelque bras mort, ou bien rajeunir des ceps tarés et cariés qui pourraient exister sur une souche encore en âge de produire : ces jets inférieurs doivent, dans ce cas-là, être taillés de la même manière que les autres sarments.

Il résulte donc de ce que nous venons de dire, que pour que la taille de la vigne s'effectue d'une manière utile à l'arbuste et profitable au maître, il faut retrancher avec la serpette tout ce qui est au dessous de l'œil supérieur du bois de l'année précédente, et au-dessus des deux yeux ou bourgeons qui ont poussé sur le bois nouveau.

S'il arrivait, ce qui n'est pas impossible, que le sarment partant de l'œil inférieur fût trop faible ou trop mal disposé pour supporter la taille, il faudrait dans ce cas le couper et tailler le sarment à partir de l'œil supérieur, sans oublier de couper le vieux bois qui s'y trouve attaché ; hors ce cas-là, qui est assez rare, on doit toujours tailler sur le sarment inférieur, et cela par deux raisons :

1º Afin de retrancher le vieux bois de la dernière taille, bois inutile qui ne serait qu'un chicot nuisible au bras dont il part.

2º Pour ne pas donner trop d'élévation à la souche qui, si on la taillait de l'œil ou bourgeon supérieur de la dernière taille, pourrait prendre 4 ou 5 cent. de plus, c'est-à-dire une hauteur qui lui serait préjudiciable.

La taille doit se faire, s'il est possible, à 5 centim. au moins au-dessus de l'œil, et jamais trop près de l'œil ou bourgeon placé au-dessous de la taille, pour qu'il ne se dessèche pas. Sans cette précaution, il deviendrait aussi sec que le vieux bois qui reste au-dessus.

Lorsque le sarment sur lequel on veut porter la serpette s'élève dans une direction perpendiculaire et sans inclination, il est nécessaire de le tailler obliquement, afin de faciliter l'écoulement des pleurs de la vigne, et empêcher l'effet nuisible des froids tardifs du printemps qui, en gelant cette sève fluide, porteraient un tort irréparable à la pousse des bourgeons nouveaux.

Une chose qu'il importe de ne pas oublier lorsque l'on taille, vulgairement l'on *poude* la vigne, c'est de laisser les sarments les plus longs et les plus vigoureux, afin de pouvoir remplacer, au moyen des provins que l'on se propose de faire, les ceps des souches mortes; c'est par les provins ou *cabus* que l'on entretient la vie dans une vigne qui, sans cette attention, périrait même souvent dans un petit nombre d'années, soit par l'effet désastreux des gelées rigoureuses, soit par d'autres accidents.

C'est la nature et la qualité du terrain qui doit guider le propriétaire dans le plus ou le moins de force de végétation qu'il doit laisser à sa vigne. La première année de son rapport, il suffit de lui laisser une seule tête ; on peut ensuite, à mesure qu'elle se fortifie, lui en donner deux, et successivement jusqu'à trois et même quatre ; encore faut-il pour cela que la vigne soit confiée à un fonds d'un excellent rapport, et qu'elle soit dans toute sa force.

Pour ce qui est de la hauteur que l'on doit laisser prendre aux ceps, cela dépend des lieux où la vigne se trouve située.

Placée dans les fonds bas et humides, le cep, s'il était trop près de terre, ne jouirait pas assez de l'impression de l'air qui fait circuler la sève et est le véhicule de la végétation ; c'est dans ces sortes de vignes qu'il est bon de laisser élever les ceps, pour que les raisins qu'ils portent soient mieux pénétrés de la bénigne influence du soleil qui les vivifie et les nourrit ; sans quoi, toujours imbibés de l'humidité des rosées, ils ne pourraient guère parvenir à une maturité parfaite.

Mais quand les vignobles sont plantés sur des côteaux, sur des terrains secs et aérés où rien n'empêche la libre circulation des vents et l'action fécondante du soleil, il n'y a nul inconvénient à tenir les vignes basses ; d'ailleurs comme sur ces fonds, pour l'ordinaire caillouteux et toujours en pente, les eaux s'écoulent avec facilité et ne séjournent jamais, le sol, loin de communiquer de l'humide aux raisins, aide au contraire à leur maturité par la réflexion du soleil brûlant qui s'y répercute, sans compter que les rameaux des souches étant plus exposés aux ouragans sur les hauteurs, sont moins en danger d'être rompus par leur véhémence quand les ceps et les sarments qu'ils portent sont près de terre, ce qui n'est pas d'une médiocre importance.

Lorsque une vigne est tellement vieille, ou bien est dans un état de dépérissement tel que le propriétaire n'a plus l'espoir de l'entretenir par des provins, on la taille à la mort, et on lui donne vieux et nouveau, c'est-à-dire qu'au lieu de laisser aux jets du cep deux yeux ou bourgeons, on lui en laisse quatre, pour profiter de ce qui reste à la vigne de vie et de fécondité, ce qui dure pour l'ordinaire deux ou trois ans, au bout desquels on l'arrache pour mettre le sol qui l'a portée en rapport d'une autre manière.

La vigne ne veut pas être négligée, et quelques années de manque de soins ou de culture, et surtout d'une taille maladroite et surchargée, suffisent pour la détériorer et l'épuiser; mais si la vigne a encore de la vigueur par la force de l'âge, le mal n'est pas sans remède, et il reste des moyens pour la rétablir, la remettre même dans son ancien état.

Les moyens de rendre à une vigne la fécondité dont elle jouissait avant d'être négligée ou de recevoir de mauvaises cultures, consistent à ôter aux ceps épuisés par des tailles gourmandes, tous les bras qu'elle ne peut alimenter dans cet état de faiblesse, à rabaisser les têtes languissantes sur un jeune jet, ou bien quelquefois à les couper entre deux terres, pour qu'il se forme une nouvelle tige des rameaux qu'elles pousseront.

Culture de la vigne.

Parmi les inconvénients des mauvaises cultures des vignes, l'on peut mettre au premier rang celui de ne pas les fouir avec assez de profondeur, et d'enterrer le fumier trop près de la superficie de la terre; parce qu'alors les racines forcées de s'élever pour chercher leur nourriture, sont exposées à être desséchées par les ardeurs de l'été.

Quand vous avez planté une vigne, ce qui se fait ordinairement au mois de mars, attendez que votre plantier ait une année révolue avant de porter la serpette à ses jeunes tiges. Si vous les coupiez plus tôt, vous épuiseriez sa sève qui se perdrait au détriment des racines, ce qui pourrait faire manquer votre plantier. Quand les jeunes plants de la vigne ont poussé des feuilles, prenez garde de les arracher, et conservez-leur ce tendre feuillage. Il leur est nécessaire, pour les mettre à couvert de l'ardeur du soleil, et leur communiquer le peu de fraîcheur qu'ils reçoivent de la rosée ou des pluies qui de temps en temps viennent les humecter.

La première et la seconde année, les jeunes ceps produisent quelques faibles raisins : il ne faut pas manquer de les cueillir de bonne heure, et d'en débarrasser les sarments : ils souffriraient trop s'ils demeuraient chargés de ce fruit précoce qui d'ailleurs ne rendrait que du verjus, c'est-à-dire un vin très acide et ne serait pas bon à manger.

Première œuvre à donner aux vignes.

Lorsque les femmes ont lié le bois provenant de la taille des vignes, et enlevé les sarments, c'est-à-dire dans le courant de novembre, l'on doit donner à la vigne sa première façon. Il y a des pays où cette culture se fait plus tard, et dans le mois de janvier, sans qu'il paraisse que cette méthode soit préjudiciable aux vignes ; mais celle de labourer ou de bêcher les vignes dans le mois de novembre ou bien au commencement de décembre, est de beaucoup préférable à l'autre, en ce que les pluies d'hiver qui suivent cette culture, pénètrent mieux la terre pour abreuver et alimenter les racines des souches.

Cette œuvre du bêchage ou du labour, qui encore

n'est pas usitée partout, et ne l'est que dans les pays où il y a de vastes terrains complantés en vignobles, est la première façon que l'on donne aux vignes. Dans les contrées méridionales, l'on se contente de donner aux vignes deux façons, le bêchage d'hiver et le bêchage du mois de mai, qui consiste à racler la terre autour des souches à cette époque, pour extirper les mauvaises herbes qui ont crû depuis la dernière culture, et à mettre par cette opération la vigne en état de profiter des pluies d'été, qui lui sont si nécessaires pour l'aider à retenir et à mûrir son fruit.

Quand la première façon donnée à la vigne pendant l'hiver ou bien aux approches de cette saison se fait avec la bêche, il est rare que les journaliers employés à ce travail puissent, quelque bonne volonté qu'ils aient, donner à chaque ouverture qu'ils font à la vigne plus de 25 centimètres de profondeur ; il est même bien rare qu'ils creusent jusque là, surtout lorsque le terrain est en pente et pierreux ; mais quand au lieu de la bêche on se sert du louchet, l'œuvre se faisant de tout le plein du louchet, la vigne y gagne d'être effondrée à 12 centimètres de plus. J'ai vu dans quelques pays pratiquer cette sorte de culture qui est, il est vrai, un peu plus dispendieuse pour le propriétaire, mais lui est aussi plus avantageuse par le fruit qu'il en retire. Souvent dans les vignes, entres les autres mauvaises herbes, il se trouve du *gramen*, ou chiendent qui est la pire de toutes. L'homme de peine employé à la bêcher ne doit pas oublier d'arracher cette production parasite et rongeante qui dévore la terre et se reproduit quelquefois par le fumier provenant des excréments des animaux qui s'en sont nourris. Mais toutes les mauvaises herbes doivent être soigneusement arrachées par le cultivateur, ainsi que tout le bois gourmand que poussent les souches, avec le chevelu ou les petites racines qui s'élèvent à fleur de terre. Le cultivateur qui bêche la vigne, ne doit pas non plus oublier de laisser autour des souches un petit creux pour recevoir les eaux de la pluie qui entretiennent leur fraîcheur. C'est ce qu'on appelle en Languedoc les *escraussets*.

Le provignement de la vigne, qui consiste à remplacer les souches qui sont mortes, par le prolongement d'un sarment attaché à un cep voisin que l'on couche dans la terre pour cette reproduction, est de tous les soins qu'elle demande, le premier et le plus essentiel. Il y a deux époques, deux saisons, pour ce renouvellement indispensable des vignes dont une partie a péri par la violence des climats, ou par d'autres accidents ; ces deux saisons sont l'hiver et le printemps. Mais le propriétaire qui ne se borne pas comme le fermier à recueillir quelques récoltes de raisins dans ses vignes, et qui n'est pas comme lui guidé par l'intérêt du moment, doit pour son profit donner la préférence à la méthode de provigner pendant la durée de l'hiver, dans le temps même que ses ouvriers cultivateurs sont occupés à donner aux vignes sa première et principale façon, qui est celle de la fouir ou bêcher. La raison en est, que le cep que l'on provigne de bonne heure, acquiert par là plus de force, plus de vigueur, et dure par conséquent davantage. L'action du provignement des vignes consiste à coucher dans la terre les sarments que l'on a réservés pour cette fin.

L'on déchausse pour cela le pied du cep que l'on veut provigner à 60 centimètres, et s'il est possible à un mètre de profondeur, l'on continue cette fosse et on la prolonge jusqu'à la place de la souche morte que l'on vient d'arracher.

C'est dans cette fosse que l'on couche le cep, avec beaucoup de précaution afin qu'il ne se casse pas, ainsi que les provins ou sarments qu'on y laisse, qui sont pour l'ordinaire au nombre de deux, ou tout au plus de trois, pour pouvoir remplacer les souches mortes. Ces sarments sont pliés, et enterrés, de manière que leur tige seule puisse sortir hors de la terre. Il peut arriver quelquefois que faute d'une longueur sufisante, le provin n'arrive pas précisément à l'endroit où on désirerait de le faire aboutir, mais le provin n'en est pas pour cela moins bon, et ce n'est qu'une petite défectuosité pour la symétrie.

Lorsque l'opération du provignement est terminée par le recomblement de la tranchée dans laquelle le sarment a été couché, on s'occupe de la taille des provins, auxquels on laisse deux yeux ou bourgeons, et que l'on fixe avec un lien à un échalas, afin qu'il l'aide à monter, et qu'il protège leur faiblesse ainsi que celle des jeunes rameaux qu'ils pousseront contre la furie des vents, surtout la première année, où malgré leur excessive fragilité, ces sarments commencement à se charger de nombreux raisins qu'ils ont bien de la peine à nourrir et à soutenir.

Mais pour que les provins réussissent, il faut que le cep que l'on destine à la reproduction d'une souche morte par le moyen de ses sarments ou provins soit profondément déchaussé, et que la fosse dans laquelle on le couche ait 60 centimètres de profondeur, pour que le cep, qui occupe un tiers de cette ouverture, soit enfoui à 45 centimètres environ de la superficie de la terre ; car s'il était plus profond, il pousserait un bois gourmand et parasite qui serait nuisible aux provins et les empêcherait de retenir les raisins qu'ils auraient produits.

Bien des agriculteurs expérimentés sont opposés au provignement, qui selon eux épuise le cep qui le fournit. Ils préfèrent remplacer par un jeune plant le cep mort.

Les vignes sont, comme tous les arbres ou arbustes

susceptibles d'être bonifiées par le fumier. Quand on veut fumer une vigne, l'on enterre l'engrais autour de la souche, en l'enfonçant le plus qu'il est possible à son pied, sans toutefois endommager les racines. On élève ensuite un peu la terre, que l'on jette sur les bords du creux, afin que l'eau pluviale puisse s'y conserver et précipiter le fumier au fond. Quelques particuliers, mais en petit nombre, usent de ce moyen pour donner à leurs vignes une force qu'elles ne peuvent tirer du sol, lorsque ce sol est pierreux ou sablonneux et fort maigre.

Dans quelques contrées du midi, on a l'usage de pratiquer des ouillères ou des planches, c'est-à-dire de faire porter au même fonds de terre des raisins et des grains, ou des légumes. Ce fonds de terre est par conséquent divisé alternativement en vignes et en guérets, quelquefois, mais pas toujours, de la même largeur ; car il y a de ces terrains complantés en vignes alternativement où l'espace occupé par les rangées de souches est plus grand que celui des planches ou ouillères, et *vice versâ*. Ces planches ou espaces vides sont donc destinés à recevoir la semence des grains de toute espèce qu'on y sème, ainsi que des légumes, avec la précaution de ne pas dessoler ou *restoubler*, pour ne point trop épuiser la terre ; et lorsqu'il arrive que l'on fait porter ces espaces vides deux années de suite, l'on ne manque pas d'y mettre des engrais.

Mais une observation à faire sur les cultures qui regardent les ouillères en particulier, c'est qu'il faut se garder de labourer ces terrains à la charrue pendant la durée des grandes chaleurs, on exposerait les raisins des souches voisines à périr par l'effet de la sécheresse.

Si au contraire il arrivait qu'une pluie bienfaisante

d'été vint humecter la terre et rafraîchir l'air, le propriétaire ne devrait pas différer d'en profiter pour donner à son fonds de terre un labour si favorable.

Seconde œuvre à donner aux vignes.

Il est une seconde façon que l'on donne partout aux vignobles, et qui dans certains pays est la dernière, comme nous l'avons déja observé; c'est le bêchage, ou en langue vulgaire le *reclaure*; elle consiste à recouvrir la terre qui se trouve autour des souches, d'où lui vient probablement le nom de *reclaure*, et à bien extirper les mauvaises herbes. L'objet de cette opération qui se fait dans le courant de mai ou au commencement de juin, est, outre le déracinement des plantes parasites que le cultivateur doit soigneusement faire disparaître, d'ameublir la terre afin que les racines des souches travaillent davantage, et d'en chausser le pied, pour que les ceps soient mieux à l'abri des ardeurs de la canicule, et puissent conserver plus longtemps l'humidité qu'ils ont reçue des pluies salutaires et des rosées du printemps.

Cette seconde façon donnée aux vignes, quoique faite légèrement, n'est pas moins nécessaire pour les disposer à recevoir les bénignes influences de l'atmosphère qui contribuent si puissamment à la végétation.

Mais pour que ce travail soit profitable aux vignes, il faut prendre garde de n'y pas entrer, et de ne pas les bêcher après de grosses pluies et tant que la terre conserve une humidité sensible. Ce serait vouloir détruire le bien que l'on fait aux vignobles, ou plutôt en empêcher absolument le fruit; puisque au lieu d'ameublir la terre, on l'endurcirait de manière à la rendre impénétrable au soleil, tandis qu'elle a besoin d'être divisée, pulvérisée à tel point, que l'air, la chaleur, les pluies et les gaz atmosphériques puissent la pénétrer aisément.

De la plantation de la vigne.

Lorsque l'on veut planter une vigne dans une terre où l'on en a arraché une vieille, il faut y faire d'autres cultures pendant cinq ans, pour que les racines qui peuvent rester dans la terre ne nuisent point au progrès de celles de la vigne nouvelle.

Pendant cet intervalle, le terrain s'amende et devient propre à féconder les nouveaux plants. L'air, la pluie qui le pénètrent, ainsi que les labours qu'on y fait pour les diverses récoltes, le bonifient, et détruisent peu-à-peu le chiendent, la plus rongeante de toutes les herbes parasites.

Mais si l'on veut ne pas laisser reposer si longtemps le fonds qui portait la vigne arrachée, et le mettre bientôt dans un rapport plus avantageux qu'il ne serait en y semant du blé, qui ne donne pas un grand produit dans les terrains maigres et pierreux, voici comment il faut procéder : l'unique moyen d'empêcher que les racines de la vieille vigne ne soient un obstacle à l'accroissement de celle que l'on veut mettre à sa place, est de donner à la terre la faculté de lui fournir de nouveaux sels, par conséquent de creuser à une plus grande profondeur qu'on ne l'avait fait en plantant cette vieille vigne.

Par cette opération, la vigne nouvelle se trouvera placée dans une terre neuve fortifiée par la chaleur du soleil, l'infiltration des eaux pluviales, et les sels purs de cette terre vierge.

Personne n'ignore que ce n'est pas en hiver que l'on doit confier à la terre les plants de ces ceps : mais il est deux méthodes à suivre dont chacune a ses partisans : l'une qui veut que la plantation de la vigne se fasse dans le printemps, l'autre qui trouve qu'il vaut mieux qu'elle s'effectue dans l'automne. Les anciens auteurs ont laissé aux agronomes modernes le choix des deux ; mais l'expérience, qui perfectionné tant de choses, nous a appris que la manière la plus sûre, la plus propre à obtenir un bon résultat de la plantation de la vigne, est de la faire pendant l'automne, attendu que dans cette saison il est fort rare qu'il ne tombe des pluies abondantes dont les jeunes plants ont besoin pour s'enraciner, tandis que nous voyons souvent dans nos climats des printemps secs.

Lorsque le terrain dans lequel vous voulez planter une vigne n'est pas bien horizontal, il faut auparavant, si vous avez lieu de craindre que les torrents amenés par les pluies ne le dégradent, faire pratiquer des banquettes ou murailles de soutènement, pour maintenir ces terres de niveau et prévenir les éboulements qui détérioreraient sensiblement la vigne.

Quand le terrain est horizontal, on peut, en creusant les fosses pour la plantation de la vigne, leur donner un peu moins de profondeur qu'aux autres ; il suffit alors de défoncer la terre à un mètre.

Il y aurait encore une bonne méthode à employer pour les vignes que l'on veut substituer aux anciennes dans les terrains en planches ou ouillères. Ce serait de prendre la terre diagonalement, c'est-à-dire d'un angle à l'autre ; par ce procédé, on mélangerait les terres des anciennes ouillères de blé, avec celles qui étaient en vignobles, et l'on élèverait un peu dans la partie supérieure la terre qui doit nécessairement s'abaisser par l'entraînement des eaux.

Des travaux à faire avant la plantation.

Lorsque le travail du défoncement de la terre est achevé, on commence à l'aplanir le plus qu'il est possible,

et à la disposer de manière que la plantation que l'on
veut y faire puisse réussir et prospérer. L'on trace
ensuite avec un cordeau la marque des files que
doivent occuper les rangées de vignes, et si l'on doit
planter par ouillère, l'on tire des lignes parallèles pour
ien marquer l'espace que doivent occuper les ouillères
de terre et les ouillères de vignes, et dans celles-ci, la place
que doivent occuper les avantins, en langue provençale
les *mayaux*.

Autant que le terrain le permet, il faut que les files
d'avantins soient disposées dans la direction de l'est à
l'ouest, parce que l'on a remarqué que cette direction
étant plus favorable aux bourgeons naissants, elle pourrait mieux les garantir des gelées du printemps qui leur
sont funestes, que celle du nord au midi.

Un autre avantage de cette disposition des vignes du
levant au couchant, c'est qu'elle expose moins les jeunes avantins à être cassés par l'ouragan, attendu
qu'ainsi plantés ils se servent mieux d'abri, et se prê-
tent un secours mutuel en s'entrelaçant.

L'on donne, dans ces contrées où un champ est par-
tagé alternativement en terre à blé et en vignes, 2 mètres
50 au moins et 3 mètres au plus de largeur à l'ouillère
de terre qui est destinée à produire du blé ; et cela se
pratique afin que lorsque l'on fera les labours à la charrue, le soc n'endommage pas les rangées latérales de
l'ouillère en vigne.

Le propriétaire du fonds doit bien connaître la qualité
de la terre avant de faire sa plantation : placer à 90 cent.
d'intervalle dans tous les sens les avantins, si son champ
est gras et fertile, et leur donner 1 mètre d'intervalle,
si son terrain est maigre et d'un faible rapport. Lorsque
le mode de plantation est fixé et que les distances où doi-

vent être les ceps entr'eux ont été tracées, il reste à faire le choix des plants, à les préparer, et à les confier à la terre.

La plantation de la vigne suppose une opération préalable, le choix des avantins, et ce choix demande des soins, de l'attention et même une certaine connaissance dont l'agriculteur ne peut se passer, s'il veut que ses plants réussissent. Cette connaissance est celle de l'âge et de l'état où doit être la vigne sur laquelle l'on prend ses marcottes. Il faut que cette vigne soit dans la force de son âge, qu'elle ait de vingt-cinq à trente ans à peu près. Si elles étaient prises sur une vigne trop jeune ou trop vieille, elles pousseraient avec trop de force ou sans vigueur. Le sarment coupé sur une vigne dans son enfance, n'étant pas assez dur, risquerait de pourrir dans la terre, tandis que celui que l'on aurait pris sur une vigne vieille, végéterait faiblement et sans force. Ce n'est pas tout que de choisir les marcottes sur une vigne vigoureuse par son âge, il faut encore, pour que vos plants réussissent, que cette vigne soit saine et d'un bon rapport ; car si malgré son apparence de vigueur, malgré les bois et les longs sarments qu'elle pousse, elle n'est pas féconde, les marcottes que vous lui prendrez participeront de la stérilité de leur mère, auront de gros ceps, pousseront des rameaux vigoureux, et ne produiront que fort peu de raisins. Et c'est à quoi l'on pourrait être aisément trompé, attendu que les vignes les plus stériles en fruits, sont les plus riches en sarments, et qu'elles s'épuisent en végétant, sans presque rien produire ; mais outre qu'il y a des signes certains pour distinguer ces vignes fécondes en apparence, de celles qui le sont en effet, le propriétaire qui veut planter une vigne, et prendre ses marcottes dans le territoire de son pays, ou d'un pays voisin, ne peut guère se tromper, attendu que la vigne sur laquelle il veut les prendre lui est ou peut facilement lui être connue, et que celui qui permet de les prendre, n'est pas censé avoir l'intention de l'induire en erreur. Mais une chose utile et bien facile à pratiquer pour celui qui veut planter une vigne, lorsqu'il est sur les lieux, c'est de voir et d'examiner celle sur laquelle il veut prendre ses marcottes, lorsque les raisins sont encore sur les souches ; de bien remarquer les qualités de raisins qu'elles portent, et de marquer par un fil ou tout autre signe visible, les sarments qu'il se propose de faire couper pour les plants de sa vigne, c'est la chose du monde la plus aisée ; elle prévient toute méprise, et le propriétaire lui-même peut et doit le faire, pour peu qu'il soit jaloux du succès de sa plantation.

Les marcottes une fois choisies et coupées, reste à les mettre en terre, après les avoir préparées de manière à pouvoir espérer qu'elles ne manqueront pas de prendre racine : d'abord, avant de faire tremper les marcottes ou avantins, il y a une opération à faire, et bien essentielle, pour préserver le sarment de la contagion qu'il contracterait infailliblement du contact d'un morceau de bois sec qui y adhère ; c'est le morceau de bois mort qui est à l'extrémité de la taille précédente, et qui se trouve au-dessus de l'œil ou bourgeon dont le nouveau sarment est parti. Il est de toute nécessité de couper ce chicot de bois pernicieux, et de le séparer du nœud où commence le jet qui doit vous servir de marcotte, sans quoi, il se pourrirait dans la terre, et communiquerait sa corruption au nœud appelé crossette qui lui est contigu, et insensiblement de là à la marcotte entière. Vos jeunes plants au lieu de prendre et de prospérer, ne feraient que languir et finiraient par périr, puisqu'ils seraient gangrenés dans la partie la plus vi-

vifiante, qui est le nœud ou la crossette d'où part le sarment entier, et dont ce sarment tire les sucs nourriciers qui le font végéter. Mais il ne faut pas, comme quelques-uns le pratiquent, couper le nœud ou la crossette, s'imaginant, parce qu'ils l'ont trouvée pourrie dans la terre, qu'elle était inutile à la génération du cep, sans faire attention que c'est le vieux morceau de bois mort qui avait communiqué son mal à la crossette ; il est expédient de bien séparer, en la conservant comme la partie la plus essentielle de la marcotte, le principe de sa génération, cette crossette du vieux bois, par une opération qui veut de la dextérité, et demande d'être faite par une main exercée ; voici comment on doit s'y prendre.

Il faut tenir d'une main le sarment appuyé par la crossette sur un bloc de bois, et enlever d'un seul coup avec une petite hache bien tranchante le vieux bois jusqu'au vif ; et pour ne pas écailler le bout de la crossette, ce coup doit être donné avec vivacité et d'une main assurée. Cela fait, l'on prend une serpette bien aiguisée, et on unit le tail pour qu'il soit tout-à-fait lisse.

Lorsque l'on a fait subir aux avantins cette opération préliminaire, on les sépare par espèces, et l'on fait de chacune de ces espèces des gerbes que l'on met tremper dans des baquets pleins d'eau. Si l'on veut effectuer la plantation tout de suite, un ou deux jours de macération suffisent aux avantins pour prendre racine ; mais ils peuvent rester dans l'eau huit jours et même davantage, sans que cela leur nuise. On tire ensuite ces gerbes de sarments du baquet où elles ont été ramollies pour les confier à la terre qui leur a été préparée, ou bien on les enfouit, supposé que l'on ne veuille pas procéder de suite à la plantation. Et si on veut différer jusqu'au printemps de la faire, il faut nécessairement enterrer les avantins ou marcottes ainsi préparés, dans des tranchées, les espacer à 15 cent. de distance l'un de l'autre, et recouvrir ces tranchées avec de la terre.

Lorsque le champ que l'on destine à être planté en vignoble a reçu les cultures nécessaires pour cet objet, qu'il a été espacé, tracé et marqué comme nous l'avons dit, il ne reste plus qu'à mettre les avantins en terre, à la distance et dans l'ordre où l'on a dessein de les placer.

Deux méthodes en cela sont suivies : la première qui est de planter pied par pied, la seconde qui est d'ouvrir une tranchée pour y placer les plants à la profondeur que l'on croit convenable.

Le pieu dont on se sert pour cette opération, est un gros piquet dont l'épaisseur est de 10 cent. et garni de fer depuis le bout qui se termine en pointe, dans toute sa longueur qui est d'environ 60 cent. Ce pieu est enfoncé le plus perpendiculairement qu'il est possible, en le remuant pour agrandir l'entrée du trou, auquel l'on ne donne pour l'ordinaire que la profondeur de 50 cent. à moins que le terrain où l'on plante ne fût en pente ; dans ce cas, comme les eaux pluviales peuvent entraîner un peu du terrain supérieur, on doit donner aux ouvertures un quart de plus de profondeur.

L'on se sert, pour faire descendre l'avantin au fond du trou, d'une fourchette de fer, avec laquelle on le saisit par la crossette, et c'est avec ce même instrument fourchu, que l'on insinue dans cette ouverture la terre grasse et pulvérisée qui doit entourer l'avantin depuis l'orifice du trou jusqu'au fond.

L'on plante aussi la vigne à la fosse, ce qui se fait en ouvrant une petite tranchée, dans laquelle les avantins sont enterrés, en les plaçant entr'eux à la distance de 80 centimètres, ou tout au plus de 1 mètre, comme nous l'avons déjà observé. Ces avantins sont ensuite recouverts de 10 à 12 centimètres de terre, sur laquelle l'on étend un peu de fumier, et la terre que l'on tire de la tranchée ouverte pour planter la seconde file, sert à combler complètement la première, que l'on comble avec la terre de l'ouillère qui est destinée à être ensemencée. Cette opération se réitère à chacune des files, tant que dure la plantation. Si la plantation de la vigne, au lieu de se faire par planches ou ouillères, se faisait à plein, l'on garderait à peu près les mêmes distances.

Il y a une troisième manière de procéder à la plantation de la vigne; c'est de la faire en automne, dans le temps que l'on défonce la terre, et qu'on la prépare pour être complantée en vigne : à mesure que l'on ouvre les tranchées pour creuser à la profondeur nécessaire, l'on y place successivement les avantins, que l'on recouvre de terre sur laquelle on met un peu de fumier, et l'on termine cette plantation par le comblement de la tranchée.

Ces trois méthodes ont chacune leur avantage ; mais la première est préférable, en ce que les plants sont plus également espacés, et mieux enterrés à la profondeur où l'expérience nous apprend qu'ils prennent racine et prospèrent. Pour ce qui est du fumier, il n'en faut pas d'autre aux avantins la première année que la terre grasse et passée au crible dont ils ont été entourés au moment où on les a plantés ; mais au printemps suivant, il est bon de mettre sur la terre où ils commencent à végéter, un peu d'engrais, et si la plantation a été faite par ouillères, il est à propos de fumer celles destinées à produire des grains pour que les racines des jeunes plants trouvent plus de nourriture et de subsistance.

Lorsque l'on a mis les avantins dans la terre, il faut les tailler, mais à deux yeux seulement, et prendre bien garde de ne pas les déranger de leur position, ni de ne point laisser prendre du jour au trou dans lequel ils ont été placés ; ce qui se fait en serrant le plant avec le pied pour le soutenir. Il est bien rare que malgré les soins que s'est donné l'agriculteur, les plants qu'il a mis dans la terre prennent et s'enracinent tous ; et il en manque presque toujours quelques-uns. Pour remplir ces vides, il y a deux manières, l'une de planter de nouveaux avantins à la place de ceux qui n'ont pas pris, l'autre de les remplacer par le moyen des provins : cette dernière méthode vaut mieux et elle est préférable comme propre à peupler votre jeune vigne d'une façon plus sûre. Mais ce n'est qu'au bout de trois ans que les tendres ceps auront poussé des sarments assez longs pour pouvoir remplir les places vacantes dans le plantier.

Les agriculteurs zélés pour les progrès de leur art ne nous ont pas rendu un petit service, en faisant venir des contrées éloignées de la France ou même des pays étrangers, des plants de vigne pour les naturaliser dans nos climats méridionaux ; ils nous ont procuré par là la facilité de multiplier les espèces de raisins, et de faire des vins d'un plus grand nombre de qualités, dont quelques-uns sont délicieux ; entr'autres le tinto et le grenache, dont les plants sont originaires d'Espagne, et qui bien qu'ils n'aient peut-être pas ici la douceur et la saveur qu'ils ont sous le ciel brûlant de l'Andalousie ou du royaume de Grenade, rendent néanmoins, cueillis dans leur parfaite maturité, un jus d'une excessive douceur, font, cuvés à part, un vin excellent et spiritueux, sans être trop capiteux, qui se conserve longtemps, et a l'admirable propriété, lorsqu'il est mêlé avec des vins ordinaires, de leur communiquer une partie de son parfum et de sa force en les préservant de s'aigrir et de tourner. Il n'y a donc rien de plus essentiel, pour ceux qui s'attachent à planter des vignes, que de faire un bon choix des plants qui doivent les former, puisque c'est du fruit de ces vignes que dépend leur fécondité ainsi que la qualité du vin qu'elles produisent.

Lorsque celui qui a projeté de planter une vigne, veut en devancer la jouissance d'un an ou de deux, il en trouve le moyen par la voie des pépinières qui mettent à sa disposition les jeunes plants déjà formés et enracinés dans une autre terre, d'où il n'a qu'à les transporter dans celle où il se propose de les planter à demeure : c'est pour cela que l'on nomme ces avantins *embarbés*, c'est-à-dire qu'ils ont déjà un chevelu et pour ainsi dire des racines, en langue vulgaire *mayou embarba*. Pour y réussir, le cultivateur, après avoir préparé les avantins de manière à lui faire espérer qu'ils réussiront, choisit un bon terrain, ouvre transversalement une tranchée de 75 centimètres de profondeur, dans laquelle il les place à la profondeur de 40 centimètres, et laisse à ces avantins un intervalle de 25 centimètres de l'un à l'autre. Il ouvre ensuite une seconde tranchée à 27 centimètres de distance de la première pour y déposer ses jeunes plants, ayant la précaution de recouvrir la première tranchée avec la terre de la seconde, celle-ci avec la terre prise dans la troisième et ainsi de suite jusqu'au bout de l'opération. Et comme c'est ici une espèce de vigne, il ne faut pas négliger de donner à la terre à laquelle on la confie en attendant, une façon à la bêche dans le courant du mois d'avril ; et quand le propriétaire cultivateur n'a pas dessein de transplanter ses plants à demeure au bout d'un an révolu, il faut qu'il les taille de même qu'il taillerait une jeune vigne, et qu'il donne à cette terre les mêmes œuvres qu'il donnerait à un terrain complanté en vigne.

Mais ces plants de vigne destinés à être transplantés ailleurs et qui ne sont là que comme en dépôt, ne doivent pas rester plus de deux ans dans la pépinière ; car comme ils y sont serrés, ce rapprochement serait nuisible aux racines qui se croiseraient. Il est vrai qu'il y a pour le propriétaire cet avantage, que s'il plante à demeure, dans un an il en gagne un autre de jouissance, et que s'il ne fait sa plantation qu'au bout de deux années, il en gagne deux autres pour le produit ; mais il y a une précaution à prendre pour tirer ces jeunes avantins de la fosse à laquelle on les a confiés pendant un temps, et qui sont destinés à former une vigne.

Il ne faut pas les arracher de force en les tirant sans ménagement, comme font la plupart des journaliers, qui par ignorance s'imaginent qu'il n'y a qu'à les prendre par le haut de la tige pour les enlever de la terre où ils sont déjà enracinés. Par cette manière inconsidérée, les racines tendres de ces jeunes plants se cassent ; et il arrivera même que les tiges des avantins seront faussées, tordues et ébourgeonnées. La seule méthode à suivre pour faire cette extraction sans inconvénient, est de déchausser la dernière file et d'ouvrir une tranchée aussi profonde que celle où les plants sont enterrés. Au moyen de ce procédé bien facile, l'on se procure l'avantage de les enlever sans effort et sans les endommager.

Lorsque ces jeunes plants ont tous été tirés de la tranchée, il faut prendre une serpette, les nettoyer légèrement et retrancher prudemment avec le fer l'extrémité du chevelu et les racines qui se trouvent cariées.

Au reste, lorsque la transplantation de ces avantins qui avaient déjà végété et pris racine dans la terre, s'effectue, ce n'est pas par la méthode ordinaire et au pieu qu'ils doivent être plantés, car en les insinuant dans le trou ouvert par la pièce, l'on ne pourrait s'empêcher d'endommager les racines. Il serait d'ailleurs impossible d'étendre au fond d'une si petite ouverture, ces racines qui ont déjà formé des filaments et un chevelu. Il n'y a donc pas d'autre moyen de transplanter ces jeunes plants enbarbés, de façon à pouvoir s'assurer qu'ils prendront racine, que d'ouvrir une tranchée dans la direction que l'on veut donner à chaque file, et de les y placer à la profondeur nécessaire, en gardant entr'eux la distance convenable.

Il faut terminer la plantation par l'arrangement des racines qui doivent s'étendre sans se croiser pour ne pas se nuire mutuellement.

L'on doit après cela recouvrir les avantins de bonne terre bien pulvérisée et passée au crible, écarter l'humidité de cette terre dont on doit garnir le jeune arbuste, en la poussant et la pressant avec le pied contre ses racines ; ensuite lorsque toutes les tranchées ont été successivement comblées, il ne reste plus qu'à tailler les jeunes plants à deux yeux.

Culture de la Vigne en cordons horizontaux à la Thomery, à la Savoisienne, etc.

Ce que nous avons dit de la taille de la vigne ne regarde que les vignes en plein champ ; pour lesquelles il ne s'agit que de leur faire produire ce qu'elles peuvent donner sans s'épuiser. Mais il est d'autres tailles usitées dans certains cas, qu'il est utile de faire connaître. Une des plus remarquables est celle dite *à la Thomery*. Elle s'applique aux treilles, dont on plante les ceps à un mètre de distance l'un de l'autre. Des sarments qui partent de ces ceps on forme des cordons. La première année, on favorise le développement des deux bourgeons qui doivent servir à former le premier cordon, en ébourgeonnant tous les autres. On palisse ces cordons sur des fils de fer horizontaux, qui sont croisés par des fils de fer verticaux, sur lesquels on palisse à leur tour les bourgeons qui naissent sur les cordons. À la seconde année on obtient deux nouveaux cordons horizontaux au-dessus du précédent, en opérant de la même manière, et ainsi de suite les années d'après. On a eu soin d'ébourgeonner les bourgeons à supprimer, et de pincer ceux qu'on voudra arrêter. Sans qu'il soit nécessaire d'entrer dans de longs détails, que notre ouvrage ne comporte pas, on comprendra, pour peu qu'on ait quelques notions de la taille des vignes, ce qu'il y a à faire pour que chaque cep donne des cordons à droite et à gauche, lesquels cordons donnent à leur tour des rameaux qui finissent par garnir toute la surface du treillage vertical. Ce treillage peut être fixé sur une face en espalier ou en avant de ce mur en contre-espalier. On peut avoir ainsi jusqu'à cinq cordons.

Au lieu d'avoir des cordons horizontaux, on peut les rendre obliques ; à cet effet on incline la tige, d'où les coursons doivent partir verticalement. On palisse la tige sur des fils de fer obliques à 45 degrés, et les coursons sur des fils de fer verticaux.

Les cordons horizontaux à la Thomery peuvent n'être qu'à un seul bras, et ce système s'applique avantageusement aux vignes en plein champ, et à celles en bordure dans les jardins dites *manoulières*. Les ceps sont plantés à 1 mètre 50 cent. les uns des autres ; on ne leur laisse qu'un seul sarment ; lorsque le sarment a atteint la courbe du cep voisin, on l'y greffe par approche, et ainsi des uns aux autres. On a eu soin de palisser sur un fil de fer qui court horizontalement le long des ceps.

Dans le système savoisien, on soutient la ligne des ceps par trois fils de fer horizontaux, le premier à 40 cent. du sol, le second à 50 cent. au-dessus, et le supérieur à 50 cent. du précédent. Les rangées de fils de fer sont espacées à 3 ou 4 mètres de distance les unes des autres. On fait monter les sarments sur ces fils de fer comme les cordons à la Thomery, on les taille à 50 cent. de leur naissance, et on les courbe en forme d'archet en les attachant d'abord au fil de fer du milieu et ensuite à celui du bas. Cette courbure fait produire beaucoup de fruit ; mais ce système est très épuisant.

Dans ces divers systèmes, on a soin l'été 1° d'ébourgeonner, c'est-à-dire de supprimer sur les branches fruitières les bourgeons qui ne donnent pas de fruit, excepté deux qui serviront au remplacement ; 2° de pincer, c'est-à-dire d'arrêter tous les autres bourgeons à deux ou trois feuilles au-dessus de la dernière grappe. L'hiver on supprime le sarment qui a porté fruit, et on conserve seulement le plus beau des deux sarments qu'on avait gardés pour le remplacement.

Ces tailles conviennent aux cépages dont les fruits viennent haut. La production de la vigne en cordons est quelquefois trop considérable ; il convient alors de supprimer des grappes pour ne pas épuiser le cep, surtout quand le sol est maigre.

Maladie de la Vigne.

Dans ces dernières années, la vigne a souffert d'un mal autrefois inconnu. L'*Oïdium* a envahi la plupart de nos vignobles. Heureusement le remède a été trouvé. On soufre les vignes, c'est-à-dire qu'on les saupoudre de soufre sublimé (fleur de soufre) ou pulvérisé, au moyen d'un soufflet ou d'un plumeau. Cette opération se fait par un temps calme, d'abord au moment où la vigne est en fleur, et se répète une ou deux fois, quand le raisin est développé.

De la Vendange.

La vendange entraîne pour le cultivateur beaucoup de soins et de sollicitude. Quelques jours avant cette époque, le cultivateur qui possède des vignes doit se pourvoir de tous les ustensiles nécessaires pour faire la cueillette des raisins, nettoyer ses cuves, faire cercler ses tonneaux, afin que tout soit prêt pour cette précieuse récolte. L'on commence à cueillir les raisins blancs, pour en faire le vin de cette couleur, attendu que ces raisins sont mûrs un peu plus tôt que les autres, et qu'ils sont plus sujets à se pourrir.

Manière de faire le vin blanc.

Il y a plusieurs espèces de raisins blancs ; mais les deux principales sont le picardan et la clairette : l'on mêle pour en faire du vin blanc, ces deux espèces dont on pourrait, si on voulait, faire du vin de deux qualités, par la différence du goût de l'une et de l'autre.

Le vin blanc peut se faire de deux manières ; l'une en portant le moût après le foulage dans un récipient, et de là avec des brocs dans ses tonneaux ; l'autre en foulant la vendange provenant de la cueillette des raisins blancs, pour en faire couler le moût dans une cuve, comme cela se pratique pour le vin rouge. Dans la première méthode, on épargne les frais du décuvage ; dans la seconde, la peine du transport dans le récipient. L'on pourrait même, dans le cas où l'on emploie le premier procédé, s'éviter la peine de porter le moût du fouloir dans un récipient, en mettant le crible que l'on place à l'entrée de ce récipient pour arrêter les cosses des raisins, sur un grand entonnoir, ou en faisant construire tout exprès un entonnoir spacieux, percé d'un grand nombre de trous ; par ce moyen, le vin n'ayant pas le temps de s'évaporer, et entrant tout de suite en fermentation, acquerrait beaucoup de force. Lorsque l'on sépare le moût des raisins blancs dans les cuves, l'on préfère les cuves de pierre à celles de bois, par la raison que les douves de celles-ci peuvent communiquer au moût du vin blanc la couleur rouge qu'elles ne peuvent manquer d'avoir. Mais comme le vin blanc ne doit point fermenter dans la cuve, et qu'on n'y dépose un moment le moût que pour le faire filtrer, cet inconvénient n'est guère à craindre puisqu'on reçoit dans des brocs ce moût filtré à mesure qu'il sort de la canelle, et que l'on va le verser de suite dans les tonneaux qu'on a préparés pour le recevoir. C'est dans ces tonneaux que le vin blanc commence à bouillir au bout de 24 heures, ou tout au plus dans deux jours. Tant que la fermentation dure, on laisse les tonneaux débouchés, afin que toutes les parties hétérogènes qui se trouvent mêlées avec le moût puissent en sortir par le moyen de cette fermentation. Comme il se perd beaucoup de vin par l'évaporation qui se fait tant que le moût est en ébullition, l'on répare cette perte en entretenant toujours le tonneau plein, ou avec du vin blanc, ou même avec de l'eau, ce que l'on appelle *ouiller* : je dis même avec de l'eau, parce que l'expérience a appris que l'emploi de l'eau à cet usage ne portait aucun préjudice à cette qualité de vin, attendu que l'eau sort presque toute du tonneau par l'effet du bouillonnement du vin, et que le peu qui pourrait s'être mêlé au vin est consommé par le feu de la fermentation qui l'absorbe. Ce n'est que la dernière fois que l'on ouille le tonneau pour le boucher hermétiquement, qu'on doit y employer le vin blanc, parce que alors toutes les évacuations de cette liqueur ont cessé ; ce qui a lieu au commencement du mois de novembre.

Il faut ensuite, dans le courant du mois de janvier, transvaser votre vin blanc, parce que s'il restait sur la lie, il perdrait de son goût et de sa couleur qui deviendrait plus jaune et plus foncée, au lieu que le vin blanc n'a du prix et un goût agréable, qu'autant qu'il est clair. L'on choisit, autant qu'il est possible, un jour froid et sec qui est le temps le plus favorable pour ce transvasement. Avant de transvaser le vin blanc, l'on fait pour l'ordinaire, surtout lorsqu'il est d'une faible qualité, une opération préparatoire, qui est celle de la mèche soufrée qu'on appelle l'allumette ; c'est-à-dire qu'au moyen d'une fumigation de soufre, l'on enduit les douves d'une petite couche de cette substance qui a la propriété de conserver le vin et de l'épurer. On fait entrer dans le tonneau cette mèche soufrée par le bondon, que l'on bouche bien, en la tenant par le bout, et l'on a l'attention de ne faire la mèche qu'à proportion de la grandeur du tonneau ; car si elle était trop forte, elle aurait l'inconvénient de communiquer au vin blanc le goût et l'odeur du soufre. Il y aurait même à cela un inconvénient d'un autre genre et bien plus à craindre; c'est que la trop grande quantité de fumée et de soufre ne produisît de l'acide sulfurique qui est nuisible à la santé et peut même quelquefois être dangereux. Il vaut donc mieux, par motif de prudence, dans le cas où la faible qualité du vin blanc contraint à avoir recours à cette manipulation pour le conserver, n'employer qu'une demi-mèche, quelle que soit la capacité du vaisseau dans lequel on veut le placer.

Manière de faire le vin cuit.

L'on fait aussi avec le moût des raisins blancs toute espèce de vin cuit : pour cela on fait bouillir ce moût dans un chaudron avec un feu clair et égal, autant qu'il est possible ; on l'écume bien et lorsqu'il est réduit à peu près d'un tiers, on le verse dans une grande cornue, où l'on ne cesse de le battre et de le remuer avec une canne ou un bâton pour faire évaporer la fumée, dont, sans cette précaution, le vin cuit prendrait inévitablement le goût, jusqu'à ce que le moût bouilli n'exhale plus de fumée : à peine le vin cuit est-il refroidi, qu'on le met dans le tonneau ; on le bouche, et au bout de deux mois environ on le clarifie avec des blancs d'œufs ou de la colle de poisson. Après cette opération et celle du transvasement, qui doit se faire avec un temps vif et froid, le vin cuit est bon à boire ; il se bonifie ensuite tellement dans le verre, qu'au bout de quatre à cinq ans, lorsqu'il est bien conservé, on le prendrait pour du Malaga. Au reste, cette préparation pour faire du vin cuit, n'est que pour ceux qui veulent en faire une certaine quantité afin de le vendre. Les personnes qui ne veulent avoir du vin cuit que pour leur provision, quand le moût a bouilli, le mettent de la cornue où il a été battu dans des dame-jeannes où il bout légèrement et vomit le peu d'écume qui lui reste après l'ébullition, ainsi que toutes les autres parties hétérogènes qui pourraient s'y trouver encore. Ce vin cuit est tout simplement transvasé pendant l'hiver sans autre préparation, et a déjà acquis une bonne partie du goût et de la saveur qu'il ne perd jamais en vieillissant, à moins qu'il ne fût mal bouché, et qu'il ne prît du vent.

Manière de faire le vin rouge.

Quoique la manière de faire le vin rouge soit beaucoup plus connue que celle de faire le vin blanc ou le vin cuit, nous ne laisserons pas de dire quelque chose des procédés les plus essentiels pour y réussir. D'abord la maturité des raisins qui se connait à plusieurs signes, et surtout à leur douceur, est une condition de rigueur sans laquelle l'on ne peut obtenir qu'un vin vert et âpre; il faut aussi, autant qu'il est possible, trier les raisins pourris et laver soigneusement ceux que les pluies auraient rendus terreux.

Ensuite il faut bien égrapper les raisins, parce que la grappe communique au vin pendant la durée de la fermentation dans la cuve, je ne sais quel goût d'âpreté qu'il conserve même après qu'il a été placé dans les tonneaux.

Il y a pourtant des auteurs qui pensent que la grappe conservée aux raisins donne dans la cuve une qualité plus spiritueuse au vin qui acquiert encore par là la propriété de se conserver davantage; que la grappe est comme un ferment qui aide le moût à fermenter, et fait que cette fermentation se fait plus tôt et avec plus de régularité. Cela peut être pour certains terrains et certaines localités; mais l'expérience nous apprend que le vin qui a bouilli dans la cuve sans la grappe a plus de parfum et de saveur sans avoir moins de corps et de parties spiritueuses; ce qui doit suffire pour engager le propriétaire des vignes à préférer cette méthode à l'autre, sauf les exceptions.

Lorsque le moût commence à entrer en fermentation dans la cuve, et fait monter au-dessus les peaux et les grains des raisins, il n'y a point de meilleure méthode pour faire du bon vin, que de verser dans la cuve une certaine quantité de moût cuit. Ce moût bouilli facilite la fermentation, lui donne plus de force, et lui procure un goût agréable ; il a de plus l'avantage de consommer les parties aqueuses du vin, par la chaleur qu'en reçoit la cuve entière et de le rendre plus facile à garder. Cette mesure, il est vrai, n'est pas d'une aussi grande nécessité, lorsque le fruit est cueilli dans une parfaite maturité, et que les vendanges ne sont pas pluvieuses : mais c'est dans tous les cas une précaution qui ne peut manquer d'être utile.

Tout le monde sait que les drogues, de quelque nature qu'elles soient, que l'on peut employer pour donner au vin plus de feu ou plus de couleur, sont plus ou moins nuisibles à la santé, et peuvent même par leur nature et leur quantité être fort dangereuses. Ceux qui recueillent du vin de leur crû, ou qui en achètent pour le revendre, ne sauraient par conséquent être trop en garde contre ces recettes funestes par lesquelles, en frelatant le vin, ils peuvent mettre en danger la vie des personnes à qui ils le vendent.

Manière de faire du vin blanc avec des raisins rouges.

Depuis peu d'années, les grandes demandes de vin blanc, disproportionnées avec la quantité de raisins blancs, ont fait songer à fabriquer du vin blanc avec des raisins noirs. Le procédé est simple : il se borne à décolorer le jus du raisin au moment où il vient d'être foulé, en faisant passer à travers un filtre, le moût dans lequel on a mis du noir animal et de la colle. On l'agite préalablement avec force. On laisse cuver seulement deux ou trois jours.

La quantité de noir d'ivoire (noir animal) est d'environ un demi kilo par hectolitre de vin ; on met trois tablettes par hectolitre de colle de poisson, qu'on fait fondre dans un quart de litre d'eau bouillante en la tenant bien remuée.

Manière de faire cuver le vin.

Il est difficile de fixer d'une manière bien précise le temps que le vin doit rester dans la cuve avant de le tirer pour le placer dans des tonneaux. Chaque pays a sur cela ses usages fondés sur la routine ou sur l'expérience. L'on peut dire seulement qu'en général le vin ne doit pas bouillir moins de trois jours dans les cuves, ni plus de neuf. Il y a pourtant des exceptions à cette règle, puisque, dans quelques contrées du Languedoc, l'on ne laisse guère séjourner plus de 24 heures le vin dans la cuve, tandis que dans d'autres qui en sont fort voisines, on l'y laisse quinze jours et même au-delà, sans que le vin perde de son esprit et de ses sels par l'évaporation continuelle qui s'en fait par l'action d'une longue fermentation.

Dans les communes où l'on recueille des raisins provenant des vignobles plantés dans des terres légères, sablonneuses ou d'un grès fin, et qui donnent un vin agréable, mais clairet et d'une couleur peu foncée, l'on fait très peu bouillir le vin dans les cuves ; parce que l'expérience a appris aux propriétaires que s'il bouillait longtemps il se décomposerait, que l'alcool ou l'esprit et la plus grande partie de ses parties salines et spiritueuses se volatiliseraient par la longueur de la fermentation ; que le vin par conséquent deviendrait lâche, faible et serait même sujet à s'aigrir. Le vin, au contraire, que l'on récolte dans les terrains forts, qui renferment une grande quantité de sels et de tartre ne perdent rien et gagnent même à bouillir quelques jours dans la cuve ; en bouillant il devient plus foncé, plus coloré et acquiert par la fermentation active que donne au moût une grosse *cuvée*, le corps qui lui est propre et qu'il ne pourrait acquérir autrement.

Les vins provenant de ces sortes de terroirs peuvent donc cuver sans danger douze ou quinze jours, sans perdre de leur esprit et de leur qualité ; il y a même des particuliers qui poussent jusqu'à un mois la durée de la fermentation de leurs vins dans les cuves, et qui n'ont jamais vu leur vin s'aigrir, à moins que les vendanges n'aient été faites pendant de grandes pluies ; surtout lorsqu'ils ont mis dans leurs cuves une certaine quantité de vin de grenache, qui provient d'un plant originaire d'Espagne et que l'on a naturalisé dans les contrées méridionales de la France depuis environ 100 ans. Le raisin grenache a les grains petits, mais tellement doux que les propriétaires qui ont des vignes toutes plantées en grenaches, n'ont point d'autre moyen pour faire perdre au moût son excessive douceur, que de le laisser dans la cuve jusqu'à ce que l'évaporation qui est toujours longue, ait entièrement cessé. Mais ce sont là des exceptions qui ne font rien à la règle générale qui fixe la fermentation du vin dans les cuves depuis trois jours jusques à neuf, selon la nature des terrains et la différence des climats.

Il y a pourtant un indice certain auquel on peut reconnaître aisément si le vin a assez bouilli. Lorsque le vin dans une cuve commence à décroître, le moût à s'affaisser et à redescendre par degrés, c'est une preuve que la fermentation est à son plus haut point d'activité ; comme alors le vin ne peut plus acquérir de force par son mouvement de fermentation, et qu'il peut au contraire en perdre beaucoup, il est de l'intérêt du propriétaire de le décuver pour que le vin puisse achever, dans les tonneaux où il se propose de le placer, le temps qu'il a encore à fermenter.

L'on peut donc établir comme un principe que lorsque le chapeau de la cuve, c'est-à-dire cette espèce de croûte qui s'élève au-dessus du moût et qui est formée par les cosses et les grappes de raisins, commence à s'abaisser, c'est le moment de transvaser le vin de la cuve dans les tonneaux, si l'on veut qu'il conserve toutes ses parties spiritueuses, sans qu'il coure risque de s'aigrir par une trop longue évaporation.

Une chose que l'on doit recommander à ceux qui font du vin et surtout aux fermiers qui peuvent manquer d'expérience, c'est que tant que durent les vendanges, si l'on n'a qu'une seule cuve, il faut toujours garder une charge du moût de la veille, pour le jeter dans la cuve le lendemain à l'aube du jour, ce qui se fait à deux fins : 1° pour ne pas déranger la fermentation qui peut déjà être en mouvement ; 2° par la crainte que la grappe et les pellicules de raisin qui forment la calotte ou le chapeau de la cuve, ne prissent un goût acide qui serait très nuisible au vin qu'elle contient si l'on attendait l'heure à laquelle on foule la vendange cueillie le même jour.

L'on peut aussi, si l'on appréhende que le vin qui bout dans la cuve ne soit pas aisé à conserver, prendre la précaution dont on aura usé pour le vin blanc, qui est de soufrer le tonneau où l'on va le placer, par le moyen de la mèche ou de l'allumette, mais toujours avec la même prudence afin d'éviter les effets nuisibles à la santé de l'acide sulfurique que cette opération répand dans toute la capacité du tonneau.

Lorsque tout le vin de la cuve s'est écoulé par une

grosse canelle, au devant de laquelle l'on place un fagot
de sarments ou d'un arbuste épineux à travers lequel il
se filtre et se dépouille de tous les grains et de toutes les
cosses de raisins qu'il aurait pu entraîner, et qu'il a été
enfermé dans les tonneaux; l'on dispose le pressoir qui
achève d'exprimer ce que la grappe et les autres dépouilles
du raisin pouvaient contenir de liqueur vineuse.

L'on jette le marc qui occupe la superficie du chapeau
ou de la croûte, attendu que le marc est trop sec et
qu'il peut s'être aigri par l'effet de l'air qui l'a pénétré,
et l'on presse le reste qui est étendu sur la grille du
pressoir au moyen d'une vis que l'on descend sur le
marc, et que deux hommes serrent de toute leur force.
Le vin qui s'extrait de la presse étant toujours trouble
et épais, est mis pour l'ordinaire à part. On peut cependant le distribuer dans chacun des tonneaux qu'on le
vient de remplir, en n'en mettant qu'une petite quantité,
par la raison que le vin du pressoir pourrait communiquer à l'autre son goût âpre et le rendre trouble. Ensuite
ce marc, bien pressé et même à plusieurs reprises, sert
encore à faire la piquette qui est pendant l'hiver la boisson ordinaire des fermiers et des métayers.

Manière de faire la piquette.

Lorsque le marc que l'on tire du pressoir après le dernier coup de vis, est placé dans la cuve que l'on dispose
pour cela, un journalier commence par le fouler en marchant dessus afin de le durcir, de le serrer le plus qu'il est
possible, pour que l'eau que l'on versera dessus se distille
peu à peu et fort lentement. Alors cette eau ne filtrant
qu'avec peine à travers cette masse de grappes et de cosses
de raisins ainsi durcie, fermente plus aisément et entraîne
avec elle tout ce que cette espèce de pâte grossière peut
renfermer encore d'esprit et de parties vineuses. La

première piquette, qui est celle qui est extraite la première après que l'eau y a séjourné 24 heures, est une boisson délicieuse pour les gens de la campagne ; il n'est même pas rare que le maître de la ferme veuille s'en régaler pendant quelques jours ; mais les autres et surtout la dernière que l'on tire sont bien faibles.

Derniers soins à donner au vin.

Comme il est bien rare que le vin que l'on place dans les tonneaux ait assez bouilli dans la cuve pour perdre toute sa chaleur et ses principes de fermentation, il continue à bouillir encore un certain temps dans les tonneaux où il est plus concentré et peut moins s'évaporer ; la fermentation qu'il y prend est quelquefois si forte, qu'elle suffirait pour rompre les cercles si l'on n'avait la précaution de laisser le bondon ouvert, ou bien de le fermer légèrement pour que le bouchon puisse céder à l'effort de la liqueur en mouvement. Mais le mouvement occasionne chaque jour au vin une perte plus ou moins considérable que l'on doit avoir soin de réparer en ouillant au moins tous les deux jours les tonneaux ; ce qui se fait avec quelque espèce de vin que ce soit, pourvu qu'il ne soit pas aigre, mais de préférence avec du vin cuit, fait du moût de la vendange actuelle, parce que cette douceur bonifie le vin et l'aide à se conserver. A mesure que l'on s'aperçoit que la fermentation diminue, on enfonce toujours de plus en plus le bouchon, parce qu'alors l'effort violent de la fermentation n'est plus à craindre, et on finit par boucher hermétiquement les tonneaux de manière à ne laisser aucune issue à l'air, ce qui se fait dans tout le courant du mois d'octobre jusqu'à la Toussaint. A la Saint-Martin ou au milieu du mois de novembre, le vin de l'année ayant déposé une grande partie de son marc et étant devenu

8

clair et coulant, c'est à cette époque où l'on commence à boire du vin nouveau.

Au reste les tonneaux qui contiennent une liqueur si sujette à s'éventer et à s'aigrir, ne peuvent être assez soigneusement bouchés, et de crainte que le bouchon avec lequel on ferme le bondon ne soit pas assez profondément enfoncé, ou puisse donner entrée à l'air par ses pores, le plus sûr est de le mastiquer ou de l'enduire de terre glaise : par ce moyen l'on acquiert la certitude que ce vent si à redouter pour le vin n'entrera pas par le haut dans la futaille qui le renferme.

Néanmoins en enfonçant le bouchon pour fermer le tonneau à demeure, il faut prendre garde que ce bouchon ne touche pas tout-à-fait le vin et qu'il en soit au moins à un demi pouce de distance, parce que de temps en temps, surtout lorsque la vigne commence à pousser sa sève ou à fleurir, le vin éprouve une fermentation qui pourrait être assez forte pour faire casser les cercles du tonneau, si le vin qu'il contient était ardent et spiritueux. C'est à cette époque principalement que les vins tournent ; ce qui se fait par le mélange de la liqueur avec la lie, occasionné par ce mouvement de fermentation passagère. Lorsque cela arrive, c'est une perte pour le propriétaire, parce que les vins tournés ne sont plus susceptibles d'être clarifiés et ne peuvent tout au plus que se vendre pour la distillation, par laquelle l'on n'en obtient qu'une eau-de-vie faible et amère.

Mais si le vin qui a rebouilli ou fait un mouvement qui l'a rendu trouble n'est pas entièrement tourné, il reste un moyen de le remettre dans son premier état en le clarifiant avec des blancs d'œufs et de la colle de poisson ; cette colle de poisson dissoute dans une petite quantité de vin, forme une substance gluante qui, versée dans le tonneau par le bondon et remuée circulairement avec une verge flexible, a la propriété d'entraîner avec elle, en se précipitant au fond du tonneau, toute la lie qui se trouve au-dessous, propriété qui lui est commune avec les blancs d'œufs.

Il arrive quelquefois que, par l'effort de la fermentation, le vin s'insinue dans les pores du tartre et en détache quelques parties; on dit alors que le vin sent la grèze.

Le remède le plus efficace contre ce mouvement de fermentation qui s'opère annuellement dans le printemps ou pendant le cours de l'été et qui fait tourner les vins faibles, c'est de les transvaser dans l'hiver. Or, comme c'est le mélange du vin avec la lie qui le fait tourner, cet accident par ce moyen ne sera plus à craindre. Lorsque l'on perce un tonneau pour en goûter le vin, il faut en tirer le moins possible afin qu'il ne prenne pas du vent, ce qui le ferait bientôt aigrir.

Des Céréales.

Du Blé.

Le blé croît partout et prospère sous toutes les latitudes dans les cinq parties du monde, excepté peut-être sous la zone torride et sous la zone glaciale, à cause des deux extrêmes du chaud et du froid, qui lui sont également nuisibles, l'un parce qu'il dessèche la plante, l'autre parce qu'il ne permet pas à l'épi de parvenir à sa maturité.

Il y a plusieurs espèces de blés; nous ne parlerons que des plus connues; ces espèces sont:

La touzelle, blé fin et tendre, qui donne une farine blanche et du pain excellent.

La touzelle rousse ou rouge qui est une variété de la première, et qui est moins sujette à manquer ; c'est le grain dont on préfère la semence à toutes les autres dans nos contrées méridionales.

La seissette, blé fin, tendre et sans barbe, dont on fait un pain de première qualité. Ce blé réussit dans les terres légères.

Le turquet, ou blé rouge, originaire de Turquie, qui a la tige haute et l'épi garni d'une barbe noirâtre et rougeâtre. Il rend beaucoup de farine, mais il fait un pain un peu grossier, et ne se plaît que dans les terres fortes.

Le blé de Pologne, qui a l'écorce plus fine que ne l'a le grain des autres variétés et qui devrait être plus cultivé qu'il n'est dans le midi de la France.

Le blé de Sicile, qui a le rare avantage de ne pas souffrir de la pluie ou du vent.

L'épeautre d'été ou froment locar, espèce de blé fort répandu en Allemagne, et qu'il serait à désirer que l'on cultivât en France, attendu qu'il a des qualités particulières et propres à le faire estimer. Il veut être semé en mars, dans les pays chauds ou tempérés, pour être moissonné au mois d'août.

Il y a encore beaucoup d'autres espèces ou variétés de grains qui servent de nourriture à l'homme.

Il n'y a guère de terrains, pour maigres qu'ils soient, qui, avec les labours d'usage et à l'aide des fumiers, ne puissent produire tous les deux ans une récolte de grains plus ou moins considérable ; mais on appelle ordinairement terre à blé, celle qui en se reposant une année, porte l'année d'après avec très peu d'engrais ou même sans engrais, et rend sept à huit pour cent, c'est-à-dire sept ou huit hectolitres de grains pour un de semence. Sans entrer dans un détail exact des qualités de terres propres à produire les diverses espèces de grains, nous dirons seulement qu'en général les blés à paille dure veulent être semés dans les terres fortes ; tandis que les blés à paille tendre réussissent dans les terres légères, pourvu qu'on ait eu la précaution de les fumer : qu'une exposition un peu aérée ne leur est pas nuisible, que l'épi se forme mieux, donne un grain plus nourri sur les côteaux, et qu'il y est moins sujet à se brouir.

Pour ce qui regarde les labours et les travaux préparatoires, afin de disposer la terre à recevoir les semences et à faire prospérer la moisson ; outre qu'ils sont assez généralement connus, cela dépend beaucoup plus de la quantité de terrain que l'on a à mettre en rapport, que du choix que fait le propriétaire de la manière de faire ses cultures.

Le fumier dont on se sert pour donner à la terre les sucs et les sels qu'elle a si rarement par elle-même, doit, autant qu'il est possible, être enterré en automne, quelques jours avant l'époque des semailles, afin qu'il soit profitable au blé, et ne serve pas à faire germer les mauvaises herbes qui le rongent, en s'emparant de la substance qui lui est destinée.

De la Semence.

Pour qu'un champ quelconque puisse produire une bonne récolte, il est indispensable de faire choix de la semence qui convient le mieux à sa qualité.

Or il est démontré par une longue expérience, que la semence prise dans les contrées montagneuses, ne réussit pas dans les pays de plaines, et celle des blés récoltés dans les terrains maigres, dans les terrains gras et substantiels. C'est pour cela que les cultivateurs qui s'attachent à avoir des grains bien nourris, ne doivent pas négliger, dût-il leur en coûter quelque chose de plus, d'aller chercher leurs semences dans les pays plats et fertiles, où le froment prospère le mieux, dans ceux que l'on appelle communément pays de blés, attendu que le blé transporté des contrées fertiles dans les terrains maigres ou de médiocre qualité, y prospère toujours bien, au moins la première année, sauf au cultivateur, lorsqu'il s'aperçoit que son blé dégénère et s'abâtardit, de renouveler les semences, ce qu'il ne doit pas manquer de faire tous les quatre ans.

Les semailles se font ordinairement pour le seigle, dans le courant du mois de septembre, et à la mi-octobre jusqu'à la Toussaint pour le froment de toutes les espèces ; mais le cultivateur est quelquefois contrarié par le temps, et il reste à savoir, si quand le mois d'octobre est sec, ce qui arrive assez souvent, il vaut mieux semer sur le sec que d'attendre que la terre ait été pénétrée par la pluie. L'une et l'autre méthode peut avoir ses avantages et ses inconvénients ; mais comme une constante expérience nous apprend que tout le mois de novembre est également propice à l'ensemencement des grains de quelque espèce que ce soit, il vaut mieux ne semer qu'après la pluie, parce que alors la semence lève mieux, et qu'on n'est pas exposé à voir le blé que l'on a semé se morfondre dans la terre, ou être dévoré par les insectes et les oiseaux ; d'autant mieux qu'excepté dans les fonds bas et humides, il est bien rare que l'on ne puisse pas semer trois ou quatre jours après la pluie, et qu'il ne pleuve pas dans tout le mois d'octobre, ou au commencement de novembre. Or à cette époque les soleils sont encore chauds, et la semence a assez le temps de lever avant les frimats qui ne commencent guère que vers le milieu de novembre, et bien souvent plus tard.

La quantité de grains à semer ne peut être déterminée d'une manière bien précise, attendu que cela dépend beaucoup de la qualité des terrains ; mais une règle générale à suivre dans les semailles, c'est qu'il faut semer, même dans les meilleurs fonds, avec un juste milieu, parce que d'un côté les plantes trop serrées s'entrenuisent, et que de l'autre, le propriétaire a un grand intérêt à tirer de son fond de terre tout le produit dont il est susceptible. Le blé doit être répandu dans le sillon avec le plus d'égalité qu'il est possible, et par conséquent jeté par une main exercée, et ensuite être recouvert par la herse ou le rouleau.

On a inventé des machines très ingénieuses pour semer ; nous n'en parlons que pour mémoire, ce livre étant fait pour les pays de petite culture, où il est toujours plus avantageux de semer à la main.

Du Sarclage.

Quand les blés sont déjà parvenus à un certain degré de croissance, c'est-à-dire au commencement du printemps, l'agriculteur qui désire voir sa moisson nette et purgée de toutes les plantes parasites qui la rongent, ne doit pas négliger de les extirper de ses champs ensemencés, par l'opération du sarclage.

Il y a deux sortes d'herbes qui s'emparent des terrains semés en blés, les herbes vivaces et les annuelles. Les premières repoussant toujours, il est difficile de les faire disparaître totalement. Mais l'on peut néanmoins, sinon les extirper tout-à-fait par un sarclage réitéré s'il le faut, les éclaircir au point qu'elles ne portent que fort peu de préjudice aux semis. Pour ce qui est des herbes rongeantes annuelles, il n'est nullement difficile de les détruire, pourvu que les personnes que l'on emploie à ce travail, veuillent se donner la peine de les arracher avec toutes leurs racines, ce qui se fait en les déchaussant un peu.

Plus une terre est sèche et aride de sa nature, plus le sarclage lui devient nécessaire, attendu que les plantes parasites y pompent le peu d'humidité qu'elle peut avoir au préjudice du blé. C'est pour cela que des agronomes instruits conseillent de faire un double sarclage, avant et après les pluies du printemps.

Lorsqu'une belle automne est favorable à la sortie de la semence, et que le printemps non moins beau fait craindre que les blés ne poussent trop en herbe et n'épuisent la sève, l'on peut livrer aux agneaux ce luxe inutile de la moisson qui n'est encore qu'en espérance, méthode très anciennement pratiquée et qui est encore en usage parmi nous, quoiqu'elle ne soit pas sans inconvénients, celui d'exposer les jeunes blés à être tondus d'une manière inégale, et à avoir leurs tiges trop rongées par la dent vorace du bétail. C'est pourquoi quelques agronomes préfèrent l'effanage, qui s'effectue avec la faux ou la faucille, en ayant toutefois la précaution de ne pas offenser la tige. Lorsque le blé est trop clair-semé sur un terrain de médiocre valeur, il y a un moyen infaillible de le faire taller ; c'est de le couper au-dessus du collet et d'y passer ensuite le rouleau.

Moisson.

Les blés coupés et les gerbes mises provisoirement en meule, le cultivateur n'a rien de plus pressé, deux ou trois jours après, que de les transporter à l'aire où les gerbes doivent être entassées et arrangées les unes sur les autres pour former une gerbière, entassement que l'expérience a démontré être indispensable pour donner au soleil le temps de bien sécher les épis, afin qu'au foulage le grain sorte aisément de la fane dont il est enveloppé.

Il y a des agriculteurs qui sont dans l'usage d'enterrer, immédiatement après la coupe des blés, le reste de la tige, dans la persuasion où ils sont que leur champ y trouvera un demi-fumage; mais le plus grand nombre laisse la terre se reposer jusqu'au printemps prochain; sans y toucher, à moins qu'on ne sème sur le chaume, des haricots ou des pommes de terre; auquel cas, ce reste de paille suffit pour faire végéter les légumes semés; si le fonds est gras de sa nature, sinon l'on y ajoute un peu de fumier.

Quand les gerbes ont demeuré entassées dix ou douze jours et quelquefois davantage, on les tire de la gerbière pour les mettre rangées droites l'une contre l'autre, sous les pieds des bestiaux ; c'est au moins la méthode universellement employée dans les contrées méridionales de la France, tandis que partout ailleurs le battage ou déquipage se fait avec le fléau. Ces deux méthodes de dépiquer le blé pour en faire sortir le grain tiennent sans doute à la différence des climats ; car dans le midi, le cultivateur peut laisser ses blés en gerbiers à l'aire, un mois et demi et jusqu'à deux sans aucun danger, pourvu que ces gerbiers soient bien faits et disposés en pyramide comme cela se pratique toujours. Par cet arrangement ils sont à l'abri d'une averse, et les gerbes ont l'avantage de se mûrir sans se dessécher ; au lieu que dans les contrées du centre et du nord de la France, la moisson étant plus reculée d'un mois, et les pluies commençant à régner à mesure que les jours diminuent, l'on se trouve contraint de mettre la moisson à l'abri des pluies de l'automne qui s'avance, et le battage des grains fournit encore, pendant cette saison et une partie de celle qui la suit, une occupation non moins agréable qu'utile au laboureur.

Après le dépiquage des gerbes et le vannage des grains, il reste à préserver ces grains, dans le grenier où on les place, des charançons ou autres insectes qui les attaquent souvent, si l'on n'y prend garde, et en détruisent la meilleure partie.

Dans plusieurs pays du nord on place les grains après la récolte, dans des caves ou dans des fosses profondes construites à cette fin, où ils se conservent plusieurs années sans s'avarier. On a vu même des blés qui avaient été déposés dans ces souterrains depuis un siècle, en être tirés pour être mis sous la meule, et fournir une fort belle farine ainsi qu'un pain savoureux.

Dans nos contrées, les grains ne sont guère renfermés que dans les greniers, aérés autant qu'il est possible, et le propriétaire, quelle que soit d'ailleurs sa fortune, trouve toujours le moyen de vendre son blé dans les trois ans, espace de temps que la nature a assigné à la conservation des grains provenant des plantes céréales, et après lequel ces grains se détériorent.

Du Seigle.

L'on compte au nombre des plantes céréales, l'orge et le seigle. Le seigle est sans contredit de tous les froments le plus mauvais, celui qui donne la farine la plus noire, et qui fait le pain le moins substantiel. C'est l'aliment du cultivateur pauvre, dans plus d'une province. Un terrain sablonneux qui n'a point d'adhérence, ne peut porter et produire que du seigle, ou tout au plus du méteil, à moins qu'il n'ait été engraissé depuis longtemps par des fumages successifs.

Le seigle, comme nous l'avons déjà dit, se sème depuis le huit jusqu'à la fin de septembre, et quelquefois, mais rarement, au mois de mars, et alors la récolte qu'il donne ne vaut pas celle qu'il rapporte semé en septembre; car il ne produit qu'un grain faible et peu nourri.

Cette graminée ne tallant pas doit être semée dru. Ici il faut suivre, pour les semences, l'inverse de la règle que nous avons donnée pour celles du blé fin; car plus la semence du seigle est tirée d'un terrain maigre relativement à celui dans lequel on veut le semer, mieux il réussit et prospère.

De l'Orge.

L'orge est encore un de ces grains dont on peut faire du pain ; mais un pain grossier, sec et sans saveur.

On compte onze ou douze espèces d'orge, dont nous ne cultivons que six qui sont l'orge commune qui nous vient à ce qu'on croit de Russie ; l'orge à longs-épis, la pomelle, la meilleure de toutes pour faire du pain ; l'orge à deux rangs d'épis, connue sous le nom d'orge anglaise ; l'orge nue ou orge mondée, qui est celle dont on se sert de préférence pour manger en soupe ; l'orge à quatre rangs, nommée orge carrée ou escourgeon ; l'orge éventail que l'on appelle riz d'Allemagne, parce qu'outre qu'elle est fort bonne en bouillie, l'on s'en sert en Allemagne pour faire de la bière.

L'orge veut être semée dans une terre plus légère que forte, et fraîche sans être humide.

L'on choisit pour semence de l'orge, un grain de couleur pâle, qui n'ait aucune teinte de rouge ou de noir à l'extrémité, et la semence, dans cette sorte de grains, doit être renouvelée encore plus souvent que dans les autres ; sans quoi le grain devient toujours à chaque récolte plus grossier. L'orge est de toutes les espèces de grains que nous cultivons, celui qui donne le produit le plus sûr et le plus abondant. Dans nos contrées méridionales, on sème l'orge depuis le mois d'octobre jusqu'au mois de mars. La réussite de la récolte dépend beaucoup moins de l'époque à laquelle on le sème, que de la qualité du sol ou de l'exposition du terrain. La semence de l'orge est ce qu'on appelle communément un *restouble*, c'est-à-dire qu'on le sème sur le chaume, dans une terre qui vient de porter soit du froment, soit des légumes, ou des pommes de terre ; mais toujours avec la précaution de fournir à la terre quelque engrais, attendu que l'orge est une plante qui l'épuise beaucoup. Lorsqu'on a semé l'orge et qu'on l'a enterrée avec la herse, on écrase les mottes avec le rouleau après la pluie ; opération que l'on renouvelle au bout de trois semaines avec un rouleau encore plus pesant que le premier, afin de contraindre les plantes lorsqu'elles viendront à croître, à taller et à donner un plus grand nombre de tiges.

Si, favorisé par un printemps pluvieux, l'orge s'élève trop haut, on le fauche pour l'ordinaire, ce qui vaut mieux que de le faire pâturer par les moutons ou les agneaux, attendu que la faux n'enlève que les feuilles, tandis que le bétail friand de ce qu'il y a de doux et de sucré dans les tiges, les ronge quelquefois jusqu'aux racines. Il n'y a aucune espèce de grains qui demande plus d'être coupée dans toute sa maturité que l'orge, parce que son enveloppe la rend fort susceptible de s'échauffer et de fermenter.

L'orge quoique d'ailleurs un grain grossier, et fournissant un pain rude, peu nourrissant et difficile à digérer, ne laisse pas d'être une grande ressource ; car il se mange grué, en bouillie, sur les meilleures tables où il remplace souvent le riz. Le riz, un peu plus délicat pour le goût que l'orge, n'est pas un aliment aussi substantiel.

De l'Avoine.

L'avoine a un grand nombre d'espèces ; mais il ne sera traité ici que de l'avoine cultivée, et de ses principales variétés. Ces variétés de l'avoine commune, la seule qui soit cultivée dans nos contrées méridionales, quoiqu'elle soit d'un rapport moindre peut-être que les autres espèces, sont : L'avoine à grappe, dont il existe deux variétés, la blanche et la noire; elles sont l'une et l'autre très précoces, et rendent plus que l'avoine commune.

L'avoine de Géorgie, qui a le grain bien nourri, et qui, à la qualité d'être précoce, joint celle de résister aux plus fortes gelées.

L'avoine nue, ainsi appelée parce que ses semences tombent entièrement nues et dépouillées de leur balle. C'est une avoine farineuse et nourrissante, préférée aux autres espèces pour les gâteaux.

L'avoine pomme de terre, qui tire son nom de ce qu'elle crût spontanément et sans semence, en Angleterre, dans un champ où l'on avait semé des pommes de terre. L'on fait avec sa farine nourrissante, dans la Grande-Bretagne et principalement en Ecosse, du pain qui sert d'aliment à un grand nombre d'habitants de cette contrée de l'Europe.

Dans les terres qui se reposent depuis longtemps, dans les prés défrichés, l'avoine peut être semée et prospérer sans fumier, parfois même elle y verse. C'est pour cela que lorsqu'elle pousse trop, il est avantageux au propriétaire de l'effaner et de la livrer à la dent des troupeaux, comme on le pratique pour le froment.

Dans les départements méridionaux de la France, on sème ordinairement l'avoine à la même saison que les autres sortes de grains à l'usage de l'homme. Il y a pourtant des pays où on la sème au mois de mars, aux approches du printemps ; il faut à cette plante, qui nous est venue des pays froids, un terrain frais mais bon ; elle réussit mal dans les terres sablonneuses, dans celles qui viennent de porter d'autres plantes céréales, et est d'un bon rapport dans un fonds où l'on a récolté des légumes, pourvu toutefois que la qualité de ce fonds ne lui soit pas contraire. On répand la semence de l'avoine un peu dru dans les terres exposées aux froids rigoureux ; tandis qu'on jette la semence clair, dans les fonds abrités, parce qu'elle talle facilement lorsque l'exposition au midi la favorise.

La semence de l'avoine, pour réussir, a besoin d'être bien mûre et bien nette, et il faut la renouveler avec autant de soin que celle des autres espèces de grains.

L'avoine, parmi laquelle croissent beaucoup de mauvaises herbes, ne peut donner une bonne récolte qu'autant que celui qui la cultive a eu la précaution de la sarcler.

Lorsque l'avoine, après avoir été foulée ou battue et avoir subi les autres opérations au moyen desquelles on la purge de ses balles, des grains avortés et étrangers, qui sont celles du vannage et du criblage, passe dans le grenier, elle ne laisse pas d'exiger encore quelques soins ; et si elle n'est pas bien sèche, il faut de nécessité la remuer de temps en temps, sans quoi elle se ramollirait, et ne serait plus qu'un aliment fade et sans saveur pour les chevaux et autres bêtes de somme auxquels on la destine.

Le grain de l'avoine donne à l'analyse une grande quantité d'écorce eu égard au peu de farine qu'elle contient. Quoiqu'il en soit, l'avoine est chez nous un aliment pour les bêtes de somme et de selle ; il n'y a point, parmi les graminées, de paille dont les animaux de toute espèce soient aussi friands. Coupée en vert pour la laisser sécher ensuite, elle leur fournit un fort bon fourrage, que l'on pourrait rendre encore meilleur en la mêlant avec la vesce.

Des Graines légumineuses.

Des Haricots.

Après avoir traité des plantes céréales dans l'étendue qui convenait à notre plan, nous avons cru qu'il était nécessaire de parler des plantes légumineuses, dont le fruit est, après le blé, l'aliment le plus utile à l'homme, et peut même, jusqu'à un certain point, remplacer le froment. Nous commencerons par les haricots qui sont une grande ressource dans les années de disette, et toujours d'un grand secours dans le ménage. Nous allons en faire connaître les espèces principales.

Parmi les haricots grimpants l'on compte :

Le haricot blanc précoce, le haricot de Soissons, fort estimé, soit qu'on le mange frais ou sec.

Le haricot sans parchemin, aussi précoce que le précédent, et qui rapporte beaucoup.

Le haricot-rognon, un des meilleurs, qui tire son nom de sa forme, attendu qu'il ressemble à un rognon de coq.

Le haricot de Bourgogne, fort petit mais estimé, par la raison qu'il est d'un bon rapport et qu'il cuit facilement.

Le haricot sans fil, variété remarquable parmi ceux de son espèce, en ce qu'elle a une nervure entièrement exempte de fil, légume tendre et bon, quoique un peu fade.

Au nombre des haricots nains qui forment la seconde espèce et qui tirent probablement leur nom du peu d'élévation de leur tige, sont :

Le haricot blanc précoce, connu en Provence sous le nom de haricot quarantain, parce que l'espace de 40 jours lui suffit pour lever, croître et mûrir. Il produit beaucoup et c'est un bon légume pour le ménage, mais il n'est pas fin et a l'écorce fort filandreuse.

Le haricot gris bigarré, qui croît aussi rapidement, et qui résiste aux frimats beaucoup mieux que les autres. Il a la fleur purpurine et les gousses tendres; mais on ne le mange guère que vert.

Le haricot suisse rouge qui est aussi d'un bon rapport, et que l'on sème un peu plus tard que les autres.

De la culture des Haricots.

On sème les haricots à la fin de l'hiver ou au commencement du printemps, c'est-à-dire dans tout le courant du mois de mars, parce qu'alors il est rare, dans nos climats, que les gelées auxquelles cette sorte de légume est fort sensible, soient assez fortes pour faire périr la plante; cependant cela arrive quelquefois. C'est le haricot nain bigarré que l'on sème le premier, parce qu'il craint moins le froid que les autres : après le bigarré, on sème le quarantain pour l'ordinaire dans les premiers jours d'avril. Semés plus tôt, les haricots risquent de se pourrir en terre, ou au moins lèvent toujours mal. Il est donc à propos de ne les semer qu'en temps opportun.

Les haricots grimpants veulent être semés comme les nains, par sillons, et assez espacés pour que les plantes puissent jouir du soleil et de l'air. L'é-

9

poque pour les semer est du dix au quinze avril, et non au-delà, à moins que le cultivateur n'ait à sa disposition de l'eau pour les arroser. Il ne doit pas différer de les ramer dès qu'ils ont fait quelque croissance, et de les biner afin d'accélérer cette croissance et de bien ameublir la terre autour des plantes.

On sème les haricots, dits à *rames*, par touffes de six à huit grains, à la distance de 60 cent. les uns des autres. On leur donne des rames lorsqu'ils commencent à faire leurs tiges. Les haricots nains se sèment par touffes de huit à dix, dans de petits rayons tirés au cordeau, profonds de cinq cent. à la distance de 30 cent. l'un de l'autre. Pour se ménager le plaisir de manger des haricots verts le plus longtemps possible, on en sème à diverses reprises, mais on ne doit pas aller au-delà du mois de juillet, parce que les froids de la fin d'octobre empêcheraient la floraison et le développement des gousses.

Les haricots, en général, craignent la sécheresse et se plaisent dans un terrain bien défoncé et substantiel ; mais ils ne laissent pas cependant de réussir dans les terres légères et sablonneuses, pourvu que l'on ait de soin de leur donner quelques engrais avant de les semer.

Les haricots, dans nos contrées méridionales, ne comptent guère pour récoltes, c'est-à-dire qu'il est rare qu'ils occupent la place du blé ; mais ils ne sont qu'un dessolement, en idiome patois *restoublage* : attendu qu'on les sème tout de suite et immédiatement après la moisson, sur le chaume avec un peu de fumier et même quelquefois sans fumier. L'essentiel pour la réussite de ce légume, qui se sème dans toutes sortes de fonds, même dans les plus secs, est que l'été soit pluvieux ; car il suffit qu'il pleuve quelques jours après les semailles, pour qu'ils germent et fleurissent bien et donnent une abondante récolte. Il en est de même des autres légumes, des pois, des fèves, etc., qui ne sont non plus dans nos contrées qu'un dessollement ; l'ensemencement de ces légumes se faisant toujours au printemps de l'année que la terre se repose ; mais pour l'ordinaire en engraissant d'un peu de fumier le fonds où on les sème, pour que les haricots de toute espèce donnent un produit satisfaisant. Il faut souvent renouveler la semence et alterner les variétés, parce que la terre s'épuise à leur communiquer ses sucs, si l'on n'a pas cette précaution.

Cependant quoique ce légume si utile, d'une si grande consommation et si répandu, aime la fraîcheur, fraîcheur qui lui est si nécessaire que sans elle il ne pourrait prospérer : il ne s'en suit pas de là qu'il veuille être noyé, car lorsque le mois d'août est pluvieux, et que le fonds dans lequel on a semé les haricots sur le chaume est bas, on les voit bientôt jaunir, se rouiller, et ne donner qu'une bien faible récolte.

On peut ajouter aux autres espèces de haricots, la banette du Languedoc ou la fève de Marencin qui ressemble beaucoup au haricot, et qui dans nos contrées méridionales ne réussit que sur les terrains arrosables, lorsqu'ils ont été préalablement bien défoncés. En réussissant, ce qui ne manque guère d'arriver par la réunion de ces deux circonstances, ce haricot donne de longues et grosses gousses remplies de grains très bien nourris.

Des Pois.

Le pois est un légume qui ne manque pas de variétés, variétés que l'on divise également en naines et grimpantes. Les plus connues et les plus généralement cultivées parmi ces dernières, sont les pois gourmands et goulus qui croissent jusqu'à la hauteur de 1 m. 50 ; et une autre espèce de pois gourmand que l'on pourrait confondre avec la première, si celle-ci n'avait les fleurs blanches, et l'autre les fleurs rouges.

Les plus estimés des pois nains, sont le pois michau, le pois baron, le quarantain ou pois de tous mois, et le quarantain que l'on sème au mois d'août dans les contrées chaudes, pour être mangé l'hiver, tandis que les autres ne sont semés qu'en octobre pour être récoltés en vert au printemps. C'est à peu près à la même époque, quelquefois un peu plus tard, que l'on sème les pois grimpants, parce qu'ils produisent longtemps et jusqu'aux grandes chaleurs.

Les pois nains se sèment par sillons, à peu près comme le blé, avec la différence qu'on les espace à sept ou huit pouces, afin que les plantes ne se rongent pas entr'elles : une terre de médiocre qualité leur suffit, même sans fumier, pourvu que le printemps soit humide ; un fonds de sable ou graveleux leur convient assez ; et ils ne réussissent pas dans un terrain gras où la plante languit et se dessèche.

Les pois demandent une terre neuve, meuble et substantielle, engraissée plutôt avec du terreau qu'avec du fumier. Les terres trop grasses ou trop fumées ne conviennent pas aux pois, parce qu'elles les font pousser trop en branches et nuisent à la fécondité de leurs fleurs. On sème les pois à peu près comme les haricots, à la fin de février : d'abord les espèces hâtives, ensuite les autres. Afin de se ménager longtemps la satisfaction de recueillir et de manger de petits pois, on en sème assez fréquemment depuis le commencement du printemps jusqu'à la fin du mois d'août. Les rames que l'on donne aux pois doivent être branchues et peu élevées. On reconnaît que les pois sont secs et bons à recueillir quand les tiges et les gousses sont bien desséchées. Les pois ont un grand nombre de variétés, qu'on divise en pois à écosses, et pois sans parchemin.

Pour ce qui est des pois gourmands, et de tous ceux que l'on désigne en général par le nom de pois de primeur, ils ne peuvent produire de fruits en abondance qu'autant qu'ils sont bien arrosés ; c'est pour cela qu'il n'y a pas de meilleur moyen d'accélérer leur végétation, que de les déchausser à la veille d'une pluie, surtout quand ils sont près de fleurir, ou que leurs fleurs sont déjà nouées. Lorsque pour les humecter on se sert de l'arrosoir, rien n'est plus propre à les faire pousser avec rapidité, que de faire fondre dans l'eau avec laquelle on les arrose, de la colombine, de la poudrette ou du plâtre : cet arrosage est alors une espèce de fumier liquide qui, se renouvelant de temps en temps, ne peut manquer d'avoir les plus heureux résultats.

Du Pois-chiche.

Le pois-chiche, communément cèse ou pois pointu, est au-dessus de tous les autres par son volume, sa saveur et ses propriétés.

Le pois pointu, quoique très mangeable vert, n'a étant frais, ni le goût, ni la saveur qu'il acquiert en se séchant : ce pois n'est nullement attaqué par le charançon, et ce légume, un peu difficile à cuire à la vérité, est une des meilleures provisions d'hiver qui se sert sur toutes les tables.

La préparation que l'on donne aux fonds destinés à la production des pois-chiches, se fait au louchet dans le courant de janvier, si le temps n'est pas trop rigoureux ; on les sème à la fin de mars, pour les récolter au mois de juin, quoiqu'ils soient mûrs plus tôt ; attendu qu'on les réserve pour l'arrière saison, et pour être mangés secs. Les pois-chiches s'accommodent du terrain le plus léger, et n'ont nullement besoin d'être arrosés. Mais ils ont besoin, comme les autres variétés de leur espèce, d'être binés plusieurs fois, pour bien végéter, pour que leurs racines puissent aisément se cramponner et s'étendre.

Des Fèves.

Après les haricots et les pois, il n'y a point de légume plus commun, ni d'un usage plus répandu que les fèves.

Celle des trois espèces connues qui est la plus cultivée dans les départements du midi, est arrondie et pousse des gousses nombreuses qui contiennent plusieurs grains : elles mûrissent depuis le milieu d'avril jusqu'à la fin de mai, et sont d'un fort bon goût, qu'on les mange crues ou cuites ; on les sème aux mois d'octobre ou de novembre.

Il leur faut une bonne terre plus forte que légère, bien labourée et amendée. Si la terre est sèche lors des semailles, on fait tremper les fèves dans l'eau pendant quelques heures, afin qu'elles germent plus facilement. Pour semer, on fait avec le plantoir des trous éloignés de 15 à 20 cent. les uns des autres, dans lesquels on ne met qu'une seule fève. On les couvre ensuite avec le rateau, et on les sarcle soigneusement.

Les meilleures espèces de fèves sont la grosse fève ordinaire, la fève à longues cosses, la fève de Windsor, la petite fève Julienne, la fève Naine, la fève verte de la Chine.

Les fèves de primeur qui fleurissent en janvier pour donner des gousses à la fin de mars, quand l'hiver a été modéré, se sèment vers le milieu d'août. Mais ces fèves précoces sont fort exposées aux accidents de la gelée dont il est difficile de les préserver; au lieu que semées à la fin de novembre, et souvent même au mois de mars, elles ne manquent presque jamais de réussir, pourvu que le printemps soit pluvieux.

On jette la semence des fèves sur le chaume après un seul labour préparatoire, à la bêche ou à la charrue, même dans les terrains les plus secs; parce qu'elles attendent de la circonstance seule des pluies d'avril et de mai, leur accroissement et leur prospérité. On les bine, on les sarcle, pour ameublir la terre et les purger des mauvaises herbes; la principale maladie qu'ait à craindre la fève, est le puceron noir, vulgairement appelé pou, qui attaque la tige, la couvre quelquefois tout entière, et passe de là aux gousses. Mais il est bien rare que ces insectes quelque multipliés qu'ils soient, le soient assez pour détruire entièrement la récolte.

Des Lentilles.

La lentille est un légume fin; des trois espèces que nous en connaissons, une seule, la lentille verte est estimée, mais peu cultivée dans les départements du midi. Ce n'est pas sans doute, qu'elle ne pût y réussir, parce que nous en avons vu de fort belles dans des terrains assez maigres ; mais c'est peut-être parce que l'on réserve les terres de quelque valeur à la culture des plantes d'un plus grand rapport. Quoiqu'il en soit, l'on ne cultive guère la lentille que dans les terrains maigres et pierreux, parce que semée dans un fonds gras, ses fleurs sont sujettes à la coulure.

Au reste, ce légume quoique presque absolument exclus de la culture des provinces méridionales, n'en est pas moins recherché, et on les tire de l'Auvergne et autres pays montagneux, pour en faire des soupes et des purées. Quand on veut récolter des lentilles dans son propre fonds, et conserver à ce légume si prompt à dégénérer dans notre climat, une partie de ses qualités, on doit changer fréquemment et même annuellement de semence ; prendre cette semence des lentilles récoltées dans l'année, la faire venir de l'Auvergne ou des montagnes où les lentilles réussissent si bien, et choisir pour sa culture, un lieu élevé, un terrain léger et une exposition froide.

On sème les lentilles à la volée, en touffes ou en rayon, au mois d'avril, dans une terre plus légère que forte, et plus sèche qu'humide. Il ne faut pas négliger de les recueillir aussitôt qu'elles sont mûres, ce qui arrive ordinairement à la fin de juillet. On reconnaît leur maturité à la couleur rembrunie des gousses, à la couleur et à la consistance de la graine, ainsi qu'aux feuilles qui se fanent au pied de la plante. Si on ne les cueillait pas alors, on risquerait d'en perdre beaucoup par l'ouverture spontanée des gousses, et par les ravages de divers animaux. On les recueille en arrachant les pieds, qu'on lie par paquets, et qu'on suspend au sec et à l'air pour compléter leur maturité.

Des Pommes-de-terre.

La pomme-de-terre, après les grains des céréales à qui nous devons le pain, nous donne le fruit le plus substantiel, le plus nourrissant, et peut le mieux remplacer le blé dans des années de disette.

De toutes les variétés de pommes-de-terre que nous connaissons en France, la grosse blanche est celle à laquelle on donne généralement la préférence, attendu qu'elle produit beaucoup, qu'elle réussit bien dans les terres légères, qu'elle demande peu d'engrais et qu'elle est très précoce.

Pour obtenir une récolte de pommes-de-terre, récolte qui manque bien rarement, on les multiplie par les boutures, les tubercules, les marcottes, ou bien par la voie du semis.

Comme la plante des pommes de terre, ainsi que toutes les autres plantes, est sujette à dégénérer, il convient pour l'acclimater, surtout dans les pays méridionaux, et la rendre plus productive, et son fruit plus agréable au goût, de la régénérer de temps en temps par les semis. Voici de quelle manière on y procède.

On cueille sur les plantes les plus vigoureuses, les graines les plus mûres, que l'on sème au commencement d'avril, après les avoir lavées et détachées de leur pulpe quelques jours auparavant.

On confie ces graines, lorsqu'elles ont été bien séchées à l'air, dans un lieu sec, à une terre purement sablonneuse, défoncée à 30 cent., et fumée avec du fumier bien consommé, et on les sème dans des sillons qui aient entr'eux environ 40 cent. de distance. Quand la graine clair-semée est dans le sillon, il ne s'agit plus que de la couvrir environ de 2 cent. de terre qu'il faut fouler un peu ; sauf à donner à cette semence un arrosement convenable, si le temps était au sec.

Ensuite lorsque les grains ont levé, il ne faut pas négliger de les biner à plusieurs reprises, (une fois que les plantes ont atteint une certaine hauteur), de les chausser légèrement, et de les éclaircir de façon que chacune d'elles puisse végéter commodément.

Ces plantes venues de semis se transplantent avec le plus grand succès, pourvu qu'on les arrose, ou qu'il survienne après une pluie favorable. Cependant, quoique la propagation des pommes-de-terre par la voie du semis soit préférable sous le rapport de la quantité du fruit et de l'abondance de la récolte, cette méthode n'est guère usitée, et l'usage presque généralement suivi est de semer le tubercule même, et de mettre les pommes-de-terre dans un sillon ouvert à cet effet, soit entières, soit coupées.

La coupure doit se faire en biseau, en amenant le couteau de la circonférence au centre, afin de conserver au fruit le plus de pulpe qu'il est possible; et pour que les surfaces coupées puissent se raffermir un peu, et se former une espèce de peau, il est bon de ne les semer qu'au bout de deux jours. Sur quoi il faut observer, que l'on ne coupe, avant de les mettre dans la terre, que celle de ces pommes qui sont au moins d'une grosseur moyenne ; car pour les petites, celles qui sont à peine de la grosseur d'une noix, l'on doit en placer deux et jusqu'à trois dans le même trou, en observant de mettre entr'elles quelque intervalle. Les pommes-de-terre doivent toujours être disposées en sillons de 65 cent. de largeur, sur 50 cent. de distance de l'un à l'autre ; ce qui facilite les travaux du binage. Quelquefois surtout quand on ne sème qu'un champ de peu d'étendue, on fume tout le terrain, ce qui n'est que mieux ; mais quand on n'a pas assez d'engrais pour cela, il faut au moins que le cultivateur jette sur chaque tubercule une poignée de bon fumier, qu'il recouvrira de 15 à 20 cent. de terre.

Les pommes-de-terre plantées dans le courant de février, se récoltent dans celui de juin sans que les gelées du mois de mars leur portent beaucoup de préjudice, parce qu'elles poussent de nouvelles tiges qui suffisent pour les multiplier.

Aussitôt que les tiges se montrent il faut serfouir autour, afin de nettoyer et d'ameublir le terrain. Dès que ces tiges ont 15 cent. de haut, on commence à les rehausser avec la terre conservée entre les rayons que l'on rabat vers elles de mois en mois. Quant à la récolte, on ne doit pas la faire en entier des espèces les plus hâtives en juillet ou en août, mais en recueillir suivant le besoin, car ces sortes de pommes-de-terre continuent toujours à grossir, jusqu'à la fin de septembre, quoique les tiges se sèchent. La maturité s'annonce par le feuillage ; il se flétrit de lui-même sans aucun accident. Le mois d'octobre arrivé, les pommes-de-terre ne végètent plus à leur avantage, il faut en débarrasser le terrain.

Il existe plusieurs variétés de pommes-de-terre ; voici l'ordre dans lequel on peut les ranger selon leur degré d'utilité : 1° Grosse blanche, tachetée de rouge ; 2° blanche longue ; 3° jaunâtre ronde aplatie ; 4° rouge oblongue, vitelote, souris ou rognon ; 5° hollande rouge, ou rouge longue ; 6° pelure d'oignon ou jaune de Hollande ; 7° petite jaune aplatie ou espagnole ; 8° rouge longue marbrée ; 9° rouge longue, ou truffe d'août ; 10° violette hollandaise ; 11° chinoise ou sucrée de Hanovre.

L'on peut encore, dans les années de disette, semer les yeux de pommes-de-terre les plus grosses, que l'on enlève avec un couteau avant de les manger, et que l'on conserve dans les cendres lessivées ou dans le sable, jusqu'au moment qu'on veut les planter.

Quand on veut conserver un certain temps les pommes-de-terre, ce qui n'est pas toujours bien facile dans les pays méridionaux, attendu que la pomme-de-terre est un fruit des climats froids ; il n'y a rien de mieux à faire que de les dépouiller de la terre qui les environne, et de les débarrasser de toute humidité, en les exposant à l'air et au soleil sur une aire, jusqu'à ce qu'elles soient entièrement sèches.

Quoiqu'elles soient originaires des climats froids, les pommes-de-terre sont sujettes à geler l'hiver ; c'est pourquoi, lorsque l'on s'aperçoit que les gelées deviennent rigoureuses, il vaut beaucoup mieux les tenir dans une cave ou dans une fosse profonde, que de les laisser passer l'hiver au grenier, parce que, une fois gelées, elles perdent leur goût et leur saveur, ne sont plus bonnes à rien, et peuvent à peine servir d'aliment aux bestiaux. Quand nous arrivons aux approches du printemps, si l'on veut conserver les pommes-de-terre et empêcher qu'elles ne germent, il faut les plonger dans l'eau bouillante où elles doivent rester environ une minute, et les étendre ensuite sur un plancher où on les remue de temps en temps avec une pelle, afin qu'il n'y reste aucune humidité. Et si l'on se propose d'en faire des bouillies, des purées, il faut, après les avoir coupées par tranches et les avoir fait cuire, les réduire, quand elles sont sèches, en farine par la mouture ou le pilage.

On fait de la farine de pommes-de-terre réduite en pâte, des sortes de gâteaux que l'on fait cuire dans du bouillon ou du lait, lorsqu'ils sont suffisamment secs. On en fait encore non seulement des purées estimées, mais même une sorte de vermicelle en mettant la pâte qui en résulte dans un tube de fer-blanc percé de petits trous, que l'on comprime par un piston de bois, au moyen d'une poignée transversale. Mais le service le plus important que ce fruit aujourd'hui commun partout rend aux hommes, c'est de pouvoir entrer dans le pain, et d'épargner par là au consommateur, dans les années de disette de grains, une partie de la farine dont il a besoin dans son ménage.

Il y a plusieurs manières de réduire les pommes-de-terre en pâte ; mais la plus facile est de les bien écraser avec un rouleau lorsqu'elles sont cuites, et de les émietter ensuite l'une après l'autre avec les doigts, en sorte qu'il n'y reste plus rien de dur. On y mêle bien, par le pétrissage, une quantité de farine de froment ; et il en résulte, par la cuisson, un pain roux, d'un fort bon goût, et qui n'a d'autre défaut que de renfermer une mie un peu molle et visqueuse. C'est pourquoi l'on indique, pour arriver au même but, une autre méthode préférable sans doute, mais plus longue et moins commode pour les gens du peuple, les seuls, excepté dans les temps de la plus affreuse famine, à qui il puisse être utile de connaître les procédés de ce mélange.

Puisqu'il est reconnu que la pomme-de-terre seule, de quelque manière qu'elle soit manipulée, ne peut être convertie en pain, parce qu'elle n'a point la vertu de fermenter, on est donc obligé lorsqu'on veut l'introduire dans le pain, de lui faire subir certaines préparations en la joignant à la farine ou à la pâte du froment, pour en faire du pain. Nous avons parlé de la méthode la plus usitée pour le peuple ; mais il en est une autre plus avantageuse et qui donne un pain mêlé, de meilleure qualité ; c'est de nettoyer les pommes-de-terre, de les râper, de les laver à trois ou quatre eaux, de soumettre cette râpure à la presse, et de passer ensuite sur un crible de fer les grumeaux qui ont pu échapper à la râpe, après avoir émietté les gâteaux à la main. Le fruit de ces opérations est une farine belle et blanche qui, après avoir été séchée au four, ou au soleil, s'allie très bien à la farine de froment. Des expériences réitérées que l'on en a faites, il résulte que pourvu que la quantité de farine de pommes-de-terre n'excède pas celle de blé, le pain que donne ce mélange est excellent.

L'on peut même faire entrer dans la composition de la pâte, de la farine du froment grossier ou de méteil, jusqu'à la proportion d'un quart ; le pain que rend le mélange de ces trois sortes de farine, quoiqu'un peu plus grossier que le précédent, est pourtant bon et très mangeable, pourvu que l'on ait la précaution de bien humecter la farine de pommes-de-terre, et de pétrir toujours avec de l'eau tiède.

Lorsque l'on a soin de couper les fleurs à la plante, la pomme-de-terre devient plus grasse et acquiert un goût plus savoureux.

Après l'usage que les hommes font des pommes-de-terre pour eux-mêmes, vient celui qu'ils en font pour les animaux qu'ils ont à nourrir ; il s'en fait surtout une grande consommation dans les fermes ; mais l'on a eu occasion de remarquer que la pomme-de-terre étant du nombre des plantes solanées, et renfermant par conséquent un principe d'âcreté caustique, cet aliment était plus sain donné aux bestiaux cuit que cru. Et c'est sans doute pour cette raison que les gens de la campagne leur donnent presque toujours les pommes-de-terre bouillies ; d'où résulte encore un avantage, celui de leur être plus nourrissantes. L'on prétend même que cuites à la vapeur de l'eau bouillante, tièdes et réduites en pâte, elles sont encore plus profitables aux animaux qui s'en nourrissent.

Outre les pommes-de-terre que l'on sème, on en plante en février pour les recueillir à la fin de mai ou au commencement de juin ; les cultivateurs, du moins en grande partie, sont dans l'usage d'en planter sur le chaume. On laboure à cet effet la terre d'où l'on vient d'enlever le blé récolté immédiatement après la moisson ; l'on pratique les sillons dans la profondeur qui convient à l'ensemencement de ce tubercule, et à l'aide d'un peu de fumier, l'on obtient, pourvu qu'il survienne une pluie favorable à la fin de juillet ou au commencement d'août, époque à laquelle la semence lève, une seconde récolte de pommes-de-terre aussi et même plus abondante que la première, qui se fait dans le courant du mois d'octobre, et met l'agriculteur pauvre, celui qui n'a pu obtenir par ses peines et par sa sueur une récolte suffisante de grains, en état de subsister pendant l'hiver avec sa famille.

Des Prairies.

Prairies naturelles.

La création des prairies naturelles est difficile, par la rareté des bonnes graines de foin. Partout on se contente de ramasser indistinctement les graines qui se trouvent dans les greniers, et de cette manière on ne peut former que de mauvaises prairies. Il serait nécessaire de choisir de bonnes graines, appropriées à nos climats et à nos terres, telles que la grande festuque, la coquiole, le fromental, la pimprenelle, le trèfle jaune, etc. Un foin de bonne qualité, coupé à propos, récolté sans pluie, est sans doute le meilleur des fourrages. C'est quand l'herbe est en pleine floraison qu'il convient de la couper, parce qu'elle renferme alors au plus haut degré tous les sucs et principes nutritifs. Pendant les grandes chaleurs, il importe de ne pas étendre l'herbe à faner en couches très minces, parce que cette herbe, séchée trop promptement, perd beaucoup de sa substance. Comme le sol du pré doit être uni, n'offrir ni souches, ni pierres, ni mottes de terre, on fera passer la faux très bas. Il en résulte plus de foin, un meilleur récépage des plantes de la prairie, un regain plus abondant, un gazon mieux entretenu, et sur un sol plus nu, plus de facilité pour sécher promptement les herbes pendant la fénaison. Lorsque le foin est bien sec, il ne faut le charger sur des charrettes que vers le soir, au moment où la rosée rend l'herbe un peu douce. Le mélange avec la luzerne et le trèfle donne au foin une qualité supérieure. La prudence prescrit d'attendre que le foin ait ressué, c'est-à-dire que la fermentation insensible qui s'établit dans les foins nouveaux soit entièrement terminée avant de la donner aux bestiaux.

Prairies artificielles.

On appelle prairies artificielles, pour les distinguer des prairies naturelles, prés ou herbages, les champs ensemencés pour peu d'années d'une seule espèce de plantes destinées à être coupées, soit pour être mangées en vert, soit pour être converties en foin. Les meilleures plantes pour la composition des prairies artificielles dans nos climats, sont la luzerne, le sainfoin, le trèfle, les vesces noires, le farouch et la betterave champêtre.

La *luzerne* est sans contredit le premier des fourrages artificiels en ce qu'il peut se faucher trois et quatre fois, et qu'il dure huit à dix ans. Les fonds substantiels, limoneux, formés des dépôts des rivières, sont ceux qui lui conviennent le mieux. La graine, qu'on doit choisir complètement mûre, se sème au commencement d'avril, à raison de 20 à 22 kilos par hectare. Si l'été est pluvieux, on peut obtenir une coupe dans la même année ; l'hiver suivant on doit la préserver de la dent des troupeaux. La première coupe a lieu du 15 au 30 avril avant que la plante soit en fleur ; cette coupe doit être consommée en vert. La seconde est destinée à du fourrage sec. On choisit pour la faucher un beau temps, et on la laisse pendant deux jours sans la remuer. Le troisième jour, après que l'humidité de la nuit est dissipée, on retourne la luzerne, à midi on la remue encore, et vers le coucher du soleil, on en forme des rangées épaisses et en dos d'âne. Le lendemain, on étend ce fourrage pour finir de le faire sécher, et si le temps est beau, on le laisse fermenter en tas en plein air pendant un ou deux jours ; la luzerne ayant alors acquis toute sa valeur, on l'enferme vers le coucher du soleil. C'est à cette seconde coupe qu'il faut recueillir la graine, dont la maturité se reconnaît aux siliques, lorsqu'elles ont acquis la couleur du café grillé et moulu.

Le *sainfoin* ou *esparcette*, plus robuste que la luzerne, résiste très bien au froid et à la sécheresse. Quoique moins abondant, il a l'avantage de n'occasionner aucun mal aux bestiaux, qui le recherchent avec avidité. Il donne une qualité supérieure au lait et au beurre des vaches qui s'en nourrissent, et il convient éminemment aux moutons de laine superfine. Le sainfoin se plaît dans les terres calcaires, sèches et tournées au midi. On le sème communément au mois d'octobre, mais si au mois de mars suivant on s'aperçoit que les jeunes plantes ont souffert de la rigueur de l'hiver, il ne faut pas hésiter de jeter de nouveau de la graine sur ce même terrain ; l'économie dans ce cas serait un mauvais calcul. Le plâtre est le meilleur engrais pour le sainfoin ; on choisit une matinée bien calme du mois de février, et on répand le plâtre à raison de 5 à 600 kilos par hectare. On ne doit récolter la graine que la seconde et la troisième année, parce que la fructification épuise beaucoup les plantes et le sol. Pour récolter les graines de sainfoin, on ne doit attendre que la maturité des premières qui sont les meilleures ; alors on coupe les tiges avec la rosée du matin ; le lendemain on en forme de petits tas et si le temps l'a bien séché on l'étend avec précaution sur cinq ou six grands draps. Des hommes remuent légèrement le fourrage en le frappant à peine, et le rangent à mesure en grands tas ; on vanne de suite, si c'est possible. On recueille ainsi une certaine quantité de graines, et de débris de feuilles qui sont excellentes pour les bestiaux.

Le *trèfle* est une des meilleures plantes pour les prairies artificielles. La graine de celui de Hollande est celle qu'on doit préférer. Les terrains qui lui conviennent le mieux, sont ceux qui sont composés d'une forte partie de glaise, de sable, et d'un peu de terre calcaire. Le trèfle se sème en automne avec le blé, ou bien sur le blé au printemps, ou enfin avec de l'avoine et de l'orge au mois de mars. Il faut semer de 20 à 22 kilos de graines par hectare. Le plâtre, les marnes et la chaux, sont des amendements presque absolument nécessaires pour la réussite de ce fourrage. On commence à le faucher dans le courant de mai pour le donner en vert aux bestiaux. Cette première coupe est assez difficile à sécher. Ce n'est que la seconde qui est destinée à fournir le fourrage sec. Il faut attendre pour le faucher, qu'il soit entièrement fleuri, que le temps ait une belle apparence, et que la rosée ait disparu. Si l'on enfermait ce fourrage avant qu'il fût parfaitement sec, il faudrait le mélanger dans la grange avec de la paille, couche par couche. La seconde pousse des trèfles est celle qui produit la graine. Pour la recueillir, on fauche la plante aussitôt que ses gousses sont mûres ; on s'en aperçoit lorsqu'elles deviennent d'un brun noir. On fauche de très grand matin, on le transporte de suite dans l'aire, on l'étend par un jour bien chaud ; on le fait fouler par des chevaux, ou on le bat avec le fléau, on le vanne et on le crible.

La *vesce noire* veut un terrain léger et sec ; elle se sème dans les premiers jours d'automne. Cultivée pour le grain, la vesce sera fauchée au moment où les premières gousses qui sont les meilleures, sont parvenues à sa maturité ; semée pour le fourrage, on la coupe en fleurs lorsque la floraison touche à sa fin. Pour recueillir la graine, dont on reconnaît la maturité à la couleur rousse des siliques, on les arrache à la main, on les laisse 24h. sur le champ, et on les transporte sur l'aire de très bon matin, afin d'en égrener le moins possible en les rangeant, et on en forme de grandes meules pointues.

Le *farouch*, trèfle de Roussillon, trèfle incarnat ou lupinelle, est annuel et produit beaucoup, quoiqu'il ne donne qu'une coupe. On le sème avec son enveloppe. Dans les premiers jours de septembre, lorsqu'on juge qu'il va pleuvoir, deux ou trois sacs pleins de gousses sont nécessaires par hectare. On le donne en vert lorsqu'il est fleuri.

La *betterave champêtre* exige une terre substantielle, douce, de bonne qualité, fraîche de sa nature et profonde. On la sème au commencement d'avril par un beau temps, en espaçant chaque graine d'environ 40 cent. Lorsque la plante a pris un peu d'accroissement, il faut suivre exactement toutes les rangées, ne laisser à chaque place qu'un seul pied, et arracher tous les autres. Les racines s'arrachent en octobre, elles sont excellentes pour toutes sortes de bétail ; les bêtes à corne et à laine s'en accommodent parfaitement ; mais c'est surtout à l'entretien des cochons qu'elle est utile.

Des Bois et Forêts.

Ces plantes ligneuses dont on fait des pépinières et que l'on dispose de différentes manières pour l'agrément et l'utilité, sont destinées à former des arbres qui se divisent en trois classes sous le rapport de la hauteur. Les plus grands, sans avoir de hauteur déterminée, ne s'élèvent guère à moins de 8 mètres; il n'y a que ceux de cette classe qui soient appelés proprement arbres; ceux des deux autres sont les arbrisseaux et les arbustes, dont les uns ne croissent pas au-delà de 5 mètres et les autres au-delà d'un. Les arbres, comme les plantes et tout ce qui végète, ont une sève ascendante, une sève descendante, et vivent des sucs nutritifs qu'ils tirent de la terre par leurs racines et des gaz aëriens qu'ils tirent de l'atmosphère par leurs feuilles.

Les arbres se composent donc des racines qui, se cramponnant dans la terre, sont leur support, et leur communiquent par la sève ascendante, la plus grande partie de leur nourriture ; de la tige ou du tronc qui part du collet à fleur de terre et s'élève plus ou moins droite jusqu'aux branches ; des branches qui semblent une prolongation du tronc sur plusieurs enfourchures et des nombreux rameaux qu'elles forment. C'est de ces rameaux feuillés que sortent les boutons, les fleurs et les fruits que ces fleurs produisent.

Aux fleurs fécondées par la poussière des étamines, succèdent les fruits de toute espèce. C'est dans ces fruits que sont renfermées les semences ou graines qui sont destinées à la multiplication des diverses espèces de races végétales.

Semences.

Le meilleur moyen de conserver aux arbres de toute espèce leurs qualités primitives, et de les empêcher de dégénérer, est de les propager par la voie du semis. C'est encore par cette voie que l'on peut quelquefois se procurer de nouvelles variétés d'arbres précieux.

Les graines que l'on choisit pour reproduire les arbres, ne sauraient être trop mûres, trop nourries et trop mises à l'abri de l'influence des variations de l'atmosphère. Si ces graines doivent être transportées pour être semées ailleurs, il est d'une indispensable nécessité, si l'on veut qu'elles germent, de les enfermer dans des caisses, pour que l'air extérieur n'y pénètre pas, car ces semences craignent l'humide, le froid, la chaleur, et jusqu'à la lumière : et ce n'est qu'en les garantissant autant qu'il est possible par ces précautions, que l'on peut conserver leur faculté germinative. De toutes les espèces de graines il n'y en a aucune qui s'altère plus facilement que celles qui sont huileuses, au lieu que l'on conserve aisément les semences renfermées dans leurs gousses ou bien dans les fruits dont la chair se dessèche avec facilité.

Nous possédons en France 80 sortes d'arbres dont les diverses espèces peuvent se réduire à huit genres ; ces arbres, soit indigènes soit exotiques, mais tous parfaitement acclimatés dans nos départements, sont : L'érable, le marronnier, le frêne, le noyer, le platane, le robinier, le chalef, le catalpa, le charme, le micocoulier, le gainier, l'oranger, le cornouiller, le cyprès, le plaqueminier, le fusain, le figuier, le févier, le bonduc, l'hallesia, le genevrier, le tulipier, le mûrier, le pin, l'amorpha, le pêcher, l'amandier, l'aralie, l'aune, l'azedarac, le pistachier, le planère, le peuplier, le cerisier, l'abricotier, le ptélée, le chêne, le pommier, le sumac, l'ailante, le virgilie, le sophore, le thuya, le tilleul, le viorne, l'arbousier, le bacchante, le liquidambar, le magnolier, le nyssa, le bouleau et autres arbres fruitiers, etc.

Les arbres dont nous venons de donner la nomenclature, ont diverses qualités et par conséquent diverses destinations. Il y en a de forestiers, de fruitiers et de pur ornement. Les uns sont faits pour peupler les vergers ou les bois, les autres les jardins paysagers ou les serres.

Nous avons déjà dit que, de toutes les manières dont on pouvait se servir pour multiplier les arbres, celle du semis était la meilleure, pour conserver à chaque espèce sa vigueur et son intégrité, puisqu'une longue et ancienne expérience nous a appris que ceux qui se propagent par des boutures, des marcottes ou des rejetons, n'acquièrent jamais le degré de beauté et de force auquel s'élèvent ceux qui sont venus de graines. Il est donc indispensable de recourir à l'ensemencement, quelque longue que soit la croissance des arbres par cette voie, quand on veut obtenir de beaux sujets.

Dans le procédé de l'ensemencement des graines pour la reproduction des arbres, on s'écarte le moins qu'il est possible de la voie que nous prescrit la nature, ou plutôt l'on cherche autant qu'il est possible à l'imiter. Et puisque le semis naturel qui provient des graines qui tombent d'elles-mêmes sous les arbres réussit pour l'ordinaire si bien, l'on a jugé, d'après cette indication, que les meilleures pépinières seraient celles qui seraient formées avec des jets venus du semis des graines les plus mûres, immédiatement après la récolte des fruits. Si l'on diffère de semer ces graines jusqu'au printemps, c'est qu'à cette époque, aux approches de la germination, les oiseaux et autres bêtes voraces qui se nourrissent de graines, trouvant d'autres aliments ailleurs, ne les recherchent pas avec autant d'avidité.

Ce n'est donc que pour conserver pendant l'hiver les graines que l'on se propose de semer au printemps, pour empêcher qu'elles ne se dessèchent, et se rapprocher autant qu'il est possible du procédé de la nature, que le jardinier et l'agriculteur intelligents ont recours à la stratification ; opération bien simple, qui consiste à placer dans un vase en plein air, mais à l'abri des pluies et des gelées, les graines bien mûres, en jetant sur ces semences une couche de sable ou de terreau léger ; en alternant les couches de semences et celles de sable ; ensuite l'on opère un léger arrosage pour entretenir la fraîcheur du vase, ce qui se pratique uniquement afin d'accélérer le développement de la végétation. Et comme il est possible que plusieurs de ces graines germent en même temps, il est bon de ne pas trop les rapprocher, afin de pouvoir transplanter à la pépinière ces tendres végétaux, sans risquer de briser leurs frêles racines.

Pépinière.

Une pépinière, pour réussir, doit être faite dans un terrain frais sans être humide, à l'exposition du sud la plus favorable, attendu qu'elle aurait trop à souffrir du froid si elle était au nord. Il faut aussi que le fonds de terre auquel on la confie, ne soit que de moyenne qualité; parce qu'un sol trop substantiel ferait pousser trop vite les jeunes tiges dont le bois ne serait pas assez ferme ainsi que celui des rameaux. D'ailleurs une pépinière dans un terrain de valeur médiocre, coûte moins à entretenir, attendu qu'il n'y pousse pas beaucoup de mauvaises herbes, et que les jeunes plants qui en sont tirés ne peuvent que gagner à être transplantés ailleurs, pour peu que la qualité du fonds où ils seront plantés à demeure soit supérieure à celle du terrain de la pépinière. C'est dans le courant de l'été que doivent s'effectuer les défoncements et autres travaux nécessaires pour préparer une pépinière. En septembre et en octobre on retourne la terre, et le courant de février ou de mars est le temps auquel le pépiniériste doit donner la dernière façon à la terre pour procéder à l'ensemencement.

La pépinière doit, autant qu'il est possible, être mise à l'abri des incursions des hommes et des animaux par des clôtures, assainie par des rigoles, afin de dériver l'eau stagnante si le fonds en est humide. Pour ce qui regarde la quantité de semence qu'il convient de jeter dans une pépinière afin qu'elle soit suffisamment peuplée, un hectolitre de glands suffit pour un terrain d'un hectare d'étendue ; d'où il résulterait, en supposant d'ailleurs les circonstances favorables, au moins cent mille petits chênes qui, transplantés à trois ans, et espacés à 1 m. 60 l'un de l'autre, pourront peupler un bois de 50 hectares. Quand on fait un semis de plants destinés à devenir de très grands arbres, ceux par exemple dont on veut peupler les parcs, il faut alors espacer davantage la semence, mais ne donner pourtant aux glands ou noyaux plus de 1 m. 60 de distance. Chaque hectare de terre alors ne fournira pas au-delà de vingt à vingt-cinq mille plants.

Mais il est bon d'observer que nous n'entendons parler ici que des pépinières que l'on destine aux plants des grands arbres, des arbres forestiers, ou de ceux qui doivent orner des parcs, embellir des promenades ; quant aux pépinières réservées à la propagation des arbres à fruits, tels que le pommier, le poirier, le coignassier, le cormier et autres qui doivent former des vergers ou être placés dans les jardins, elles exigent d'autres soins, et c'est un article à part dont nous parlerons ailleurs. Au reste la profondeur que le pépiniériste doit donner au sillon où il jette ses semences, n'est pas bien fixée, et dépend tant du volume et de la force de ces semences, que de la qualité de la terre dont on doit les recouvrir. Ainsi les grosses graines ne doivent être enfoncées dans le sillon ouvert pour les recevoir, qu'à 7 ou 8 cent. dans les terres légères. Au nombre de ces grosses graines sont celles du noyer, du châtaignier, du chêne, du noisetier, du marronnier d'Inde, etc.; il suffit de recouvrir d'une couche de terreau léger, même assez mince, les semences de l'orme, du charme, du bouleau, de l'aune, des peupliers, attendu que les graines de ces semences sont fines et petites. Et l'on ne doit pas oublier de les arroser pour faciliter leur sortie de terre, lorsque le temps est sec.

L'on peut absolument semer à la charrue les grosses graines, quoique l'ensemencement à la houe ou à la bêche soit la meilleure méthode de semer toutes sortes de graines : pour celles de médiocre grosseur, il faut de nécessité des recouvrir à la herse, comme on le pratique pour les grains des plantes céréales.

Les sillons où l'on jette la semence doivent avoir 12 à 15 cent. de largeur, et une profondeur raisonnable qui dépend, comme nous l'avons dit, de la qualité des semences et de la nature du terrain.

Si l'ensemencement se fait avec un temps sec, l'arrosement des graines est indispensable; opération après laquelle on doit jeter des feuilles sèches ou de la paille sur le terrain, pour empêcher que l'eau ne s'évapore.

Dans le cas où l'on aurait fait le semis au mois de novembre, ce qui serait encore mieux, on enlèverait au commencement du printemps avec le râteau, les pailles et les feuilles sèches dont on aurait fait une couverture, pour ne pas gêner la sortie du germe.

Lorsque la pépinière naissante est trop épaisse, il faut au bout de deux ou trois ans l'éclaircir, pour que les jeunes plants ne se gênent pas entr'eux.

Le pépiniériste doit même placer dans la pépinière chaque espèce d'arbres, selon leur nature et leur goût, pour que chacune de ces espèces soit de plus belle venue, et ne soit pas contrariée dans ses habitudes en naissant.

Les petites graines se sèment à la volée, les moyennes en rayon, les grosses à la charrue et au plantoir ; mais toutes ces semences ne lèvent pas de suite, ni en même temps. Et il en est, (celles qui sont produites par les fruits des arbres d'un bois fort dur), dont le germe ne paraît qu'au bout de deux ans, à moins qu'on ne les mêle aux pâtées des volailles dont les excréments ont la propriété de ramollir l'enveloppe très dure des germes, ainsi que le pratiquent quelques cultivateurs qui ont appris cet expédient de l'expérience.

Indépendamment du sarclage indispensable dans toute pépinière pour extirper les mauvaises herbes qui vivraient aux dépens des germes, et les étoufferaient en naissant, le cultivateur doit encore ne pas négliger d'ameublir la terre entre les rayons par le serfouissage : il le fera le plus profondément possible pour donner aux racines la faculté de s'étendre, sans toutefois s'exposer à les offenser.

Il ne doit pas surtout oublier dans les binages, de quelque nature qu'ils soient, de faire disparaître ces plantes vivaces à racines voraces et traçantes, qui, s'enchevêtrant avec le jeune plant, l'affameraient et le priveraient en outre, de l'air, de la lumière et de la chaleur, sans lesquels la végétation languit toujours.

Un plant de trois ou quatre ans est assez formé pour être transplanté à demeure dans un bois. Cette transplantation se fait en novembre si le sol du bois est sec, et au commencement de mars, si c'est un sol humide ; et elle réussit toujours bien, pourvu que le propriétaire ne fasse pas grâce aux herbes parasites lorsque les chaleurs arriveront. Mais une condition indispensable pour le succès de ces jeunes arbres, c'est qu'ils ne soient arrachés de la pépinière qu'à la veille, ou au moins très peu de temps avant d'être fixés ailleurs, pour que les racines puissent conserver la fraîcheur qui leur est nécessaire. C'est pour cela qu'il est très avantageux au propriétaire d'avoir une pépinière à lui, afin d'avoir toujours sous sa main et à sa disposition, les plants destinés à repeupler ses bois et ses jardins.

Cette fraîcheur de racines est donc de rigueur pour la réussite du plant. Il n'y a qu'une seule exception à la règle générale des plantations ; elle est pour les arbres verts et résineux qui, ne devant être mis en terre qu'au mois d'avril, doivent, autant qu'il est possible, être enlevés en motte avec toute la terre qui entoure leurs racines.

Quant aux arbres d'une haute croissance et qui n'ont d'autre usage que l'agrément, on ne les sèvre de la pépinière que lorsqu'ils ont acquis un certain degré de force et de hauteur; hauteur qui doit être d'environ 2 mètres sur 12 à 15 cent. de circonférence à leur base.

Après le semis, la meilleure de toutes les méthodes de plantations, pour la force, la vigueur et la durée des arbres, vient celles des marcottes et des boutures ; elles remplacent la première, et quelquefois avec avantage, attendu que dans nos contrées, certaines espèces et certaines variétés de végétaux ne se reproduisent pas par les graines ou que ce mode de reproduction ne leur est pas avantageux.

Marcottes.

On marcotte un arbre en enfonçant en terre un rameau qui, après y avoir pris racine au moyen d'une ligature ou d'une incision, est séparé de sa souche, et devient un arbre à son tour. Quand les marcottes ont bien pris, on peut les séparer de l'arbre dont elles font partie, pour les mettre provisoirement en pépinière, ou bien si elles sont suffisamment formées, les transplanter à demeure.

Le temps favorable pour marcotter est au mois de mars, ou au moins dans tout le printemps, si l'on veut que les jeunes pousses soient sevrées et mises en pépinière la même année.

Pour que la sève ne s'écarte pas des marcottes ainsi que des provins qui sont produits par une espèce de marcottage qui consiste à courber et à enfoncer en terre des rameaux d'une certaine élévation, il est expédient de supprimer les branches latérales perpendiculaires qui les avoisinent, pour qu'elles n'attirent pas à elles toute la sève dont une partie est nécessaire à la nutrition de ces nouveaux plants. Et comme il existe certaines espèces ou variétés d'arbres rares que l'on désire propager par la voie du marcottage, l'on conserve à cette propagation les mères-souches qui sont bien entretenues, et autour desquelles on fait tous les ans les marcottes dont on peut avoir besoin. Lorsque certaines branches se montrent difficiles à prendre racine, on les y contraint au moyen d'une incision horizontale que l'on fait au-dessous du rameau, ou bien autrement par une ligature, au point où l'on veut que la sève s'arrête pour former des mamelons et pousser des racines. Il est même utile afin de réussir par ce moyen, de serrer le cordonnet avec lequel on a fait la ligature, dans la longueur de 5 cent. autour de la branche, afin de mieux attirer la sève.

Faire pousser un bourrelet à la jeune branche marcottée, au moyen d'un anneau qui emporte en même temps l'épiderme, le parenchyme et le liber, est un moyen infaillible d'arrêter la sève, et d'obtenir le prompt enracinement du rameau, attendu que ce bourrelet formera des mamelons qui feront infailliblement pousser des racines au printemps suivant, en le recouvrant de terre. La bouture diffère de la marcotte, en ce que celle-ci tient d'abord à l'arbre, et que celle-là en est détachée pour avoir une existence propre. La branche dont on veut faire une bouture doit être coupée un peu avant le retour de la sève avec un instrument bien tranchant, car si cet instrument mâchait le bois, il l'empêcherait de former à l'endroit précis de la coupe, ce bourrelet qui forme les mamelons dont partent les racines.

Boutures.

Les boutures doivent se faire au printemps, c'est l'époque qui leur est la plus favorable, excepté qu'il s'agisse de boutures d'arbres résineux, auquel cas on doit les réserver pour la fin de l'automne.

Lorsque les boutures avant d'être transplantées à demeure, sont établies en attendant dans une pépinière, le pépiniériste leur donne, comme aux jeunes sujets provenant de semences, un espacement proportionné à leur nature et au degré de croissance à laquelle il se propose de les laisser arriver. Mais puisque toutes ces opérations seraient insuffisantes, si l'on n'avait soin d'entretenir au pied des boutures, comme à celui des provins et des marcottes, cette humidité constante et salutaire sans laquelle ils ne sauraient croître et prospérer, il est d'une grande utilité d'étendre sur la terre dont ils sont recouverts, un lit de mousse de 32 cent. d'épaisseur, afin de prévenir l'évaporation de l'eau avec laquelle on les aura arrosés.

Il y a trois manières de placer les boutures, ou perpendiculairement, ou horizontalement, ou d'une façon légèrement inclinée. Chacune de ces trois positions est bonne ; mais on donne la préférence à la seconde sur les deux autres, quand il s'agit de ces bois qui sont difficiles à prendre, et qui poussent tard.

Les boutures sont plus ou moins enfoncées en terre, selon leur grosseur. Celles qui sont les plus grosses et les plus longues doivent être fichées à un mètre de profondeur ; les plus courtes et les plus faibles, à 15 à 18 cent. à peu près.

L'on pratique assez généralement l'étêtement des boutures, et on les rebotte à niveau de terre au bout de deux ans, afin de donner aux racines la facilité de se nourrir et de nourrir à leur tour la tige.

Les branches ou rameaux que l'on emploie pour faire des boutures, sont de différentes grosseurs, selon la force de l'arbre, et la qualité du terrain auquel on les destine, et âgées d'un ou deux ans.

Il est nécessaire, surtout la première année, non seulement de mettre les boutures à l'abri du soleil et des frimats, mais encore de les défendre des vents et du hâle qui en dessèchent l'écorce, avant qu'elles soient suffisamment humectées par la sève. Il est donc utile de garnir de cire le haut des boutures que l'on étête, et le bout que l'on met en terre pour conserver cette bouture qui s'épuiserait par la déperdition de la sève.

Quand les plants sont destinés aux futaies, à des objets d'agrément, on ne doit pas négliger de les tailler en crochet au bout de trois ans, pour leur donner une belle direction. Les grosses branches qui empêcheraient l'arbre de s'élever, doivent être coupées sur le tronc, et les petites qui croissent le long du tronc, rabattues à deux ou trois yeux. On ne doit pas tout-à-fait faire disparaître ce menu branchage, parce qu'il contribue à l'embellissement de l'arbre.

Si le jeune plant vient d'abord mal, il doit être récépé en février, pour lui faire pousser un plus beau jet au printemps. Dans le courant de juin, on réduit à deux les nouveaux jets, et au mois de juillet on ne conserve que le plus droit, et dès que le plant a acquis la force nécessaire pour devoir être transplanté, on le nettoie de toutes les pousses latérales, pour que rien ne puisse gêner sa croissance; ce qui doit avoir lieu dans l'automne, à la cinquième ou sixième année du provin ou de la bouture. Et comme il est reconnu par l'expérience que les racines d'un arbre quelconque nuisent à l'enracinement d'un autre de la même espèce, l'on ne doit jamais oublier, lorsqu'on a enlevé un plant d'une pépinière, de le remplacer par un nouveau plant qui soit d'une espèce différente.

Lorsque le temps de transplanter vos jeunes plants et de les fixer à demeure est venu, après les avoir sevrés de la pépinière avec le plus de ménagement qu'il est possible, en leur laissant la meilleure partie de leurs racines, il faut d'abord défoncer le terrain à 65 cent. de profondeur au-dessous des racines inférieures, placer au fond de la fosse un mélange de terres de plusieurs qualités, afin d'amender le sol sur lequel vous plantez.

Plus le terrain est compacte, plus vous devez donner d'étendue et de profondeur aux fosses qui doivent être creusées dans le courant de l'été, pour que la terre exposée au soleil et à l'air s'émiette et se pulvérise mieux.

Ces fosses doivent avoir une profondeur telle que les racines puissent bien faire végéter l'arbre, et à une distance proportionnée à leur croissance naturelle et à leur espèce.

Plantation.

Quand vous voulez faire votre plantation, vous retranchez avec la serpette les racines gâtées ; vous asseyez le plant au fond du trou sur de la terre meuble, et vous remplissez de bon terrain les interstices qui existent entre les racines, et quand le tassement est fait à l'aide des secousses données au tronc, il ne reste plus qu'à presser la terre pour compléter ce tassement au retour du printemps, (car c'est dans l'automne que la plantation du plus grand nombre des arbres doit se faire). Il faut serfouir légèrement le pied de l'arbre, pour que les éléments qui accélèrent sa reprise et favorisent sa croissance, puissent aisément pénétrer le sol.

Il est donc indispensable pour la réussite d'un plant, que la terre soit bien distribuée et bien tassée entre les racines, et qu'il ne reste point de vide au dedans, et que les racines soient élargies et disposées d'une manière circulaire. Il faut donner peu de profondeur aux arbres résineux, et n'enfoncer ceux qui sont greffés, n'importe de quelle manière, que jusqu'au-dessous de la greffe, dont le collet aura 8 cent. à peu près hors de terre.

Mais une chose qu'il ne faut jamais perdre de vue, c'est que votre pépinière soit entretenue fraîche, et que les jeunes plants ne souffrent pas de soif, surtout après la plantation, et ensuite au retour de la belle saison, s'il arrive que le printemps ne soit pas humide.

Ce n'est pas après les premières pousses d'un jeune plant qu'il faut commencer à prendre la serpe. Vous ne devez rien élaguer la première année, pour donner aux racines le temps de s'établir, et ne pas ôter à ce faible sujet la sève dont il a besoin pour végéter.

Ce n'est qu'après trois ou quatre ans, lorsque le plant aura acquis de la force, que vous pourrez retrancher les branches qui nuiraient à la forme de l'arbre, sans trop l'affaiblir, et en vous bornant à rabattre ou à raccourcir les rameaux.

De la plantation des bois et forêts.

Lorsqu'un propriétaire se propose de transformer en bois un fonds de terre quelconque, il aura peu à dépenser si c'était un terrain labourable. Puisqu'il lui suffira de faire retourner à la charrue pendant l'été qui précédera cette opération, le champ qu'il veut convertir en bois.

Si c'est au contraire une lande ou une pâture, il ne doit pas négliger de défoncer le terrain, et de faire de profonds labours dès le printemps même ; et dans le courant de l'été, il doit faire pratiquer un second labour pour bien ameublir le sol destiné à recevoir la semence des arbres, ou les jeunes plants déjà formés.

L'on donne une sorte de fumage à ce terrain en livrant au feu au mois de septembre les bruyères sèches que l'on y aura arrachées pendant les labours.

Comme on ne saurait trop extirper les racines rongeantes des arbrisseaux qui nuiraient à la végétation du bois naissant, il est utile de brûler les mottes de la terre où on les trouve dispersées, quand on donne le second labour qui doit se faire avec la bêche appelée écobue. Ces mottes brûlées dans les chaleurs du mois de juin, ont le double avantage de faire périr les racines de ce menu bois nuisible et d'amender le terrain, en les mêlant avec le sol par un léger labour.

Cette opération avantageuse aux progrès de la nouvelle plantation, à laquelle on donne le nom d'écobuage, peut même s'effectuer dans les clairières des bois que l'on veut repeupler, pourvu que cela se fasse immédiatement après la coupe, et que l'on veille avec le plus grand soin à ce que le feu ne prenne pas aux cépées, et aux baliveaux voisins, dont il faut éloigner le feu, autant qu'il est possible.

Lorsque le terrain consacré à une plantation forestière a subi les labours et les préparations nécessaires, il reste encore à le mettre à couvert de la dent vorace du bétail qui est si funeste aux jeunes arbres, en creusant tout autour des fossés assez larges pour que les bêtes à laine ne puissent les franchir, ou en plantant des haies vives. On fera bien de commencer à semer ou à planter du côté du nord, pour préserver les jeunes plants de l'ardeur de la canicule ; et c'est dans la direction du levant au couchant qu'il faut disposer les rayons.

Il faut aussi diriger par des rigoles les eaux qui, croupissant dans le champ complanté en bois, porteraient préjudice à certaines essences d'arbres, ou bien si ce dérivement n'est pas praticable, placer dans ces lieux humides des saules, des aulnes ou d'autres arbres qui prospèrent dans les fonds marécageux. Et comme il se trouve de ces sortes de terrains si secs et si pauvres, qu'on ne peut y pratiquer ni le défoncement ni l'écobuage, il ne reste d'autres ressources au propriétaire, qui veut mettre en rapport, par une plantation d'arbres forestiers, un terrain de cette nature, que de rassembler en monticules le peu de bonne terre qui peut s'y trouver, laquelle terre répandue sur le sol dans l'épaisseur de 40 à 45 cent., procurera au semis ou aux plants, un fonds où ils puissent végéter.

Lorsque le champ qu'il a destiné à être planté en bois est suffisamment préparé, le propriétaire procède à cette plantation à la fin de l'automne ou au commencement du printemps ; à moins qu'il ne préfère la voie du semis beaucoup plus longue, mais propre à procurer des arbres plus robustes et d'une très longue durée. L'on a eu occasion de remarquer que le mélange des arbres d'espèces différentes auxquelles on donne le nom d'essences, loin de leur être nuisible, était au contraire favorable à la végétation des bois. Il est donc avantageux à celui qui veut en former un par la méthode du semis, de mêler les semences de toute espèce et de semer dru, surtout si le sol par sa pauvreté donne lieu de craindre que toutes ces semences ne lèvent pas bien ; ce qui se trouvera de trop d'un côté servant à remplir les vides, il aura l'avantage de prendre dans son propre fonds ce qu'il serait obligé de chercher ailleurs, et peut-être à grands frais.

Celui qui est bien aise de trouver dans son bois peuplé d'arbres d'utilité et d'agréments, quelques arbres à fruits, peut y intercaler des châtaigniers, des cerisiers et autres, ce qui fait une agréable variété. Le rapprochement des arbres entr'eux est peu à craindre, parce que ces petits arbres occupent d'abord le terrain, en attendant l'accroissement des arbres de haute futaie, après lequel il est facile de supprimer quelques plants faibles ou inutiles. Les prunelliers et tous les arbrisseaux à épines sont inutiles dans un bois, et il n'en faut laisser que ce qui est nécessaire pour l'entretien des clôtures ; et comme un peu d'ombre suffit la première année de l'ensemencement pour mettre les germes à l'abri des ardeurs du soleil, il sera bon d'y semer un peu d'avoine, plante céréale qui croît rapidement, en attendant que le genêt de plus longue durée, puisse leur procurer une ombre salutaire.

On a calculé qu'un hectolitre de glands et semences de graines de toute espèce, pourvu qu'elles soient de bonne qualité, suffisait pour ensemencer un terrain d'un hectare. L'ensemencement se fait à la volée ; et pendant qu'un ouvrier met la semence en terre, un autre qui le suit la couvre avec la herse. Les petites semences n'ont pas besoin d'être beaucoup recouvertes, et celles de l'orme et du bouleau ne doivent pas l'être du tout. Il n'y a autre chose à faire pour les semences que l'on jette sur une terre meuble et fraîche, que de répandre sur les graines un peu de mousse et de terreau.

Pour ce qui est des monticules ou buttes qu'il convient d'élever sur les terres qui manquent de fonds, cela n'est avantageux que lorsque ces terres sont argileuses ; mais lorsqu'elles sont au contraire légères et poreuses, il vaut beaucoup mieux semer ou planter en pot, dans de la bonne terre que l'on aura ramassée aux environs, et dont on aura rempli un creux d'une certaine étendue ouvert à cette fin ; les eaux de la pluie qui s'y ramassent, convertissent les feuilles en terreau, ce qui contribue puissamment à faire lever les graines, et à faire pousser les jeunes plants.

Au reste, lorsqu'on a à semer en bois un terrain d'une certaine étendue, et que l'on craint que faute de bras le printemps ne suffise pas pour ce semis, on peut le commencer dans l'automne, pour le finir au printemps. Lorsqu'au lieu de semer les graines des arbres on préfère planter un bois, cette opération doit se faire un beau jour du mois d'octobre. On choisit les plants les mieux faits, si l'on a une pépinière à soi, ou ceux que l'on a fait venir de dehors et dont on aura soigneusement conservé les racines ; on établit ce plant, qui ne doit être que de deux ans, ou tout au plus de quatre à cinq dans les bonnes terres, dans un trou de 20 à 25 cent. de profondeur. On creuse ce trou assez large pour que les racines du plant puissent s'y arranger commodément, et s'il n'était pas assez large, on les réduirait avec la serpette ; c'est pour l'ordinaire de la bêche qu'on se sert pour ce travail.

Le jeune plant fixé à demeure ne doit être recouvert que de 8 cent. environ de plus qu'il ne l'était dans la pépinière dont il a été enlevé, surcroît d'enfoncement qui ne s'effectue que pour compenser ce que ce terrain doit perdre par le tassement. Au reste, il n'est pas nécessaire, pour affermir les racines du plant, de presser fortement la terre, il suffit pour cela d'une légère pression, attendu que cette pression, si elle était trop forte, serait préjudiciable aux racines.

Tous les agronomes sont d'accord sur la nécessité de laisser un certain intervalle entre les arbres de haute tige, qui sont destinés à former des avenues, des lignes de démarcation, etc. Cette distance doit être de 3 à 4 mètres au moins, jusqu'à 10 mètres et au-delà pour les arbres de la plus forte croissance, tels que les marronniers d'Inde, les platanes, les tilleuls, etc.

Comme les sujets que l'on plante pour cet usage sont déjà très forts, quoiqu'ils ne doivent pas être âgés de plus de huit à dix ans, l'on ouvre pour les fixer, des fosses carrées de 2 mètres sur 65 cent. de profondeur. On les recouvre ensuite de la plus mauvaise terre provenant de ce creusement, après que la meilleure a été placée dans le fond pour asseoir les racines et favoriser leur croissance.

En général, il n'est pas bon d'asseoir les jeunes plants à une plus grande profondeur que celle qu'ils avaient dans la pépinière, parce que les racines trop étouffées languissent et donnent ensuite la mort à l'arbre ; l'on n'en excepte que les plants venus de bouture qui poussent sur leur pied des racines capables de réparer la perte qu'ils font des autres.

Les arbres verts ne doivent être plantés qu'au printemps, ainsi que les essences que l'on destine aux fonds humides ; mais pour tous les autres, il est avantageux de planter à la fin de l'hiver, parce que les racines commencent à communiquer au plant la vie végétale dès qu'elles ont pris, ce qui a ordinairement lieu aux approches du printemps. Si les jeunes arbres sont encore trop faibles, l'on doit les entourer d'une torsade de paille, afin de mettre leur écorce tendre à l'abri des soleils brûlants qui la dessècheraient.

Il faut ensuite après la reprise des arbres, biner la terre à leur pied pour les purger des plantes rongeantes et rendre le sol pénétrable à l'air, à la chaleur et aux eaux pluviales.

Cela fait, on s'occupera du retranchement des bourgeons et de ces pousses latérales qui donneraient au plant une mauvaise direction. C'est une opération utile et même indispensable pour toute espèce d'arbres, excepté pour les espèces résineuses ; on rabotte les plants tant qu'ils sont dans la pépinière, on les récèpe lorsqu'ils sont transplantés.

Il peut arriver que des arbres que l'on destine à élever en futaie, ne soient pas de belle venue ; on change alors leur destination, et la plantation qui devait être une futaie se convertit en taillis.

Ce n'est guère qu'après la quatrième année révolue de la plantation, que l'on pratique le récépage proprement dit, opération qui doit se renouveler au bout de quatre années, ou même à la cinquième si le plant paraît trop faible pour la supporter. On taille avec la serpette ou avec des gros ciseaux appelés forces, en taillant toujours en flûte et du côté du nord. Personne n'ignore que les arbres résineux sont d'un grand produit dans les forêts. Il est donc fort à propos de multiplier toutes les variétés des pins, sans toutefois en exclure le chêne blanc et l'yeuse. Si c'est un grand avantage de semer à demeure les graines de toutes les essences d'arbres, c'en est un plus particulièrement pour les arbres résineux, qui d'ailleurs occupent des points impropres à la végétation de toute autre espèce d'arbres.

Pour cela, après avoir marqué en automne les endroits où on veut semer, on lève à la houe une butte de 50 cent. au moins de diamètre, sur laquelle on répand du terreau fin ou de la terre légère. Au retour du printemps, on jette quelques graines sur ces buttes. La distance entre ces petites élévations n'est pas déterminée ; mais comme elle doit être de 6 mètres au moins, on pourra, jusqu'à ce que les plants qu'auront poussés les graines semées soint grands, les ensemencer de grains ; par les labours nécessaires à ces ensemencements, on remplira le double but de mettre à profit un terrain qui serait demeuré sans culture, et de faciliter la pousse des jeunes arbres aussitôt que les graines auront germé.

Il est vrai que les soins indispensables à l'entretien de ces jeunes plants seront un peu dispendieux ; mais le propriétaire qui doit en retirer dans la suite un profit considérable, commence à être dédommagé de ses dépenses, lorsqu'il voit sa plantation prospérer et donner chaque année de nouvelles espérances. Si le propriétaire au contraire préfère planter des jeunes sujets pour jouir un peu plus tôt, c'est au printemps, au renouvellement de la végétation, qu'il doit mettre en terre ces plants fragiles des résineux, dont une seule variété, le mélèze n'est pas d'une reprise difficile. Au mois de mars ou d'avril, il plantera les sujets de deux ou de quatre ans venus du semis qu'il aura fait dans des paniers ou dans des caisses, en les plaçant dans le creux avec les paniers ou les caisses entr'ouvertes qui ne sauraient être trop mauvaises, afin que les racines des jeunes plants n'y soient pas captives, et puissent plus aisément en sortir pour se cramponner dans la nouvelle terre qu'on leur destine.

On donne pour l'ordinaire à ces plants une distance de 1 m. 50 à 2 mètres l'un de l'autre. Espace qui doit suffire à des arbres qui végètent en famille dans une forêt.

L'on rapporte, pour encourager les plantations forestières, des exemples de la rapidité avec laquelle certains arbres croissent et parviennent à un point étonnant de vigueur et de force. L'on sait que l'espace de 25 à 30 ans suffit pour la formation de quelques espèces d'arbres, et que par conséquent un homme qui plante ou fait planter un bois dans sa jeunesse, peut raisonnablement concevoir l'espoir de retirer le fruit de sa plantation et d'en jouir plusieurs années ; mais dût-il se faire illusion sur la jouissance, le propriétaire aisé qui se livre par goût aux plantations de bois, jouit d'avance par ses spéculations, et contribue puissamment au bien de la société.

Il n'en est pas des bois appartenant à des particuliers, comme des forêts du domaine public où l'on n'élève presque jamais que de ces grands arbres de construction que l'on n'abat qu'au bout d'un demi-siècle, et souvent beaucoup plus tard. Les bois de chênes blancs exploités en taillis, sont réduits ordinairement en coupe réglée, de huit à dix ans ; d'où il suit que le propriétaire qui possède un bois de quelque étendue uniquement peuplé de chênes blancs, peut, en divisant son bois en huit ou dix coupes, se faire un revenu annuel assez considérable. Lorsque l'on met un bois en coupe, on laisse toujours un certain nombre de baliveaux pour le repeuplement. Le nombre de ces baliveaux réservés est ordinairement de 50 ou 52 par hectare ; ce qui joint aux baliveaux anciens et modernes, c'est-à-dire à ceux de la dernière ou de l'avant-dernière coupe, et à ceux qui ont survécu à plus de trois coupes, forme une réserve suffisante, dans laquelle on choisit dans le temps les bois de construction. L'on appelle aménagement l'ordre des coupes et l'attention que l'on met à la conversation des baliveaux, sans lesquels une forêt, après les coupes annuelles, ne serait plus rien.

Indépendamment des coupes réglées qui se font ou peuvent se faire tous les ans dans un bois spacieux, il se trouve dans les taillis certaines essences dont en fait des coupes particulières. C'est ainsi que l'on coupe,

1° Les osiers à un an.

2° Les saules marsaults et les peupliers depuis trois ans jusqu'à neuf, selon l'usage que l'on se propose d'en faire.

3° Les châtaigners, les mériziers, les bouleaux et les saules noirs, que l'on emploie à faire des cercles et des échalas, de sept à neuf ans.

4° De cinq à dix ans, les noisetiers, les bourdaines et certains mériziers dont le bois sert à faire des baguettes de chandeliers et de rais pour les échelles.

L'on distingue deux sortes de taillis, les grands et les petits. Ceux-ci se coupent tous les 8 ou 10 ans; les grands à 18 ou 20 ans, mais une coupe de grands taillis faite à 20 ans procure déjà du gros bois, des fagots, du charbon; et successivement à 25, à 30 et à 40 ans, des petites et grosses solives, des limons et du bois de charpente.

Conservation.

Lorsqu'un bois est bien surveillé, il n'a plus rien à craindre, jusqu'à l'époque de la coupe, une fois que les plants se sont élevés au point de n'avoir plus à redouter la dent meurtrière des bestiaux.

Le propriétaire procède alors à la vente des coupes, qui sont celles du bois taillis, des baliveaux sur taillis, des pieds d'arbres épars, et du bois d'éclaircissement ainsi que du récépage.

Les coupes doivent se commencer à la chute des feuilles et être finies au milieu d'avril. La coupe des taillis se fait en bec de flûte, rez terre et à la cognée, sans qu'il soit permis d'arracher, d'écuisser ou d'éclater les souches et cépées. Les chênes verts, dont l'écorce s'emploie dans les tanneries, font un article à part dans l'adjudication de la vente des bois.

Lorsque le propriétaire a vendu des baliveaux sur taillis, ces baliveaux doivent être abattus après la coupe du taillis, afin que leur exploitation porte moins de préjudice aux nouvelles pousses.

On vend des pieds d'arbres épars et quelquefois ceux des avenues, souvent aux conditions de replanter ; mais dans ce cas, les jeunes plants ne sauraient être trop éloignés de la place qu'occupaient les anciens ; par le tort que les vieilles racines feraient à leur croissance.

On vend aussi des parties de bois, pour éclaircir une forêt, dont les arbres seraient trop confus et trop rapprochés. Et lorsque le broutis des brebis ou des chèvres a occasionné un dommage considérable aux jeunes arbres d'un taillis, le propriétaire vend le bois du récépage, travail qui effectué avec soin dans le courant de février, ranime les souches d'un bois qui a souffert.

Lorsqu'un bois quelconque est bien planté, divisé en triage, et soumis à des coupes réglées, il ne reste plus à celui qui le possède, que de l'entretenir en bon état, et de pourvoir aux moyens de le régénérer lorsqu'il est nécessaire.

Cette régénération se fait d'abord par les graines qui tombent annuellement sous les arbres et qui sont un semis naturel ; mais comme une très-grande partie de ces graines ne peut, à cause des feuilles ou des bruyères qu'elle rencontre, s'enfoncer assez profondément dans la terre pour y germer, le propriétaire qui s'aperçoit qu'il existe des vides et des clairières dans son bois, doit s'empresser de les remplir par la voie des semis et des plantations de la même manière qu'il a employée en semant ou en plantant son bois. Il peut aussi propager ses plants, en ouvrant des petites rigoles dans lesquelles il couchera quelques jeunes rameaux des souches qui sont les plus proches de l'endroit éclairci. Forcé par le moyen d'un crochet de bois à garder sa position, le rameau couché et recouvert d'un peu de bonne terre, s'enracine aisément et produit une nouvelle cépée : l'on remplit pour l'ordinaire ces vides d'arbres à racines trançantes, tels que les ormes, les mérisiers, les faux acacias, parce que poussant un grand nombre de rejetons qui forment des touffes, ces nombreux rejetons les font bientôt disparaître de l'abattage.

L'abattage des bois se fait, comme nous l'avons dit, à la chute des feuilles, et se commence pour l'ordinaire à la fin d'octobre jusqu'au retour de la sève qui a lieu dans les premiers jours d'avril.

Quand il s'agit d'abattre les arbres qui ne repoussent pas de la souche, ou dont on ne veut pas le recrû, il vaut mieux arracher que couper au niveau du sol, parce qu'on peut utiliser la place de l'arbre en comblant le trou qu'occupaient ses racines.

L'on ne doit faire la coupe de la partie des bois taillis placée à l'exposition du nord, qu'au mois d'avril, afin que le recrû tendre de ces arbres n'ait pas à souffrir des gelées tardives du printemps.

Mais pour que les souches de l'arbre coupé puissent produire une cépée nouvelle touffue, il faut que le tronc soit bien détaché des racines latérales par l'art et l'adresse du bûcheron, et que ces racines ne puissent plus faire des jets qui épuiseraient toute la sève, ou du moins nuiraient considérablement aux jets qui doivent s'élever du milieu de cette souche.

Pour l'ordinaire, on divise en cinq classes les arbres de haute futaie au moment de l'exploitation.

La première classe comprend des plus beaux arbres propres à fournir la matière des pressoirs, des moulins, et qui peuvent même être employés aux constructions navales.

La seconde contient les chênes arrondis, mais peu élevés qui servent à la fente et au sciage.

Dans la troisième classe, sont tous les arbres qui peuvent être employés à la charpente proprement dite.

Dans la quatrième tous les arbres, le chêne excepté, lesquels sont subdivisés par essences ou espèces.

La cinquième classe enfin renferme les arbres défectueux de toute espèce, qui ne pouvant servir à autre chose, sont destinés à être brûlés.

Des taillis.

Quoique le bois provenant de la coupe des taillis, ne paraisse avoir d'autre usage que le feu des cuisines ou le chauffage des fours, on ne laisse pas d'y trouver des pièces propres à la confection de certains outils de ménage ou instruments aratoires; c'est pour cela que lorsqu'on abat ces bois on n'oublie pas de mettre à part tout ce qui est susceptible de former des perches, des ridelles, des lices, des manches de charrues, etc.

Bois d'élite.

Quand les arbres de haute futaie d'une certaine grosseur, compris dans la vente d'une coupe sont abattus et refendus, ces bois sont convertis en planches, en madriers; d'autres équarris ou arrondis. Ils sont alors ce qu'on appelle des bois d'élite, parce qu'ils servent à des usages particuliers, et s'emploient pour la charpente, la charronnerie, la menuiserie, l'ébénisterie.

Les charrons, pour la ténacité et la légèreté, qualités essentielles aux bois de leur art, travaillent de préférence l'orme, le frêne, le hêtre, le charme et le chêne.

Les menuisiers qui rejettent les bois rebours à la varloppe, recherchent le chêne, l'orme, le châtaigner, le hêtre, le sapin, l'érable et le noyer; c'est surtout ce dernier arbre qu'employent les ébénistes, et même dans certains endroits, ils travaillent presque exclusivement le bois de noyer.

L'on fait les cercles avec le bois vert de châtaigner, de frêne, de chêne, etc. Ceux de châtaigner sont les plus estimés.

Les tourneurs, travaillent tous les bois durs, et font beaucoup usage du fusain, du noyer, du mérisier, du prunier, de l'if, et principalement du buis, le plus dur et le plus beau de tous.

Le buis, le cormier, le poirier, le pommier et le prunier, sont les bois favoris des graveurs en bois. Nous ne dirons qu'un mot du charbon qui est produit par la demi-combustion des bois de toutes sortes d'essences; mais à la confection duquel on emploie plus communément le pin, le chêne blanc et vert; c'est que le propriétaire trouve souvent un grand objet d'économie à faire réduire les arbres de ses coupes en charbon, lorsque son bois est situé dans un lieu écarté des grandes routes et d'un transport difficile.

Enfin le bois qui sert à tant d'usages, qui est utile

et même indispensable à un si grand nombre d'artistes, laisse même dans son entière décomposition des restes précieux, et les cendres, dans lesquelles les chimistes trouvent un si grand nombre de propriétés, sont encore, lors même qu'on les a dépouillées de leurs sels solubles par la lessive, un engrais actif et puissant, qui répandu sur les herbes, accélère leur végétation, est favorable aux graminées et procure aux plantes céréales une grande vigueur.

Du Jardinage.

Le meilleur terrain pour un potager doit être frais sans être humide, exposé au midi, à l'abri des vents du nord qui empêchent les premiers semis de lever, font périr les plantes délicates à mesure qu'elles lèvent, retardent la maturité, et diminuent la saveur des légumes et des fruits. Il est essentiel de l'environner d'une bonne clôture, d'un mur ou au moins d'une haie d'aubépine, haute de 1 m. 50 à 2 m. excepté au nord où elle doit être plus haute. Ce que nous avons dit de la nature des terres s'applique également au jardinage. Pour faire lever certaines graines et pour élever quelques plantes délicates, il est nécessaire d'avoir une provision de terreau. On se sert des autres engrais selon la qualité des terres ; mais il faut observer de l'enfouir profondément, dans le terrain que l'on destine à des racines. On améliore beaucoup le potager en relevant en rayon sur la fin de novembre tout le terrain qui n'est plus occupé. On distribue le potager en carrés plus ou moins considérables, qu'on subdivise en planches qui ne doivent être larges que d'environ 1 m. à

1 m. 25 c., pour qu'on puisse les ensemencer, les sarcler, les serfouir sans être exposé à les fouler aux pieds fréquemment. On laisse sur les quatre côtés du carré une plate-bande, bordée de fraisiers, ou semée avec de l'oseille, du persil, et autres fournitures. On y plante ordinairement les groseillers, les cassis, et quelques pommiers nains.

Les moyens d'obtenir d'un potager des produits abondants et savoureux, sont de le bêcher souvent et profondément, le fumer avec les engrais convenables, biner, serfouir, sarcler, et tenir le sol propre et meuble.

Tubercules et racines.

Pommes-de-terre, voyez page 145.

Patate. Cette plante ne réussit guère que sur de bonnes couches; on les sème à la fin d'avril et on les recueille dans le courant d'octobre.

Topinambour. Ce tubercule, moins nourrissant que la pomme-de-terre, réussit très-bien dans les fonds humides et même ombragés; il est vivace, ne redoute pas l'effet des gelées; il fournit un fanage volumineux très utile en vert pour les bestiaux, et sec il est propre au chauffage des fours. On le sème comme la pomme-de-terre; dès qu'on s'aperçoit que les tiges se fanent, on peut commencer à arracher à la fourche les topinambours; mais comme ils ne souffrent en terre aucune altération, on peut ne les en tirer qu'à mesure du besoin.

Carottes. On sème les carottes depuis le mois de février jusqu'au mois de mai, à la volée ou en rayons. On frotte la graine entre les mains, en appuyant assez pour détacher le velu qui la couvre ordinairement ; aussitôt après on passe la herse et le rouleau. Elle germe en 20 ou 25 jours. On sarcle, dès que les feuilles commencent à se développer ; 25 jours après, on donne une seconde culture, de manière à espacer les plantes de 15 à 18 cent. ; 5 ou 6 semaines après le binage, on en donne un troisième qui est ordinairement le dernier. Si l'on désire avoir de grosses racines, on éclaircit pour leur laisser environ 25 à 30 cent. Il convient de les arracher au mois de novembre avec la fourche de fer, de les nettoyer de la terre qui y est adhérente, de la faire hâler et sécher, soit au soleil, soit à l'air libre, de leur couper la tête et de les ranger par lits avec du sable sec dans un caveau ou sous un hangar.

Navets. On les sème en avril ou en mai, à la volée ou en rayons comme les carottes ; il faut arroser la graine depuis qu'elle est levée, jusqu'à ce qu'elle ait poussé quelques feuilles. Si les navets deviennent trop épais, il faut les éclaircir.

Salsifis. Cette racine bisannuelle se multiplie au printemps par semences, depuis le mois d'avril jusqu'à celui d'août. Il lui faut une terre meuble, mais qui n'ait pas été nouvellement fumée. On doit arroser souvent, jusqu'à ce que la plante soit levée. La *Scorsonère*, ou salsifis noir, salsifis d'Espagne, n'est tout-à-fait bonne à manger qu'à la seconde année. On la sème en avril et en mai en terre meuble, profonde, substantielle et un peu humide.

Bettérave. On la sème en rayons et on éclaircit à mesure que le jeune plant acquiert de la force, et on laisse entre chaque un espace de 45 cent. ; on bine à diverses époques et l'on tient le sol bien nettoyé. Il faut que le terrain soit gras, bien défoncé et suffisamment frais et léger. On arrache la betterave en novembre, on en retranche les feuilles, et on les conserve soit dans le sable, soit sous des hangars.

Raves, Radis, Raiforts. Ces plantes annuelles aiment en général une terre meuble, et qui ait de la profondeur. On en sème la graine presque toute l'année. En été on doit semer à l'ombre et arroser souvent pour que les racines soient tendres.

Légumes herbacés.

Chou. Le chou, dont les racines ont peu d'étendue, exige moins un sol profond qu'une terre substantielle bien amendée, fraîche et tenue propre au moyen du serfouissage qui sert aussi à butter la plante. C'est ordinairement de juillet à septembre que l'on sème les choux à la volée sur une terre bien ameublie et qui a reçu du fumier. Dans le courant d'octobre, on forme sa pépinière par rayons au cordeau, et à la fin de l'hiver, on établit les choux à demeure. Il existe trois divisions principales de ce légume : les choux verts, dont les feuilles sont l'unique production ; les choux à pomme, ou choux pommés ou choux cabus, et les choux-fleurs, les plus délicats de tous. Le repiquage des choux se fait au plantoir, dans une terre bien fumée, bien amendée et fraîche ; s'il fait sec on a soin d'arroser. Les choux cabus se sèment à plusieurs époques, en février et en mars sur couche ; au commencement d'avril à une exposition chaude ; en septembre à une exposition ombragée ou du moins peu frappée par le soleil. Le chou-fleur exige plus de soins que les autres choux. A force d'attention on est parvenu à s'en procurer toute l'année. Pendant l'hiver on en sème sur couche, sous cloche ou à l'abri. Au printemps on le sème en pleine terre, et on continue d'en planter de mois en mois. Le semis d'été, dont la production est bonne à recueillir dans l'automne, se fait au mois de juin à l'ombre. On commence à en manger dans le mois d'août, et on peut en conserver jusque dans l'hiver. Le chou brocoli a beaucoup de rapports avec le chou-fleur. On le sème en automne, et pendant les rigueurs de l'hiver, on abrite le semis avec des chenevottes ou de la fougère. Le chou marin se sème par 4 ou 5 graines à demeure dans de petits trous garnis de terreau et espacés de 60 cent. ou moins ; on ne réserve que le pied le plus vigoureux. Cet ensemencement se fait en mars ou en août. Quand le chou marin a deux ans, on le couvre d'un pot-à-fleur renversé pour le faire blanchir. Par ce moyen les pousses blanchissent à mesure qu'elles sortent de terre. Dès qu'elles ont 15 à 25 cent., on les coupe proprement près du collet et on les fait cuire pour les manger comme les choux-fleurs.

Céleri. Cette plante annuelle se sème aux mois d'avril, mai, juin. Comme sa graine est très fine, il faut l'éclaircir. Le céleri aime un sol profond, bien amendé, bien substantiel et frais autant qu'il est possible. Quand il a acquis assez de force on le transplante à demeure et on le met dans des rigoles de 30 cent. de profondeur et de 50 cent. de largeur, pour y placer deux rangées à la distance de 20 à 25 cent. d'une plante à l'autre. Il faut avoir soin de bien fumer la terre. On plante aussi le céleri en pleine terre. Quand on veut le faire blanchir, on l'empaille jusqu'à l'extrémité des feuilles, ou bien on le butte avec de la terre.

Epinards. Dès le mois de mars on peut commencer les semailles de l'épinard et continuer jusqu'à la fin de l'été, si l'on veut en avoir toute l'année. Pour avoir des épinards en automne, il faut en semer la graine vers la mi-août, sur planches bien labourées, un peu ombragées, et tenues fraîches, parce que la sécheresse fait promptement monter la plante à graine avant qu'elle ait donné ses feuilles. La meilleure graine est celle qui provient des semis de mars et d'avril.

Légumes bulbeux.

Oignon. Cette plante aime une terre meuble, sablonneuse, un peu substantielle, exposée au soleil, mais tenue fraîche par des arrosements. Si l'on n'a que des terres légères, on sème à la fin de février, et dans des terres fortes à la fin de mars. L'oignon de Florence peut être semé depuis février jusqu'en juin. Dans le mois d'août et de septembre, on sème l'oignon blanc ; on le repique en octobre, à 6 ou 8 cent. de distance ; on l'arrose au printemps, et il est bon en mai ou en juin ; pour protéger ces jeunes plantes, on jette sur la planche des chenevottes clair-semées et même un peu de fougère. Quand le moment de la maturité de ce légume est arrivée, il faut déchausser et découvrir les bulbes qui sont trop enfoncées en terre, afin qu'elles puissent jouir de la chaleur du soleil et mûrir sans retard.

Ail. On le multiplie par la semence et par ses

gousses qu'on sépare de la tête où elles sont réunies et qu'on plante en rayons au mois de mars dans un terrain plutôt sec qu'humide, qu'on arrosera si la sécheresse est trop continue. On enfonce peu les aulx, de même que les oignons à repiquer, afin qu'ils forment une plus belle tête, et mûrissent plus facilement. Quand les tiges commencent à se flétrir et à se dessécher, elles annoncent la maturité des gousses. Alors on arrache et on laisse quelques jours les têtes réunies en paquets exposés à l'air et au soleil afin qu'elles sèchent suffisamment, puis on les conserve suspendues dans un lieu frais et sec.

Échalotte. On sème, on cultive, on récolte et on conserve cette plante comme l'ail. Elle croît promptement, et dans les bonnes années on peut en faire deux récoltes consécutives. Il faut avoir soin de la déchausser à mesure que la tête grossit, autrement dans une terre forte et par un temps humide, l'échalotte est exposée à s'échauffer et à pourrir.

Ciboule. La ciboule vivace se met en bordure, et une fois bien établie dans une terre profonde, substantielle et un peu fraîche, elle prospère, pourvu que tous les trois ans on la déplante pour diviser les touffes trop volumineuses. Quant à la ciboule annuelle, c'est dans le mois de mars qu'on sème la graine dans une terre bien préparée : on en repique le plant, à 20 ou 25 cent. de distance, enfoncé de 5 cent. en terre meuble.

Ciboulette, cive ou appétit. Très petite plante bulbeuse qui se multiplie au printemps de semences, ou mieux de touffes éclatées en mars et de bulbes, en terre meuble bien terrotée.

Porreau. On sème sa graine dans le courant de

février et de mars, comme celle de l'oignon, et le jeune plant exige les mêmes soins. Vers la fin de juin, il faut les repiquer dans des planches bien labourées, où l'on fait des trous profonds de 20 cent. et éloignés de 10. Pour peu qu'il fasse sec, il faut arroser amplement et fréquemment. Au mois de novembre, on peut en déplanter pour les placer en pépinière à quelque abri, afin de leur procurer de la blancheur et de les attendrir.

Légumes vivaces.

Asperges. Voici la méthode d'établir une aspergerie : on creuse des fosses larges de 10 à 15 cent. sur une longueur à volonté, de 50 cent. de profondeur, en terre sèche et légère, de 30 cent. en terre forte et humide. On laisse entre chaque fosse un intervalle de 1 mètre à 1 m. 30 c. ; au fond de la fosse on étend 10 cent. de bonne terre mêlée de fumier presque consommé. Sur cette couche de terre, on place une griffe d'asperge dont on dispose bien les racines, arrachée depuis peu de temps, et qui n'ait pas plus de trois ans ; on la recouvre d'une petite butte en cône de bon terreau, et l'on ménage entre chaque griffe alignée au cordeau et en quinconce un intervalle de 35 cent. : on recouvre ensuite de 15 à 18 cent. de bonne terre.

Pendant l'été, on sarcle, on bine, on arrose ; en novembre suivant, on charge encore les fosses de 8 cent. de terre ; au printemps, un petit labour ; pendant l'été, on renouvelle les mêmes opérations, et en automne on couvre les fosses de 4 cent. de bon fumier, qu'on laisse découvert pendant l'hiver. A la mi-février suivant, on jette encore 8 cent. de terre sur ce fumier; au printemps, on coupe les plus belles asperges. Au mois de novembre suivant, on coupe toutes les tiges et l'on retire 8 cent. de terre, qu'on jette sur les intervalles ou ados; au mois de février on donne un petit labour, on rejette ces 8 cent. de terre sur les fosses. De sorte que les fosses sont recouvertes toutes les années de 15 cent. de terre pendant l'hiver et de 25 pendant l'été; on fume tous les deux ans avec des engrais doux et bien consommés. C'est à la quatrième ou cinquième année que l'aspergerie est en plein rapport; alors on peut recueillir les fortes asperges, jusqu'au premier juillet. La récolte des asperges exige une certaine attention. Pour ne pas fatiguer les pieds, il est à propos de couper les turions ou pousses à 4 cent. au dessous du sol, de manière à ne pas s'exposer à offenser et même à briser ceux qui sont moins près de poindre.

Artichaut. On multiplie les artichauts par des semis faits au commencement d'avril et à demeure, ou par des œilletons appelés aussi filleuls que l'on détache des vieux pieds avec un couteau. On les plante au mois de mai, un seul ou deux dans un trou profond de 30 cent. En les plantant il faut les couper à 20 cent. de long, et les mettre à 10 cent. en terre, les arroser, les labourer deux ou trois fois par an, les couper vers le mois de novembre à 30 cent. de haut, les buter, les couvrir de feuilles et de litière sèche, et les découvrir peu-à-peu au mois de mars; alors on les œilletonne. Lorsque l'on cueille les têtes d'artichauts, il est nécessaire de couper les tiges le plus bas qu'il est possible, et lorsqu'elles sont entièrement dépouillées, de les raser au niveau du sol sans toutefois endommager les feuilles.

Cardon. Plante du même genre que l'artichaut, on sème le cardon en tout temps, on le transplante ensuite en ayant soin de ne pas laisser le plant hors de terre. Dans une terre légère et substantielle, on met trois ou quatre graines à 8 cent. de distance et un peu enterrées avec le doigt; lorsque les graines ont germé, que les jeunes plants ont quatre feuilles bien formées, on conserve en place le pied le plus vigoureux et on arrache les autres pour les transplanter. Le cardon demande beaucoup d'eau. On serfouit deux ou trois fois pendant l'été; quand le froid arrive on les lie, on les butte et on les empaille; en décembre on lève en motte tous les pieds de cardon, on les transporte dans un lieu à l'abri de la gelée et de l'humidité, on les plante dans le sable, on les nettoie des feuilles pourries et on leur fait prendre l'air quand le temps est doux. Pour recueillir la semence, on laisse en place les cardons les plus vigoureux. On ne les enterre pas pour qu'ils ne blanchissent point, mais on les entoure de paille; les froids étant passés, on enlève la paille et les feuilles pourries et désséchées; l'été suivant, quand les tiges et les têtes sont sèches, on les coupe et on les attache en paquets qu'on suspend au plancher d'un endroit sec.

Légumes cucurbitacés.

Melon. Nous ne parlerons pas de la culture du melon sur des couches, employée dans les pays du nord, qui n'ont pas d'autre moyen de produire cette plante; elle est trop coûteuse et ne peut s'exécuter en grand. Dans les contrées méridionales, on sème les melons en plein champ, dans de petites fossettes carrées de 40 à 50 cent. d'ouverture, au fond desquelles on établit de 40 à 50 cent. de fumier, sur lequel on étend 15 à 20 cent. de bonne terre mélangée de terreau. On dispose la terre de manière qu'elle soit élevée au nord d'environ 15 cent., pour abriter un peu la jeune plante, et la faire mieux profiter du soleil, jusqu'à ce qu'elle ait acquis de la force, et jusqu'à ce que la chaleur se soit accrue. On enlève la cime et deux bras ; on réduit à deux les quatre ou cinq pieds que l'on a fait naître dans chaque fossette, et ensuite on abandonne à eux-mêmes les bras qui jettent leurs rameaux en tout sens.

Concombre. La culture du concombre est la même que celle du melon. On le sème à la fin de mars ou au commencement d'avril.

Citrouille, courge ou potiron. On la sème au mois d'avril, en pleine terre. On ne soumet pas à la taille cette plante qui jette au loin ses vastes rameaux, mais cependant quand elle présente trois à six fruits bien noués, et gros comme les deux poings, on pince l'extrémité des bras pour les arrêter. On doit préserver soigneusement ce fruit de la gelée, si l'on veut le conserver.

La Pastèque ou melon d'eau se cultive comme le melon.

Melongène ou aubergine. La culture est pareille à celle des melons. Presque tous ces cucurbitacés ne réussissent bien que dans le midi de la France.

Salades.

Cresson. Le cresson de fontaine se multiplie naturellement par ses traces et ses graines, le long des rivières, ruisseaux ou viviers, où il suffit de planter quelques tiges enracinées. Il préfère les parties un peu vaseuses que recouvrent seulement quelques doigts d'eau tranquille ou du moins peu agitée. Le cresson alénois se sème à partir du mois d'avril de quinze en quinze jours, parce qu'il monte promptement à graine. On doit l'arroser fréquemment.

Pourpier. On ne peut le semer en pleine terre que vers la mi-mai, lorsque le temps est devenu doux. On en jette la graine sur terre légère et grasse, on recouvre très peu et on arrose fréquemment.

Laitue. On peut semer de la laitue tous les mois de l'année, même dans l'hiver ; mais pour la garantir du froid, il faut des cloches, des chassis et des paillassons ; sans cela on fera mieux de ne semer qu'au printemps. Une terre substantielle, grasse même, mais légère, convient le mieux à la laitue. Il y a deux espèces de laitue, la laitue romaine et la laitue pommée, qui chacune ont un grand nombre de variétés.

Chicorée. La terre, l'époque de l'ensemencement, et la culture de la chicorée sont les mêmes que celles de la laitue au printemps. Pour faire blanchir la chicorée, l'attendrir et diminuer son amertume, on la lie, ou, par un temps sec depuis plusieurs jours, on pose sur ses feuilles étendues à plat une ardoise, ou une tuile, ou une planchette.

Herbages potagers.

Oseille. Cette plante se multiplie en terre fraîche par graines semées au printemps, ou par pieds que l'on sépare au mois d'octobre ou de février. C'est en bordures qu'il convient de cultiver l'oseille afin de ne pas lui consacrer un terrain qu'on peut employer avantageusement à d'autres cultures. Pour avoir toujours de la bonne oseille, il faut renouveler tous les ans, une ou plusieurs bordures, de manière que pendant que quelques-unes sont rajeunies et produisent peu, les autres soient en plein rapport.

Bette ou Poirée. La bette commune se sème en mars pour avoir ses feuilles pendant l'été, et en août pour qu'elle les produise dès le printemps. On détache ses feuilles au lieu de les couper, et afin qu'elles soient plus tendres; on enlève celles qui sont fortes pour en faire naître de plus jeunes. La carde-poirée est une variété de la bette, dont les côtes des feuilles sont très bonnes à manger cuites soit au gras, soit au maigre. On la sème en mars et en juillet.

Persil. On le sème en mars, avril et même pendant l'été, dans les plates-bandes ou en bordures. Il réussit bien dans les terres sèches parmi les cailloux, au pied du mur, exposé au soleil. Il faut le couper fréquemment pendant sa végétation pour l'empêcher de monter à graine; il dure alors trois ans.

Cerfeuil. On le sème tous les quinze jours, depuis mars jusqu'en septembre, pour en avoir de tendre toute l'année, à la volée et fort épais, en plates-bandes, en planches ou en rayons. Des arrosements fréquents et l'ombre pendant l'été lui sont nécessaires, autrement il monterait à graines.

Bourrache. Une fois qu'elle a grainé dans un jardin, elle s'y multiplie d'elle-même. Cette plante est utile pour des tisanes.

Estragon. Ses feuilles parfumées et très agréables sont d'un fréquent emploi. Il faut couper souvent les tiges, pour qu'elles se renouvellent, qu'elles soient plus tendres et qu'elles ne montent pas à graine. On le multiplie par éclats enracinés à la fin de mars ou en avril.

Fournitures.

Pimprenelle. On la multiplie par graines qu'on sème au printemps ou en automne ou par éclats, dans un terrain plus maigre que gras, plus sec qu'humide. Il faut en couper soigneusement les feuilles pour qu'elles soient plus tendres.

Fenouil. Il se reproduit par ses graines semées en mars dans un terrain substantiel et léger exposé au soleil, et cependant un peu frais.

Angélique. On en sème la graine au printemps dans un terrain très léger et substantiel ; on la recouvre fort peu. Dès que les pieds ont acquis un peu de force, on les transplante à demeure dans un lieu où les racines trouvent de la fraîcheur, et où les feuilles jouissent d'un beau soleil.

Capucine. Cette plante dont les fleurs servent à décorer les salades se sème au mois d'avril. On lui procure des ramilles pour la soutenir.

Moutarde ou Sénevé. On la sème au mois de mars en terre meuble et bien amendée. Au mois de septembre, cette plante donne ses graines mûres, qui, écrasées et préparées avec le vinaigre, servent à la confection des moutardes.

Piment ou Poivron. La graine se sème au printemps. Cette plante est annuelle et délicate. Les fruits formés mais verts encore se confisent au vinaigre.

Tomate ou *Pomme d'amour*. On la sème au printemps ; quelques arrosements lui sont nécessaires pendant l'été. Elle exige un terrain gras et bien amendé, mais léger. On n'emploie que le fruit mûr qui est très beau et d'un rouge vif incarnat.

Plantes aromatiques.

Basilic. On le sème en avril en terre bien préparée et bien exposée. Il aime l'eau et le soleil. On fait usage en cuisine des feuilles et des jeunes pousses.

Le *Thym*, la *Lavande*, le *Romarin*, se multiplient d'éclats enracinés. On en peut faire des bordures pour soutenir les terres des plates-bandes.

La *Sauge*, la *Rue*, la *Menthe*, l'*Hyssope*, se multiplient de même, et servent à plusieurs usages.

Petits Fruits.

Groseiller. On le reproduit par boutures ou par drageons enracinés. On le plante soit en haie soit isolément dans les plates-bandes, dans un terrain défoncé, un peu amendé et frais, s'il est possible. Cette plantation se fait en octobre ; les boutures s'établissent seulement en mars. On renouvelle tous les six ou sept ans les pieds trop vieux, ou déchaussés ou trop buissonneux. Ses variétés sont le groseiller à grappes, le cassis, le groseiller épineux ou à maquereau. Leur culture est la même.

Epine-Vinette. Cet arbrisseau épineux s'élève à la hauteur de 2 à 3 mètres. On le multiplie de graines, de rejetons enracinés, et même de marcottes et de boutures. Son fruit acide sert à faire des confitures et des sorbets.

Framboisier. Un sol frais, substantiel et meuble, quoique mêlé de cailloux lui convient. Ses racines sont traçantes ; c'est pour cette raison qu'il faut l'établir dans un coin à part, pour qu'il ne nuise pas aux autres cultures. On le multiplie de drageons enracinés, qu'on plante depuis novembre jusqu'en mars. En février, on retranche tous les brins qui ont donné du fruit ; on taille à 40 ou 50 cent. une partie des jeunes bourgeons, on laisse les plus forts entiers ou presque entiers, et on nettoie le terrain au printemps.

Fraisier. On le cultive en planche ou en bordure. Il se multiplie par les jeunes pieds qui viennent des filets, ou par les œilletons, ou beaucoup mieux par les semences qu'on doit retirer des fraises extrêmement mûres. On les sème à l'ombre, sur une terre fine, douce, grasse et arrosée fréquemment, pour peu que le temps soit sec. Pour que les fraisiers produisent beaucoup de fruits et pour qu'ils soient excellents, il faut nettoyer les pieds au mois de février, les serfouir et les rechausser, et remplacer ceux qui sont trop vieux et dont les racines sont devenues trop grosses.

La Betterave à sucre.

Parmi les différentes espèces de betteraves cultivées par la grande culture, nous désignerons seulement comme les plus profitables, la *grosse rouge*, la *jaune*, la *blanche*, et la betterave *veinée de rouge*. Cette dernière que l'on reconnaît généralement aujourd'hui sous le nom de *betterave cham-*

pêtre. Sa végétation est très vigoureuse. La *jaune-blanche* de *Castelnaudari* passe pour être plus nourrissante. Au surplus la nature du sol influe beaucoup sur la qualité des produits.

La betterave demande une terre légère, profonde, sablonneuse, mais fraîche et substantielle, surtout parfaitement meuble.

Le sol ne doit être fumé que l'année qui précède sa culture, ou si on sème sur l'engrais, on n'y doit employer que du fumier bien consommé. Dans ce dernier cas, la racine de la plante acquerra plus de volume, mais ce sera aux dépens de la matière sucrée; elle sera même sujette à contracter un goût de fumier, elle se conservera moins bien et donnera plus de déchet en laissant évaporer une plus grande quantité d'eau.

La betterave craint les gelées tardives du printemps, qui souvent la font périr, aussi doit-on lui éviter toute exposition froide et toute nature de sol qui donne plus de prise à la gelée.

Lorsque l'ensemencement se fait à demeure, on doit consulter l'époque ordinaire de la fin des gelées, dans le climat qu'on habite, et préparer la terre convenablement.

Trois labours serrés et graduellement plus profonds, les hersages avec la herse à dents de fer, sur chaque labour, pour bien émietter la terre et détruire les mauvaises herbes; enfin un labour en billons ou ados de 65 cent. de large, et un rayage de 5 cent. de profondeur sur la crête de l'ados, sont les préparations nécessaires pour cultiver la betterave.

La terre ainsi préparée, la semence se place dans la raie, sur la crête de l'ados, en espaçant les graines de 8 à 10 cent., et en garnissant deux lignes à la fois, c'est-à-dire une de chaque main. Un enfant ou une femme qui suit le semeur recouvre la graine d'un coup de râteau.

Environ un mois après, la plante a déjà cinq ou six feuilles et se distingue facilement des mauvaises herbes. C'est le moment de la sarcler avec une binette légère ; d'arracher les pieds qui sont trop serrés pour remplacer ceux qui sont morts, afin d'éclaircir les plants de manière à ce qu'ils se trouvent en définitive à 20 ou 25 cent. Les mauvaises herbes seront jetées dans la raie qui sépare les sillons.

En juillet on sarcle de nouveau, et ensuite aussi souvent qu'il est nécessaire pour tenir la plante débarrassée des mauvaises herbes, jusqu'à l'époque où elle n'a plus rien à craindre.

Dans le mode de culture que nous venons d'indiquer, le buttage se fait au moyen de la petite charrue à butter les pommes-de-terre et de la même manière que pour ce tubercule.

Dans le courant du mois d'août on fait une première récolte de fanes de betteraves, et une seconde vers la fin de septembre en arrachant les racines, qu'il faut laisser ressuyer sur le champ même pendant quatre ou cinq jours.

Plantes Oléagineuses.

Colza.

On distingue plusieurs variétés du colza ; les principales sont : le *colza froid* ou d'hiver, qui a ordinairement les fleurs jaunes ; le *colza chaud* ou d'été, qui les a quelquefois blanches. Il faut à cette plante un terrain qui ne soit ni sablonneux, ni cailtouteux ni même trop argileux ; une bonne terre végétale, celle qui fait prospérer le froment lui convient ; mais elle doit avoir de la profondeur, être substantielle et bien labourée. On sème le colza de deux manières. La première consiste à confier la semence à des planches bien préparées, et à transporter ensuite les plants dans des rayons à 32 cent. de distance l'un de l'autre. La seconde est de semer à la volée ou en rayons ; on recouvre légèrement la graine et on éclaircit les plants après leur levée. La première convient aux petits propriétaires, la seconde à la grande culture ; la variété d'hiver se sème après la moisson, celle d'été en mars et en avril. On doit choisir un temps pluvieux pour la transplantation qui doit être assez profonde.

Les soins indispensables que le colza exige jusqu'à sa maturité, sont le sarclage, le remplacement des plants qui ont manqué ; on ne doit retrancher aucune feuille à la plante, ce qui nuit à l'abondance et à la qualité des graines. On commence la récolte lorsque la couleur jaunâtre des tiges et la chute des feuilles inférieures annoncent la maturité des graines ; ne pas attendre que les siliques s'ouvrent, de peur que les oiseaux, les grands vents et les secousses que la récolte fait éprouver à la plante n'occasionnent des pertes. Pour éviter les secousses on doit se servir d'une faucille bien aiguisée, ne pas ébranler la plante en la coupant et faire cette opération le matin ou le soir par un temps frais. On fait sécher les tiges par un beau temps, on les bat ensuite sur une aire garnie de toile. On nettoie la graine par le vannage ou le criblage, on l'étend par couches minces sur des toiles bien aérées ; ensuite on peut la mettre dans des sacs qu'on vide et remplit tous les quinze jours ; par ces précautions on conserve cette graine sans moisure et sans goût d'échauffé et elle donne une excellente huile.

La Navette.

Il en existe plusieurs variétés, la *navette du printemps* et la *navette de l'automne* ; la première se sème après l'hiver et mûrit au bout de deux mois, la seconde se sème en automne, résiste à l'hiver lorsqu'il n'est pas pluvieux, acquiert plus de force et au printemps suivant donne de meilleures graines. La navette veut une terre douce, légère, meuble ; les sols calcaires, sablonneux et frais lui conviennent. Quand on la sème uniquement pour engrais végétal, ou pour la nourriture des bestiaux, un seul labour ou un profond hersage suffit ; on la sème à la volée et lors de ses premiers développements on la recouvre légèrement de terre. Quand on veut en recueillir la graine pour en extraire l'huile on sème sur plusieurs labours et avec de l'engrais, quelquefois à la volée, plus souvent en rayons pour pouvoir sarcler, houer et éclaircir les plantes. On la transplante aussi comme le colza, la maturité des graines s'annonce par leur couleur brune, par le dessèchement des feuilles et de la tige qui blanchit ainsi que les gousses ou siliques. On fait la récolte de la même manière que pour le colza et on observe les mêmes précautions. Les semences formées les premières fournissant beaucoup plus d'huile que les dernières, il ne convient pas d'attendre la complète maturité de celles ci pour s'exposer à perdre les autres.

Le Pavot somnifère.

Une terre douce, substantielle, profonde, bien fumée, labourée et ameublie comme un jardin est celle qui doit recevoir la semence du pavot : on le sème à la volée avant les premières pluies d'automne. Quelque temps après la levée du semis le champ doit être rigoureusement sarclé, les plants trop rapprochés, éclaircis avec une houe à main ; ces opérations doivent être réitérées aussi souvent qu'il est nécessaire. Le dernier sarclage ou petit binage se donne ordinairement lorsque les plantes commencent à monter en tige, alors on éclaircit de manière à laisser une distance de 20 à 25 cent. d'un pied à l'autre.

La maturité des graines s'annonce par le desséchement de la tige et des feuilles, par la teinte brunâtre ou d'un blanc sale que prennent les capsules. Alors lorsque le temps est sec et chaud on procède aussitôt à la récolte, qui se fait de diverses manières : on peut détacher seulement toutes les capsules et les emporter à couvert dans des sacs, pour les vider en les secouant et les brisant sur une toile ou dans un baquet ; on peut aussi incliner successivement les capsules de chaque pied sur des draps ou dans des sacs, avant ou après les avoir arrachées ; puis réunir en bottes ces pieds ainsi dépouillés de leur graine la plus mûre, et les faire sécher encore, en ayant soin de les tenir debout, pour les secouer de nouveau quelques jours après, et même les écraser s'il est nécessaire en les foulant ou les battant ; on vanne et crible le produit pour qu'il ne reste aucun débris de la capsule mêlé avec la graine. On procède ensuite pour la conservation de la graine de la même manière que pour le colza et la navette, et quand elle est sèche on la porte au moulin.

La Cameline ou Camomille.

Le grand mérite de cette plante oléifère et filamenteuse est de donner des produits avantageux sur une terre de médiocre qualité pourvu qu'elle soit meuble, de parcourir en trois mois le cercle de sa végétation ordinaire, ce qui la rend très utile dans les assolements. On la sème ordinairement à la volée en mai et juin pour la récolter en août et septembre ; elle exige des sarclages ; la petitesse de sa semence exige beaucoup d'adresse de la part du semeur. On la récolte quand les capsules commencent à jaunir et avec les précautions indiquées pour le colza. Après l'avoir laissée quelques jours en tas pour compléter sa maturité, on bat ses tiges pour en séparer la graine, qui doit être ensuite bien nettoyée et conservée dans un lieu ni trop sec ni trop humide ; on la garde un mois avant de la porter au moulin.

Plantes filamenteuses.

Le Cotonnier.

Dans l'intérêt de l'Algérie, j'ai cru devoir donner la préférence, parmi les diverses manières de cultiver le Cotonnier, à celle en usage dans l'île de Malte, le climat étant le même que celui du nord de l'Afrique. On y commence à semer le cotonnier dès la mi-mars ; mais cette opération s'exécute le plus communément du 25 au 30 de ce mois. Elle est cependant retardée jusqu'en avril dans les sols qui ont du fond et de la qualité.

Il arrive quelquefois que les semences ne lèvent pas, ou qu'elles périssent après avoir poussé, soit à cause de la mauvaise qualité, ou à cause des intempéries des saisons. Alors on resème à deux ou trois fois jusqu'à la fin d'avril. On a même des exemples que les semailles faites à la fin de juin ont bien réussi.

Si cependant on était obligé de les entreprendre à une époque trop avancée, il serait à propos d'arroser les jeunes plants, et de remuer la terre qui les entoure; en leur donnant une irrigation journalière, ils parviendraient promptement à la même élévation que les cotonniers semés longtemps avant.

Lorsqu'on veut semer dans un terrain déjà planté en arbustes vivaces, on doit apporter beaucoup de soins en remuant la portion de terre destinée à recevoir la nouvelle semence; car, si l'on attaquait avec le fer de l'instrument les racines des anciens cotonniers, ils périraient, ou ils en seraient au moins fortement endommagés. L'irrigation très favorable aux jeunes plants, est cependant très préjudiciable à ceux qui ont atteint toute leur croissance.

On doit mettre un intervalle assez grand entre les premiers et les seconds labours, afin que la terre puisse être améliorée par les influences de l'atmosphère. On augmentera sa fertilité, si on lui confie alors une certaine quantité de fumier.

Le fumier léger, pulvérulent et facile à répandre, doit être préféré à celui qui aurait subi une trop grande fermentation.

L'espèce connue sous le nom de *cotonnier d'Inde*, convient mieux que les autres à un climat tempéré. On terrain humide favorise la germination de ses semences, et l'accroissement de ses rameaux.

On jette la semence dans l'eau pour reconnaître si elle est de bonne qualité; mais comme cette épreuve est équivoque, il suffit d'employer celle qu'on a récoltée dans la dernière année. Elle ne vaudrait rien si elle était vieille, ou si elle provenait des capsules ouvertes par le moyen d'une chaleur artificielle. Ces dernières, ridées et desséchées, sont faciles à distinguer à la vue. On connaîtra qu'elles sont trop âgées en les écrasant sous la dent, ainsi que cela se pratique pour les amandes; elles perdent leur fraîcheur au bout d'un an.

Afin de répandre les semences de cotonnier avec égalité sur la surface du champ, il est nécessaire de les débarrasser des filaments qui adhèrent à leur surface. On les mouille à cet effet, et on les saupoudre avec des cendres ou de la terre; elles se trouvent ainsi revêtues d'une incrustation qui les désunit et permet de les disséminer à volonté.

On travaillera la terre comme si elle était destinée à recevoir du blé, en ayant soin de former des sillons qui serviront à l'écoulement des eaux et au passage des ouvriers.

Comme il arrive souvent que toutes les graines ne lèvent pas, il sera nécessaire de visiter le champ dix ou quinze jours après les semailles, et de semer de nouveau aux places vides. Les sillons seront très commodes pour exécuter ce travail.

Le mode d'ensemencer par fosses peut être préférable aux autres, parce qu'il donne la facilité de semer plus également, en jetant dans chaque fosse cinq ou six graines, ou un plus grand nombre, après les avoir fait tremper dans l'eau, et parce qu'il se prête mieux à l'extirpation des herbes et aux arrosements ; mais il exige plus de main-d'œuvre ; car à peine la semence est-elle germée, qu'il faut remuer la terre et arroser lorsqu'il ne pleut pas ; et si l'on ne donne pas assez de dimension à la fosse, il est à craindre que les pieds ne languissent lorsque leurs racines, en s'étendant hors des fosses, rencontrent une terre qui n'aura pas été bien préparée.

Aussitôt après que les jeunes plants seront sortis de terre, il faudra arracher de chaque fosse le nombre superflu, afin qu'ils ne se nuisent pas les uns aux autres. On observera, dans l'exécution de ce travail, la règle donnée en parlant de la manière de répandre la semence. Lorqu'on emploie cette dernière méthode, et que le terrain est fertile et productif, il arrive que chaque graine germe, et que les plants se trouvent beaucoup trop rapprochés les uns des autres. Il est indispensable, dans ce cas, d'arracher tous ceux qui surabondent au moment où ils ont poussé six feuilles.

Lorsque les cotonniers seront parvenus à la hauteur de 30 cent., il faudra examiner autant que possible chaque pied, et arracher avec précaution les branches inférieures qui enlèveraient à la plante, par leur multiplication, les sucs dont elle aura besoin pour la maturité de ses fruits. On ne laissera que trois ou quatre branches en forme de candélabre. C'est le traitement qu'on fait subir aux cotonniers qui persistent pendant trois ou quatre années, et qu'on taille dans le mois de mai ras de terre, et près des racines. Cette espèce a la propriété de pousser une trop grande quantité de rameaux. Quant à celle qui est herbacée, il vaut mieux ne lui faire subir aucune taille jusqu'au mois de septembre ; alors on coupe toutes les extrémités de ses branches, afin qu'elle prenne plus de vigueur, et qu'elle soit plus productive ; mais comme cette opération peut occasionner la chute d'une certaine quantité de fruit, on doit la faire avec beaucoup de soin ainsi qu'on va l'expliquer.

On abat l'extrémité de chaque branche, en coupant les parties qui ont acquis une certaine dureté au-dessous des parties tendres. Il est inutile d'employer un instrument tranchant ; la manière la plus sûre est de saisir la branche entre le pouce et l'index, et de la presser en descendant jusqu'à ce qu'on trouve la partie qui résiste à l'ongle, de la briser avec le secours de celui-ci.

Il existe peu de végétaux chez lesquels les signes de maturité soient aussi apparents que dans le cotonnier. Ils se manifestent aussitôt que la capsule s'ouvre, et que le coton commence à paraître : ce qui arrive dans le mois d'octobre, ou dans les premiers jours de novembre, à quelques différences près. La maturité du coton résulte toujours de celle de la capsule.

On doit cependant différer la récolte lorsqu'il pleut, ou qu'il y a des brouillards humides ; car il en résulterait des inconvénients dans les deux cas : c'est pourquoi il faut attendre que le coton soit ressuyé. On procédera, toutes les fois qu'il ne sera pas mouillé, en commençant peu de temps avant que le soleil se couche, ou dès la pointe du jour.

Comme il est impossible que toutes les capsules mûrissent complétement avant la mauvaise saison, on doit les récolter lorsqu'elles sont parvenues à une grosseur suffisante, et les placer dans un lieu sec. Elles s'ouvrent au bout d'un certain temps, et donnent un produit d'une qualité inférieure ; il s'en trouve cependant qui ne peuvent s'ouvrir d'elles-mêmes ; on les met alors dans un four pour les faire entièrement sécher, et on en retire un coton assez mauvais, qu'on emploie néanmoins dans quelques genres de fabrications, et qu'on ne doit jamais mélanger avec les autres espèces. Les semences qui en proviennent ne doivent pas être confiées à la terre, car elles ne valent rien. On doit secouer avec précaution les capsules à mesure qu'on les récolte, afin de faire tomber les particules noires et pulvérulentes du calice qui se détache avec facilité, et qui détériorent les filaments.

Le Chanvre.

On distingue le chanvre en deux espèces, le mâle et femelle, ou fécondé, qui porte des fruits, et en stérile, qui n'a que des fleurs. Le chanvre doit être semé tous les ans, dans le courant du mois d'avril. Il est bon que la chènevière soit placée le long de quelque ruisseau. Tous les engrais qui rendent la terre légère sont propres pour le chanvre. Vers le mois de juillet, lorsqu'on s'aperçoit que les pieds de chanvre qui portent les fleurs à étamines, deviennent jaunes par le haut et blancs vers la racine, qu'on juge que la poussière des étamines, toute dissipée, a eu le temps de féconder les fruits, on arrache ce chanvre mâle brin à brin. Il ne pourrait rester plus longtemps sur pied sans se détériorer. Le chanvre femelle ne s'arrache qu'un mois au moins après le mâle, afin de donner à la graine le temps de mûrir. Lorsque le chanvre femelle est arraché, on le lie par faisceaux, on le fait sécher au soleil, puis on le bat pour en tirer la graine. Comme ce chanvre femelle reste plus longtemps en terre, et qu'il reçoit par conséquent plus de nourriture, le fil qu'il donne est plus gros et plus fort ; le chanvre mâle, qu'on cueille le premier, produisant des fils plus fins, est le plus estimé. Le chanvre étant arraché, on le fait rouir. Pour cet effet, après avoir coupé la tête et les racines qui sont inutiles, on l'entasse en bottes ; on met ces bottes dans une mare exposée au soleil, et on les charge de pierres pour qu'elles plongent entièrement dans l'eau. Lorsqu'il est vert, il ne faut que trois ou quatre jours pour le faire rouir : mais, si on le laisse sécher auparavant, il faut huit ou dix jours, et la qualité du fil en est un peu altérée.

Lorsque le chanvre a été bien roui, on le lave, puis on le fait sécher ou au soleil ou dans un séchoir. On le prend poignée à poignée, et on l'écrase sous une machine très-simple, faite exprès, et qu'on appelle maque. La filasse, quoique ainsi préparée, contient encore beaucoup de parties étrangères dont il faut la débarrasser. Les uns la battent avec une palette de bois ; d'autres la font passer sous un grand rouleau fort pesant. Lorsque, par ces premières opérations, le chanvre a été dépouillé de la partie ligneuse, on le passe successivement sur des espèces de peignes de fer ; les premiers à dents plus grosses et plus écartées, et les autres à dents plus fines. Lorsque le chanvre a été broyé et réduit en filasse, il ne s'agit que de prendre cette filasse par petites poignées, de la mettre dans des vases remplis d'eau et de l'y laisser plusieurs jours, ayant soin de la frotter et de la tordre dans l'eau sans la mêler ; cette opération est comme une seconde espèce de rouissage. Le chanvre achève de se débarrasser de la gomme qui collait encore les fils. On le tord, on le lave bien à la rivière, on le bat ensuite sur une planche, et on le lave de nouveau. Après cette opération, on remet le chanvre au séranceur, pour en tirer les fils les plus fins, qui paraissent alors, pour ainsi dire, autant de fils de soie. Le chanvre ayant reçu ces apprêts, on le met en liasse quand il doit être envoyé aux corderies ; ou bien on le met en cordon, s'il est fin et destiné pour le filage et pour le tisserand.

Le Lin.

Quand la terre destinée à la culture du lin a été profondément labourée, bien ameublie et qu'elle a reçu les plus riches engrais, on procède dans les mois de septembre ou octobre à la semaille qui se fait à la volée ; on a soin de sarcler avant que la plante ait 15 cent. de hauteur. On divise ordinairement le champ en planches étroites, on ouvre dans l'espace qui les divise un petit fossé dont la terre est jetée sur le sol de ces planches; ces fossés servent à plusieurs fins : à faciliter le sarclage sans nuire aux plantes, à écouler l'eau lorsqu'elle est trop abondante ou à la retenir, le lin redoutant également le défaut et l'excès d'eau.

L'époque convenable pour récolter le lin se décide par la destination que l'on donne aux plantes. Si l'on veut en recueillir la graine, il faut attendre qu'elle soit mûre sans cependant que les capsules soient ouvertes; si c'est pour se procurer de la belle filasse, on doit arracher quelques jours avant la maturité de la graine et quand les tiges prennent une teinte approchant de la couleur du citron.

On arrache le lin par poignées égales après en avoir séparé les plantes étrangères, on fait sécher ces poignées, les têtes des plantes tournées vers le midi, ou dans les cours, des jardins ou sous des hangars. Dès que les plantes sont sèches, on en sépare la graine, soit en l'égrugeant, ce qui se fait en passant les têtes au travers d'un râteau dont les dents sont fixées dans un banc, sur lequel on s'assied, et qui est placé sur un drap ; soit en frappant les capsules avec un battoir sur ce banc, soit en détachant les graines des capsules de de toute autre manière convenable. On vanne et on nettoie ensuite la graine et on l'étend très-mince dans un grenier pour la faire sécher.

On fait rouir les tiges à-peu-près de la même manière que le chanvre avec la différence qu'il ne doit rester dans l'eau qu'environ la moitié du temps qu'exige le chanvre. Après l'avoir tiré du rouissoir, on le lave à grande eau et ensuite on le fait sécher au soleil. Dès qu'il est sec on s'occupe de séparer la filasse de la chènevotte. Comme le lin est très difficile à tailler, on se sert ordinairemement du banc et du râteau dont on a fait usage pour séparer les graines. Dans divers cantons on se sert d'un instrument qu'on appelle *broye* ; dans dans d'autres on fait passer le lin sous la meule d'une espèce de moulin qu'on appelle *pile*, et qui brise les tiges avec plus d'égalité et de rapidité. Le lin façonné se vend à la botte.

La Garance.

La culture de la garance, qui fait aujourd'hui la richesse du département de Vaucluse et d'une partie des départements voisins, a été apportée en 1766 par le Persan Althen. Ce fut vers la fin du siècle passé qu'on commença à la cultiver en grand. La supériorité de ce produit de l'agriculture méridionale sur les garances de l'Alsace et de la Hollande fut bientôt reconnue et la culture de l'alizaris du Comtat s'est étendue au point de fournir au commerce dont Avignon est le centre, environ six à sept cent mille quintaux de racines par année.

La garance demande une terre légère, suffisamment humide et des engrais abondants. Les terrains de nature calcaire paraissent les plus favorables au développement de la matière colorante ; les paluds de Monteux, d'Entraygues, de Saint Saturnin et du Thor (Vaucluse) entièrement formés d'une marne calcaire produisent la garance la plus estimée. On la cultive aussi avec succès dans les sols formés des dépôts limoneux des rivières. Cette racine ne laisse pas de se développer dans des terres argileuses ou siliceuses, mais sa qualité est alors inférieure.

On reproduit la garance par le semis ou par le repiquage. Dans le choix de la graine, on doit examiner si elle est bien noirâtre, ronde et de grosseur moyenne et à peu près égale. On coupe cette graine par le milieu ; la présence d'un germe blanc au dedans indique qu'elle fructifiera. On peut encore mettre quelques pincées de graines dans un vase et les couvrir d'eau tiède ; au bout de 24 heures, par un temps doux, chaque graine aura poussé son germe.

La terre où l'on veut cultiver la garance à demeure doit être défoncée profondément. La bêche ou *luchet* est l'instrument le plus utile à cet objet. La quantité de fumier n'a d'autre règle que les facultés pécuniaires du cultivateur et la facilité de s'en procurer. La récolte est proportionnée aux engrais. Les terres, comme celles des Paluds, fouillées à environ 1 m.

de profondeur, et ayant reçu de 70 à 75 mètres cubes de fumier par hectare, produisent de 6 à 7000 kilogrammes de racines : tandis que d'autres terrains que l'on n'engraisse que peu ou point et qu'on travaille moins profondément, ne donnent guère plus de 2000 kilogrammes par hectare.

La saison la plus favorable au semis de la garance est en mars et avril. La terre étant bien préparée, fumée et applanie, on sème les graines à la main en ligne droite, et un homme qui suit le semeur les recouvre à l'instant avec la houe de 2 cent. de terre. Cinq ou six lignes étant semées on laisse un intervalle d'environ 1 mètre ; cet intervalle appelé *vuide* est destiné à fournir la terre qui doit recouvrir la garance en hiver ; les cultivateurs donnent le nom de *sillon* aux rangées, qu'on fait plus étroites dans les terres fortes pour faciliter les arrachements. La quantité de graine semée doit être d'environ 70 kilogrammes par hectare.

Lorsqu'on veut multiplier la garance par le repiquage, on arrache en hiver les jeunes plants semés au printemps précédent. Dans une terre préparée comme nous l'avons indiqué et soigneusement divisée par la herse, on trace avec la houe de petits fossés de 10 à 12 cent. de profondeur, où l'on couche les boutures de chaque côté de 9 en 9 cent. ; un second ouvrier les recouvre avec la terre qu'il tire d'une seconde rigole ; trois rigoles forment une planche ou *sillon* séparé du suivant par un *vuide*. Cette plantation se fait ordinairement en février ou mars, après les gelées ; cependant quelques uns la font en novembre et décembre.

S'il vient à pleuvoir après que la graine est semée,

— 217 —

il faut rompre avec un rateau de fer la croûte que la terre forme quelquefois, sans quoi le germe serait étouffé sous cette croûte. Si la pluie arrive pendant que la jeune plante commence à paraître, on doit jeter un peu de terre sur la planche pour empêcher la croûte de se former. En se durcissant elle empêcherait la sortie des graines en retard et étoufferait les jeunes pousses.

Les premiers soins à donner à la garance sont le sarclage, renouvelé toutes les fois qu'il est nécessaire et d'après la manière indiquée à la page 127. Quand la plante a poussé environ 20 à 25 cent. on la recouvre de terre, avec l'attention qu'aucun pied ne soit couvert dans toute sa longueur, et que l'extrémité soit à découvert. Cette tige tendre se change en racines.

Au mois de novembre suivant, on couvre toutes les planches de 8 à 10 cent. de terre, pour les garantir de la gelée. En avril ou mai, on recommence le sarclage. C'est en août ou septembre de cette seconde année que la graine, qui est produite avec abondance, vient à maturité, ce qu'on reconnaît à sa couleur noire foncée. On coupe avec la faucille le rameau qui porte la graine, en choisissant d'abord les plus mûres ; on a soin de faire cette opération à mesure qu'elles mûrissent et toujours par un temps bien sec ; après cela on les fait sécher au soleil, on les bat avec le fléau et on les vanne.

L'hiver suivant la même série d'opérations recommence. Enfin on se met à arracher la garance en août et septembre. L'extraction se fait avec le luchet dans les terres légères, et dans les terres fortes avec la pioche ou *trenque*. On fouille la terre jusqu'à la

14

profondeur où ont pénétré les racines, et on les rejette à la surface, en ayant soin d'étendre la terre à droite et à gauche pour la niveler et combler les vides. Ce travail est précédé de la coupe de la tige dont on sépare la graine qui est produite moins abondamment la troisième année et qu'on donne comme fourrage commun aux bestiaux. Dans quelques localités et dans certaines circonstances, on arrache les racines la deuxième année, et dans d'autres la quatrième ; dans le premier cas, la couleur de la racine est plus vive, mais son produit en poudre est moins abondant ; dans le second le contraire a lieu.

La dessication des racines se fait en plein air ; à l'ombre dans les grandes ardeurs de l'été et au soleil lorsque les chaleurs sont moins fortes. Depuis quelque temps on arrache les garances presque en toute saison, mais principalement à dater du mois de juillet jusqu'en février, quand les gelées ne l'empêchent pas. On évite de l'arracher au printemps, où la plante étant en sève, la racine est privée d'une partie de sa substance.

Dans quelques pays de grande culture, on a essayé de semer la garance à la volée comme le blé sans former de planches et par conséquent sans la recouvrir l'hiver. On l'arrache alors avec de fortes charrues. Ce moyen, bon dans ces contrées où les bras manquent, occasionne trop de perte dans les produits, pour qu'on n'y renonce pas lorsqu'on peut faire la culture précédemment indiquée. Cela est pourtant utile lorsque la racine est à bas prix, et les journées d'hommes chères.

Le Tabac.

Les champs destinés à la culture du tabac doivent être ameublis par des labours profonds et couverts des engrais les plus riches, les plus chauds et les mieux préparés, incorporés d'avance avec le sol, s'il n'est pas naturellement fertile. Tandis que le cultivateur est occupé à donner à la terre les dernières préparations qu'elle doit recevoir avant d'admettre le plant, il faut qu'il prépare, d'un autre côté, dès que les grands froids sont passés, dans un endroit clos, bien exposé et bien abrité, une couche formée avec du fumier neuf, recouverte de terre nette, fine et meuble, mêlée d'un peu de terreau; ensuite il y sème un peu clair la semence qui lui procure le plant nécessaire pour garnir convenablement son champ. Cette couche doit être garantie des intempéries par des couvertures ou paillassons.

Dès que le jeune plant, muni de trois ou quatre feuilles, a atteint la hauteur d'environ 10 cent., il ne faut pas tarder à le transplanter avec tout son chevelu, par un temps couvert s'il est possible et lorsque la température le permet. La manière de les planter qui paraît la plus avantageuse sur les terres très-fertiles, est en lignes parallèles éloignées entre elles d'environ 1 mètre, en les plaçant en quinconce, et en laissant la même distance entre chaque plant en longueur qu'en largeur. Cette distance doit être cependant relative à la qualité du sol, car il suffit que les feuilles ne puissent pas s'étouffer entre elles lorsqu'elles auront acquis toute leur grandeur. Après avoir fait un trou en terre meuble, on étend bien les racines du jeune plant, qu'on enfonce jusqu'à la naissance des premières feuilles; ensuite on rapproche et on affermit doucement la terre autour. Quelques jours après, on doit regarnir le champ dans tous les endroits où le plant a manqué. Aussitôt qu'on s'aperçoit que le sarclage devient nécessaire, on l'opère et on y revient chaque fois que l'état du champ l'exige, en buttant un peu la plante pour fournir un nouvel aliment à ses racines et lui procurer une fraîcheur utile.

Lorsque le plant a vigoureusement poussé, qu'il a atteint 60 cent. de hauteur, et avant la floraison, il faut l'étêter avec une serpette, afin qu'en diminuant le nombre des feuilles, le reflux de la sève sur celles qui restent leur donne plus d'ampleur, de vigueur et de qualité. Ce retranchement détermine ordinairement la sortie des bourgeons auxiliaires, qui donnent naissance à de nouvelles feuilles et à des rameaux latéraux, il faut encore les retrancher, ainsi que les feuilles qui sont très près de terre, ainsi que celles piquées de vers ou endommagées; on ne laisse ordinairement qu'une douzaine de feuilles au plus sur chaque pied. Comme la pluie froide, la grêle et surtout les grands vents, nuisent beaucoup à cette plante, il convient nécessairement que le champ soit bien abrité.

On connaît que le moment de la récolte est arrivé quand la teinte verte des feuilles prend une nuance jaunâtre, qu'elles penchent vers la terre, qu'elles exhalent une odeur plus forte et qu'elles commencent à perdre leur moelleux et à devenir cassantes. Il convient de retrancher d'abord les feuilles inférieures, les premières mûres et les moindres en qualité;

ensuite celles du centre qui sont les secondes en qualité, et enfin les supérieures qui fournissent la première qualité et qu'on ne récolte ordinairement qu'à l'approche des premières gelées blanches. On sépare ces différentes qualités. Le retranchement de ces feuilles se fait aisément avec les doigts, lorsque le temps est sec et la rosée dissipée : on les place dans des mannes sans les froisser, après les avoir fait un peu sécher au soleil. Les feuilles étant transportées au séchoir, qui doit être couvert et aéré, étant épluchées et triées d'après leurs diverses qualités, on les entasse quelquefois pendant trois ou quatre jours pour développer un commencement de fermentation qui les prive d'une partie de leur eau de végétation, ensuite on les suspend enfilées par petites liasses pour compléter leur dessication. On les détache par un temps humide qui les empêche de se réduire en poussière, puis on les emballe ou on les encaisse pour être livrées au commerce et subir diverses préparations.

La Cardère ou Chardon à foulon.

Une terre profonde, fraîche et meuble, convient à la cardère ; elle doit être fumée, mais non abondamment pour que la force de la végétation ne se porte pas sur les tiges et les feuilles, puisque le seul objet est d'avoir des têtes. Plusieurs la sèment, en mars et avril, d'autres en automne, à la volée, de manière que le plant soit à 15 ou 20 cent. de distance. Dès que la graine a germé, on éclaircit les tiges trop rapprochées ; les pieds qu'on arrache sont employés à remplir les places vides; on choisit pour cette opération un temps pluvieux. Pendant la première année de sa végétation on donne deux ou trois sarclages et binages; l'année suivante qui est celle où la cardère monte, on en donne un au printemps qui remue profondément la terre et un avant la floraison. Dans les pays froids, on couvre la terre de paille ou de litière pour préserver la cardère de la gelée ; dans les pays chauds les irrigations lui sont très-utiles pendant les chaleurs de l'été. On retranche ordinairement la tête du centre ou *capellière*, afin de donner plus de développement aux têtes latérales. La cardère se transplante en suivant la méthode indiquée à l'article du Tabac.

Comme plante bisannuelle, la cardère ne monte que la seconde année, cependant il y a souvent des pieds qui montent la première année, surtout dans les étés secs et chauds et lorsque la semence a eu lieu au printemps. La récolte doit commencer dès que les têtes et les queues qui les supportent commencent à jaunir ; et comme elles ne mûrissent pas toutes à la fois, on les retranche à trois ou quatre reprises différentes, en ayant soin de laisser aux queues une longueur d'environ 30 cent. soit pour réunir ces têtes en paquets d'environ vingt têtes qu'on fait sécher au grenier, soit pour leur emploi. La dessication qui ne se fait pas au grenier doit se faire à l'ombre.

Plantes aromatiques des montagnes.

On peut utiliser les plantes aromatiques qui croissent spontanément dans les montagnes les plus stériles, telles que la lavande, la sauge, le romarin, etc., pour faire des essences recherchées dans le commerce. Cette industrie agricole est déjà largement exploitée dans le Languedoc, et nul doute qu'elle ne s'étende dans tout le midi, où, malheureusemen les montagnes dénudées ne manquent pas, et où le soleil ardent qui brûle les végétaux qui ne sauraient se passer d'humidité, développe au contraire à un haut degré chez les plus rustiques, l'arome qui les distingue spécialement.

On se sert d'un alambic ou appareil distillateur monté sur des roues, et on le transporte ainsi d'une montagne à l'autre. On fait ramasser par des femmes ou des enfants les plantes aromatiques au moment où elles contiennent le plus d'arome, ce qui est vers l'époque de la floraison, et on les distille. Tout le monde sait ce que c'est que de distiller : on met dans de l'eau en quantité suffisante, les plantes ou les fleurs que l'on veut distiller, on les y fait bouillir ; l'eau réduite en vapeur entraîne avec elle l'arome ; la vapeur condensée dans le réfrigérant de l'alambic, coule goutte à goutte dans un récipient, et on recueille ainsi l'essence de chaque plante. Il n'est pas besoin de dire que chaque nature de plantes est distillée à part. Quand une montagne est épuisée, on passe à une autre.

De la Greffe.

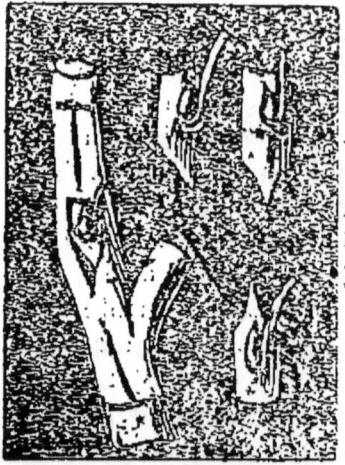

La greffe est une des découvertes les plus anciennes et les plus ingénieuses dont le génie de l'homme ait enrichi l'agriculture. C'est par elle qu'on a forcé l'arbre agreste à produire des fruits plus beaux et plus savoureux, et à changer des productions sauvages en fruits agréables à l'œil et au goût. On greffe de plusieurs manières. La greffe proprement dite se fait par l'insertion d'un petit rameau de l'espèce qu'on désire propager, dans l'arbre destiné à le recevoir, et qu'on appelle sujet ou franc. Les diverses méthodes de greffer se divisent en deux principales opérations : la *greffe à la pousse* et la *greffe à œil dormant*. La première se fait lorsque l'arbre entre en sève au printemps, et elle pousse aussitôt ; la seconde, quand la sève est déjà ralentie au mois d'août. Cette dernière ne se développe qu'au printemps suivant. On l'appelle à *œil dormant*, parce que l'œil inséré restant longtemps à pousser, semble dormir. Les manières de greffer le plus en usage sont la *greffe en fente, en écusson, en approche, en flûte et à l'anglaise*.

La première des deux gravures représente la greffe en écusson ; on voit sur le fragment de branche deux incisions en T, l'un droit, l'autre renversé ; à côté sont les écussons préparés avec l'œil bien apparent.

La greffe en écusson consiste à pratiquer une incision en T sur le sujet qu'on veut greffer ; on enlève un œil avec l'écorce et un peu du ligneux, sur l'arbre ou arbuste où l'on prend la greffe où le taillé en écusson, comme on le voit dans la figure ; on écarte avec le bout de la serpette les lèvres de l'incision ; on introduit la partie pointue de l'écusson dans la fente longitudinale, et on recouvre l'écusson avec les lèvres de l'incision, en ayant soin de laisser l'œil à découvert. On le fixe bien en le liant avec un fil de laine.

La seconde gravure montre la greffe en fente et en couronne ; on voit les fentes indiquées sur la section de la branche, ou sur son côté, et à côté les rameaux taillés prêts à être introduits dans les fentes.

On fait *la greffe en fente* à l'époque où la sève entre en mouvement, à la fin de février et au commencement de mars, plus tôt ou plus tard, suivant la température de la saison, ou l'espèce de l'arbre. Voici comment on procède à cette greffe, l'une des plus faciles et des plus sûres.

Coupez sur l'arbre que vous voulez multiplier

des rameaux ligneux et garnis d'yeux. Lorsque le moment sera venu d'opérer, car vous pourrez différer pendant quelques jours, coupez à la hauteur que vous choisirez, et au niveau d'un œil s'il est possible, mais horizontalement et bien net, le tronc du sujet. Ensuite fendez-le longitudinalement, soit sur toute la longueur, si lui et le rameau à insérer sont du même volume, soit seulement sur un côté, si vous ne voulez avoir qu'une greffe, soit enfin tout autour, si le sujet est gros et que vous vouliez y insérer plusieurs rameaux. Cette dernière manière s'appelle la *greffe en couronne*.

Elle se pratique pour les arbres fruitiers déjà vieux. Vous faites alors les fentes avec un coin ; autrement vous employez dans votre opération la pointe de la serpette que vous laissez au bas de la fente, pour tenir les lèvres écartées jusqu'à ce que vous y ayez introduit le rameau préparé d'avance. Cette préparation consiste à en rafraîchir le bout, et à le couper des deux côtés, bien net et en biseau à commencer du premier œil, et de façon qu'il ne reste d'écorce que du côté de l'œil, point jusqu'où il faut l'enfoncer dans la fente. On achève l'opération en mettant, et sur le bout du rameau qui doit avoir deux ou trois yeux, et être coupé net, et sur le bout du sujet, aussi bien que sur la fente, une composition bien fondue et bien mêlée de deux parties de colophane, et d'une partie de cire jaune ou blanche. Cette composition s'applique avec un bâton aplati, et on a soin qu'elle soit assez chaude pour bien tenir en se séchant ; quelquefois on maintient le tout par quelques tours de laine à tricoter. Dans le cas où le tronc serait gros, on emploierait, au lieu de composition, de la terre grasse délayée, qu'on recouvrirait d'un chiffon maintenu avec de la corde : les rameaux passent par les trous faits au chiffon.

On ente avec succès diverses espèces de fruits sur différents côtés du tronc, ou des branches du même arbre ; mais il faut toujours qu'il existe de la sympathie entre ces fruits, et qu'ils se rapprochent par leur nature : ainsi le poirier peut produire des pommes, le pommier des poires, etc.

Les sujets sur lesquels vous greffez le prunier, le poirier, le pommier et même le cerisier, peuvent être greffés comme pour les arbres nains. Des jets que poussent les greffes, on forme les tiges et demi-tiges : au lieu qu'il faut former du sujet le corps des autres arbres. Quand l'écusson a manqué, il faut rabattre les sujets au-dessous de l'endroit où ils ont été greffés, afin qu'ils poussent du jeune bois plus propre que le vieux à écusson : mais ceux que vous avez greffés pour arbres nains, s'ils ont de la tendance à s'élever droits, peuvent être réservés en tiers, et formés pour être greffés en tige et demi-tige.

La *greffe en approche* s'emploie avec plus de succès pour certains arbustes délicats. Cette greffe ne saurait se mettre en œuvre que sur des arbres voisins l'un de l'autre, ou qui peuvent se rapprocher étant en caisses ou en pots. Dans ce dernier cas elle s'opère encore plus commodément, par la facilité qu'on a de mettre de niveau, et à portée, les branches à greffer. On les prend de grosseur égale ; on les entame toutes deux à mi-moelle, et après les avoir bien réunies, on les retient dans l'état de conjonction par des liens convenables d'osier, d'écorce, de corde à puits effilée, ou enfin de laine, selon leur force et leur délicatesse. Quand vous vous êtes assuré qu'elles sont bien soudées, vous coupez au-dessous de la soudure, mais à différentes fois, et en différents temps, la branche de l'arbre que vous voulez propager.

La *greffe en flûte* s'exécute en combinant les grosseurs respectives entre la branche qui fournit la greffe, et celle qui doit la recevoir ; il faut ensuite détacher de la première un rouleau d'écorce de 5 cent. de largeur ou environ, qu'on laisse plus long ou plus court, suivant que les sujets sont plus gros ou plus minces, avec un bon œil vers le milieu, et revêtir à l'instant la branche du sujet, après l'avoir rebattue dans un endroit bien uni, et dépouillée de son écorce par petites lanières sur la sommité du chicot ; ayant soin de faire l'incision circulaire inférieure du chalumeau le plus promptement possible ; il ne faut pas détacher aussi un rouleau d'écorce sur le sujet, pour faire la place de la greffe, ni unir les deux écorces lèvre à lèvre, encore moins recouvrir la plaie avec une sorte de mastic ; il suffit de découper en cinq ou six petites lanières l'écorce du sujet, et de pousser ensuite le chalumeau, à proportion que la main du greffeur le fait glisser sur le bois ; lorsqu'il force un peu dans tout son contour, on l'assujétit dans cette position en raclant un peu le bois sauvageon qui surmonte la greffe ; ces raclures qu'on rabat ainsi, en forme de fraise, sur la lèvre supérieure du chalumeau, l'empêchent de remonter, et les lanières de l'écorce du sujet, qui couvre à demi la lèvre inférieure, y entretiennent le jeu de la sève nécessaire pour la reprise.

La *greffe anglaise* se pratique lorsque le sujet et le rameau se trouvent être absolument d'une égale grosseur. Vous coupez l'un et l'autre en biseau bien net ; vous faites à chacun deux entailles, l'une à l'extrémité, l'autre au commencement du biseau ; puis vous les ajustez de manière que les entailles, étant entrées les unes dans les autres, les écorces se rejoignent bien. Vous enveloppez le tout de terre grasse délayée, recouverte d'un linge maintenu par quelques tours de laine à tricoter non tordue. Cette greffe convient aux arbres précieux.

Il vaut mieux greffer dans la pépinière, que lorsqu'on transplante les arbres ou qu'ils ont pris racine. Dans la pépinière l'arbre est fort ; les oiseaux trouvant beaucoup de rameaux, ne se perchent pas sur les jeunes greffes, à qui ces mêmes rameaux procurent encore la fraîcheur qui leur est nécessaire.

On hâte un peu la maturité des fruits tardifs en les greffant sur des sujets précoces, et réciproquement. Pour qu'une greffe réussisse bien, il faut qu'il y ait quelque ressemblance dans le bois. Il n'est pas moins indispensable que la saison de la sève et de la feuillaison soit la même, puisque la greffe ne reçoit de nourriture que du sujet.

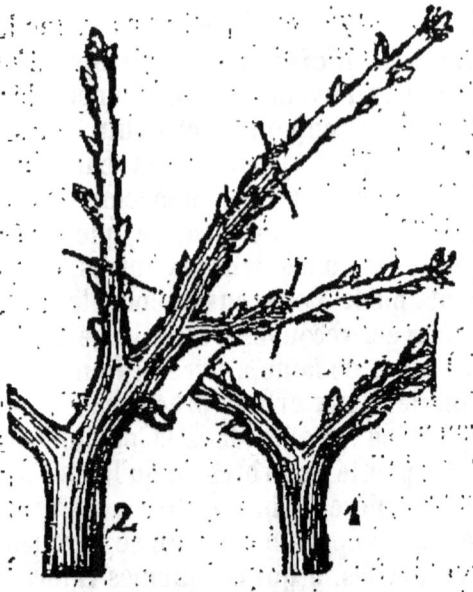

De la Taille des arbres.

Fig. 1. Première taille d'un jeune arbre, auquel on laisse seulement deux branches.

Fig. 2. Taille de la seconde année d'un jeune arbre, dont on n'a figuré qu'une des deux branches, ayant trois rameaux, qu'on a taillés, les uns courts, l'autre long.

La taille des arbres fruitiers ayant pour but leur beauté et leur fécondité, deux objets dont l'un dépend des boutons à fleurs, et l'autre des boutons à bois, on court risque de ne remplir l'un qu'au préjudice de l'autre, si l'on ne distingue pas sûrement ces deux sortes de boutons sur l'arbre qu'on taille.

Le temps de ce discernement est donc le vrai temps de la taille, de sorte que, depuis la mi-novembre jusqu'en mars, on peut faire cette opération sans craindre que la gelée n'endommage le bois, sur tous les arbres dont les boutons ont des caractères propres dès la chute des feuilles, sur les jeunes arbres qui n'ont point de boutons à fleurs, sur les arbres faibles ou languissants dont on exige peu de fruits ; et on la diffère sur les autres arbres, jusqu'à ce que le premier mouvement de la sève, allongeant les boutons à bois et enflant les boutons à fleurs, fasse distinguer non seulement les uns des autres, mais même, outre les boutons à fleurs, ceux qui sont féconds de ceux qui ne produisent point de fruits, comme il s'en trouve sur quelques arbres. Ordinairement ce premier mouvement de la sève arrive de la mi-février au commencement de mars, plus tôt ou plus tard, selon l'espèce d'arbre, et selon que les années sont plus ou moins avancées.

Ne tailler les arbres que quand les fleurs sont épanouies ou passées, ou même quand le fruit est noué, c'est une pratique dont les difficultés et les inconvénients ne sont pas équivoques. Quelle main est assez légère et adroite pour ne pas endommager, ébranler, détacher un grand nombre de fleurs ou de fruits ; pour approcher la coupe, sans nuire aux productions du bouton auquel on taille ; pour palisser promptement la branche ? Quel œil, dans la confusion des branches, des fleurs, des fruits, des feuilles déjà développées, peut voir et démêler son ouvrage ? Quelle secousse et quelle révolution dans l'arbre entier, dont on interrompt tout-à-coup le travail commencé dans toutes ses parties ! Que de dissipation de sève qui aurait nourri les fruits, fortifié les branches taillées plus tôt, et cicatrisé leurs plaies! Que de vides, surtout dans le bas de l'arbre, suite nécessaire d'une taille qu'on est obligé d'allonger considérablement, parce que la sève s'étant portée sur l'extrémité des branches, le fruit n'a arrêté que dans ses parties! etc. On ne fait ici qu'indiquer les principaux défauts de cette pratique, qu'on trouve détaillée dans plusieurs bons ouvrages sur ce sujet. Quiconque en aura fait une fois l'épreuve, ne sera pas tenté d'un second essai.

Si vous les taillez trop courtes, et que vous déchargiez encore l'arbre de petites branches, les racines cessant d'agir, l'arbre tombera dans la langueur.

Un arbre tend à s'élever à la hauteur qui est propre à son espèce : or, les branches verticales étant seules favorables à son élévation, il travaille à les allonger et à les fortifier plus que les branches horizontales. Aussi, le haut d'un arbre d'espalier se garnit toujours assez, par le penchant de la sève à s'y porter.

Si donc vous laissez de fortes branches s'élever dans la direction verticale, la sève y portant son abondance et sa principale action, les branches horizontales s'affaibliront, et le bas de l'arbre se dégarnira; car, plus la sève s'éloigne du centre de l'arbre, plus elle est active.

La sève trouvant beaucoup moins de résistance à l'extrémité des branches qui est tendre, que vers la naissance où les couches ligneuses sont endurcies, elle y porte sa principale action, et y développe un nombre de nouvelles branches proportionné à son abondance ; de sorte que, si vous taillez une branche à huit yeux, et que la sève ne puisse suffire à en ouvrir que trois, elle ouvrira les trois à l'extrémité, et les cinq autres dormiront.

Il faut donc : 1° éviter une taille trop longue qui, laissant aux extrémités de l'arbre trop d'issue et de facilité à la sève, lui fait abandonner le milieu de l'arbre, qui se dégarnit bientôt.

2° Éviter une taille trop courte : elle oblige la sève d'agir avec trop de force et d'abondance sur le petit nombre de boutons qu'elle trouve dans sa nouvelle taille, lesquels ne donnent que des branches fortes. Il y a plus : cette taille trop courte, force la sève de refluer sur les anciennes tailles, de s'y ouvrir des issues extraordinaires et d'y produire des branches de faux bois.

Si un côté de l'arbre s'emporte, il faut en tailler court les fortes branches, afin que la sève y trouvant plus de résistance et des issues moins nombreuses, moins larges, et par conséquent moins favorable à son action, n'y fasse que des productions modérées ; mais il faut y conserver et tailler long toutes les branches moyennes et faibles qui pourront y subsister sans confusion, afin que la sève s'y consomme et ne soit pas obligée de s'ouvrir des passages extraordinaires. Le côté faible doit au contraire être déchargé de toutes les branches faibles, taillé court sur les branches moyennes, dont on ne conserve que le nombre nécessaire pour entretenir le plein, et taillé long sur les fortes branches, afin d'y attirer la principale action de la sève.

L'action de la sève sur les boutons d'une branche est proportionnelle à leur distance, ou à leur éloignement de la naissance de cette branche.

Les nouvelles branches qui naîtront du développement des boutons d'une branche taillée, seront plus fortes près de l'extrémité de cette branche (pourvu qu'elle ne soit pas inclinée à l'horizon) ; et elles seront d'autant plus faibles, qu'elles s'approcheront davantage de sa naissance. Souvent les jeunes branches, sorties d'un bourgeon vertical dans lequel la sève s'élève avec abondance et sans obstacles, ont une différence de force et de longueur si uniforme depuis la plus élevée jusqu'à la plus basse, qu'on pourrait presque regarder l'action de la sève sur le dernier œil et sur les yeux inférieurs d'une branche, comme la pression d'un fluide sur le fond et sur les côtés d'un vase.

Nous avons ajouté, pourvu que l'extrémité de cette branche ne soit pas inclinée à l'horizon ; car si l'on arque une branche, la plus grande action de la sève sera le bouton le plus élevé ou placé à la sommité de l'arc, dont le développement produira la plus forte branche ; les autres branches diminueront de force à proportion qu'elles s'éloigneront de celle-ci, et qu'elles s'approcheront des extrémités de la branche arquée.

Ces degrés de force ne sont pas dans une proportion si exacte sur les branches horizontales, dont les yeux qui sont sur le côté supérieur produisent ordinairement de plus fortes branches que ceux qui regardent la terre : de sorte que si le dernier œil est sur le côté inférieur, et que le pénultième, étant sur le côté supérieur, se trouve plus élevé, celui-ci donnera une plus forte branche que celui qui est à l'extrémité.

Toute branche donc qui devient forte dans une

place où elle devrait être faible, ou faible quand elle devrait être forte n'est pas dans l'ordre naturel, et doit ordinairement être retranchée.

Les feuilles influent tellement sur la quantité et le mouvement de la sève, qu'elle augmente ou diminue à proportion de leur nombre et de leur éclat.

Si l'on retranche une partie considérable des feuilles, si les insectes les ont dévorées, si la cloque ou quelque autre maladie les endommage, l'action de la sève languit ou s'arrête, le fruit tombe et l'abre souffre.

On peut donc modérer le progrès excessif d'une branche vigoureuse, en la dépouillant d'une partie de ses feuilles qui, étant comme autant de suçoirs, fournissent beaucoup de nourriture.

L'extension des bourgeons est en raison inverse de l'endurcissement de leurs couches ligneuses.

Moins les couches ligneuses sont dures, plus le bourgeon s'étend, et au contraire : mais l'endurcissement de ces couches ligneuses est d'autant plus abondant et actif, que sa direction s'éloigne plus de l'horizontale vers la verticale, qu'il est plus garni de feuilles, qu'il est plus à couvert du soleil qui le ferait transpirer et le durcirait.

En favorisant ces trois causes, on augmente l'extension d'une branche : en les détruisant ou les diminuant, on arrête ou l'on modère son progrès.

Faux-Bois.

La branche de faux-bois est celle qui, contre l'ordre naturel, naît ailleurs que sur une branche de la dernière taille, c'est-à-dire, qui naît sur une ancienne taille ou même sur la tige de l'arbre. Quelquefois elle a le caractère d'une bonne branche à bois ; le plus souvent elle a tous ceux de la branche gourmande, et ne s'en distingue que par le lieu de sa naissance.

La petite branche à fruit est, sur les arbres à fruit à noyau, longue de 5 cent. au plus, bien nourrie, garnie de beaux yeux dans toute sa longueur, ou terminée par un groupe de boutons à fruit, et par un bouton à feuille ; si cette dernière condition lui manque, on la supprime comme incapable de nourrir son fruit.

Branches gourmandes.

Une fois que les branches-mères (ou charpentières, car elles font comme la charpente de l'arbre) sont formées, on ne fait plus de cas des branches gourmandes, et s'il en part de dessus les branches-mères, il les faut retrancher, à moins qu'on n'en ait un besoin absolu pour garnir une place ou remplacer une branche qui sera morte. Voici les raisons qui déterminent à à les retrancher. Les yeux étant fort écartés les uns des autres, il faut tailler ces branches fort longues, et il y a à craindre de dégarnir le bas de l'arbre, d'autant que ces branches, consommant beaucoup de sève, feront tort à celles de leur voisinage ; d'ailleurs, ces branches s'élèvent toujours perpendiculairement, et comme elles sont fort grosses, il est difficile, quand on les a taillées, de les contraindre à prendre la forme qu'on désire ; et il faudrait qu'un arbre fût bien vigoureux pour suffire à la nourriture d'un nombre de branches gourmandes qu'on conserverait. Comme je suppose l'arbre formé, il est pourvu d'un assez bon nombre de branches pour que les racines ne souffrent point du retranchement de plusieurs branches gourmandes ; et s'il était question de dompter un arbre trop vigoureux, j'aimerais mieux le charger par la taille des branches de franc-bois, ou même lui laisser beaucoup de brindilles, que d'épargner les branches gourmandes.

A l'égard des branches de moyenne force qui ont leurs boutons assez près, agissez de façon à remplir les vides. C'est ici que ceux qui savent la taille des pêchers, suivent différentes méthodes.

Celle que j'ai adoptée consiste à retrancher les branches gourmandes, à moins qu'elles ne soient nécessaires pour remplir un vide ; à tailler court des branches de force moyenne pour se procurer du nouveau bois, et renouveler l'arbre ; c'est pourquoi il faut toujours choisir pour cet objet des branches assez basses, et tailler long plusieurs branches pour se procurer du fruit, sauf à les retrancher quand, prenant trop de longueur, elles pourraient nuire à la beauté de l'arbre, ou quand elles sont épuisées par la quantité de fruits qu'elles auront fournis. Il faut essayer, pour avoir de bon fruit, de choisir, pour cet effet, des branches vigoureuses, et si l'on est obligé d'en prendre de force moyenne, il ne faut pas les tailler fort longues. On doit conclure que toutes les branches chiffonnes doivent être retranchées, excepté les petites branches courtes qui sont uniquement destinées à donner du fruit.

On doit aussi retrancher entièrement toutes les branches maigres, usées, et qui ne font que de faibles productions. Si cependant une telle branche ne pouvait être remplacée par une autre vigoureuse, pour éviter qu'il ne restât un vide, on pourrait ravaler sur les meilleures branches qu'elle aura produites, qu'il faudrait tailler court, ainsi que les branches qu'on destinera à donner du fruit; ayant toujours soin de ne point trop charger les branches peu vigoureuses.

Suivant ma façon de tailler, on conserve, sur les branches bien conditionnées, deux branches de celles qu'elles ont produites : la plus forte et la mieux placée, qui est ordinairement la plus basse, est taillée court pour donner du bois ; l'autre est taillée long pour fournir du fruit : bien entendu qu'on s'écarte de cette règle si l'arbre est peu vigoureux, et qu'il y ait un vide à remplir, auquel cas on peut renoncer à avoir beaucoup de fruit, et tailler les deux branches pour avoir du bois plus abondamment.

A l'égard des arbres qui, au lieu de croître, commencent plutôt à être sur le retour, il faut retrancher encore plus sévèrement toutes les branches chiffonnes, qui épuisent l'arbre et ne donnent que de mauvais fruits; on doit aussi ôter les branches gourmandes, qui affaibliraient beaucoup ces vieux arbres. Il ne faut conserver que les branches de bon bois, et les tailler assez court ; mais il convient ici d'avoir de la prévoyance. Si l'on s'aperçoit qu'une branche ne durera pas longtemps, et on doit essayer de trouver une branche vigoureuse, qu'on prépare, par la taille, à remplir dans la suite le vide que laissera la branche faible, lorsqu'on sera obligé de la retrancher. J'ai vu, par cette prévoyance, retrancher une grosse branche, et la place être occupée sur-le-champ par des branches qu'on avait préparées d'avance.

L'Ébourgeonnement.

Ebourgeonner n'est autre chose que supprimer les rameaux superflus, et choisir judicieusement ceux qu'il faut palisser. Cette opération n'a point de bornes prescrites ; elle se répète autant de fois que les bourgeons, s'allongeant et se multipliant, la rendent nécessaire. Pour la bien faire il faut fuir également la confusion et le vide ; pour éviter de tomber dans l'un de ces deux excès, tirez toujours du plein au vide, mais sans forcer, sans croiser, sans causer aucune difformité.

On ébourgeonne à la fin de mai ou au commencement de juin ; alors les fruits sont assez gros, pour que l'on puisse, en connaissance de cause, faire son choix. On épluche cependant les abricots de meilleure heure, parce qu'ils sont plus hâtifs que tout autre fruit.

A tous les arbres à fruits, soit à pepin, soit à noyau, le fruit noue, soit au bout des branches, soit dans le milieu, et mûrit s'il ne survient point d'accidents. La pêche au contraire ne tient pas et ne mûrit pas, s'il n'y a à côté, ou au-dessous, une branche à bois, à laquelle elle soit attachée comme à sa mère-nourrice. Si une pêche grossit sans cet appui, elle tombe ordinairement avant de parvenir à sa maturité.

Espalier.

Les murs les plus solides pour placer les espaliers, sont ceux de pierres de taille ou de briques ; mais ceux sur lesquels les fruits mûrissent le plus tôt sont ceux de pisé ou de bauge. C'est au sud et au sud-est qu'il convient d'exposer les espaliers dont on fait le plus de cas, comme les pêchers, les abricotiers, et les bonnes variétés de poiriers. Si la muraille est assez haute, on en garnit le bas de basses tiges, la principale étendue de demi-tiges et de hautes tiges, et le haut de vignes. On défonce bien les plates-bandes dans lesquelles l'on plantera ses arbres, on en ameublit le terrain par des mélanges, on le rend sain et léger. La plate-bande le long des murs est plantée de contre-espaliers qui profitent du voisinage des murs, les autres plates-bandes sont plantées d'arbres en quenouille, en palmettes, en gobelets. L'arbre qu'on se propose d'étendre en espalier, doit être planté à environ 25 à 40 cent. du mur, pour qu'il prenne son accroissement sans obstacles, et que ses racines le nourrissent mieux. Au mois de février, avant qu'il entre en sève, on ne lui laisse que quatre ou cinq yeux au-dessus de la greffe, et pendant l'été, on supprime tous ceux qui surviennent, surtout en avant et en arrière. Dans la première année, on n'a d'autre travail à donner à l'arbre, que d'enlever les yeux qui naîtraient autour du tronc, que de serfouir au pied, et d'arroser, s'il règne trop de sécheresse. La seconde année, on procède à la première taille et au premier palissage. On choisit sur chaque arbre les deux plus beaux bourgeons, ou jeunes rameaux, les mieux disposés à s'étendre le long du mur. On coupe tous les autres proprement et de très près. On réduira les deux rameaux conservés de deux à six yeux, selon leur vigueur. Lorsque la sève du printemps a cessé, on supprime avec la serpette tous les bourgeons qui ont poussé sur le derrière de l'arbre, ainsi que les poussés mal faites, les jets gommeux, et tout ce qui embarrasserait le palissage. On doit disposer sans efforts et sans occasionner des coudes aigus, la branche et les rameaux, et leur faire occuper le plus d'étendue possible dans la forme d'un V ouvert. Il faut faire en sorte que chaque branche avec ses rameaux, ait la même disposition que l'arbre entier, que toutes les parties intérieures de l'arbre, ainsi que sa base et ses côtés soient garnis, sans confusion, ni enchevêtrement.

On commence à tailler l'arbre par le bas jusqu'à la cime. Comme cette opération se fait à une époque où il est facile de distinguer les bourgeons à fleur de ceux qui ne donnent que des feuilles et du bois, on a soin de couper les rameaux à fruits depuis trois yeux jusqu'à huit au plus. On distingue dans un espalier cinq espèces de branches : 1° les gourmandes ou faux-bois, jets droits et vigoureux ; 2° les branches à bois qui proviennent des yeux des branches taillées annuellement ; 3° les lambourdes, qui sortent partout même du tronc, petites branches menues et longues, qui produisent du fruit dès leur première année, mais seulement au bout de trois ans dans les arbres à pépin ; 4° les brindilles, moins longues et plus nourries que les lambourdes, et ne donnant du fruit qu'à leur troisième année ; 5° les branches chiffonnes ou branches folles.

On ne doit supprimer les gourmands que lorsqu'ils sont mal placés ou qu'ils pourraient devenir funestes à l'arbre en attirant à eux trop de sève. Il faut les laisser pousser jusqu'à la fin de la sève du printemps ; et alors les rabattre de deux à quatre yeux. On doit enlever aux vieux arbres les brindilles qui sont importantes pour des jeunes ; on tâche d'obtenir des pousses plus vigoureuses ou des gourmands que l'on taille un peu longs, pour remplacer la grosse branche la plus voisine, que l'on supprime, et l'on rajeunit ainsi par degrés les arbres devenus vieux.

A la taille de la troisième année, on tire des deux branches-mères les membres de l'espalier qui sont des rameaux destinés les uns à monter, les autres à descendre. Chaque année, on continue à bien distribuer les branches, et à maintenir l'équilibre entre toutes les parties de l'espalier. Malgré l'abri des murs, les arbres sont exposés, lorsqu'ils sont fleuris, à la gelée, à la grêle et aux fortes pluies. Il est bon d'avoir de fortes toiles d'emballage que l'on tend au moyen de cordeaux, en forme de rideaux ou de tentes, pour préserver les fleurs et même les jeunes fruits.

Il convient, lorsque l'arbre est trop chargé de fruits, d'en enlever une partie, quand ils sont parvenus à un quart de leur grosseur. Si les arbres sont vieux, rabougris et qu'ils ne produisent plus de fruits ou qu'ils n'en rapportent que de chétifs, on les coupe proprement à peu de distance de l'écusson, de manière à ne leur laisser que cinq ou six têtes. Cette opération se fait au mois de mars, avant le mouvement de la sève avec une petite scie. On polit ensuite l'aire de la coupe avec une serpette, et on la recouvre d'onguent de St-Fiacre.

Quelquefois les espaliers ne donnent pas de fruits, parce qu'ils sont trop vigoureux. On a besoin de modérer la sève, pour l'obliger de transformer une partie des yeux à bois, en boutons à fruit. Les moyens de parvenir à ce but sont la taille longue d'hiver, la taille du mois de mars, quand la sève est en mouvement, la cassure, la torsion, l'arcure, la ligature ou l'étranglement, l'incision des branches et des racines, le retranchement de quelques grosses racines, la scarification, la térébration, et la transplantation dans un terrain différent et à une autre exposition. Mais on doit user sobrement de ces moyens extraordinaires, réprouvés par la nature, et qui à la longue mineraient les arbres sans espoir de les rétablir.

Lorsque les arbres refusent de produire parce qu'ils sont trop épuisés, sans être trop vieux, on enlève la terre au pied de l'arbre et un peu au loin, de manière à ne pas endommager les racines, et on remplace le mauvais terrain par de bonnes curures consommées, du terreau de gazon ou de celui que l'on recueille au pied des haies et dans les bois.

Contre-Espaliers.

Les arbres en espaliers réussissent peu dans nos climats, à cause de la grande ardeur du soleil. On remplace ordinairement les espaliers par des contre-espaliers qu'on construit ainsi. Des tringles de fer fixées dans le mur, et longues de 50 cent. à 1 mètre soutiennent à leur extrémité libre des fils de fer qui se croisent, sur lesquels on étale les branches des arbres, comme dans l'espalier. L'air qui circule alentour atténue beaucoup l'effet de la réverbération du soleil et de l'échauffement du mur, et soustrait le végétal aux effets d'une chaleur souvent torride.

Principes généraux de la conduite des arbres fruitiers.

On peut résumer ainsi les moyens de faire produire aux arbres autant de fruits qu'ils peuvent en donner sans s'épuiser.

Tenir le tronc bas pour que l'arbre soit moins exposé au vent, plus facile à conduire, et que les fruits profitent mieux de la chaleur réfléchie par le sol.

Lui donner le nombre de branches-mères ou branches charpentières, qui convient à la forme qu'on adopte, que ce soit la pyramide, le vase, la palmette, etc.

Faire naître sur ces branches charpentières des productions à fruit qui sont les *boutons à fleur*, les *dards*, les *brindilles*, les *bourses* et les *lambourdes*. A cet effet pincer à l'extrémité, arquer en les inclinant vers le sol, ou même casser les rameaux qui sont trop vigoureux, et qui ne donneraient que du bois.

Tenir, au moyen de la taille, tous ces petits rameaux aussi près que possible, de la branche charpentière, pour qu'ils en reçoivent plus facilement leur nourriture.

Tailler long les branches faibles, et court les fortes.

Retrancher les gourmands, à moins qu'on ait à s'en servir pour les branches chapentières qui dépérissent.

Préparer la fructification des années suivantes en enlevant les bourgeons superflus qui absorberaient inutilement la sève.

Tailler en vert, c'est-à-dire supprimer entièrement les rameaux qui n'auront pas retenu leurs fruits.

Effeuiller, c'est-à-dire supprimer une partie des feuilles qui empêcheraient entièrement les rayons du soleil de frapper sur les fruits.

Eclaircir les fruits en supprimant les plus petits, quand il s'en trouve trop sur le même point.

Maladies des arbres.

Les insectes, la sécheresse, les pluies trop fréquentes, l'humidité dans les racines, les gelées tardives, les coups de soleil, la grêle, la mousse, l'épuisement du sol, la fructification trop abondante, les morsures d'animaux, les coups et les grands vents, contribuent à produire les diverses maladies des arbres, qu'on divise en maladies externes et maladies internes.

Les maladies externes sont : les fractures, les ulcères, la cloque, la brûlure, la rouille, la carie, le blanc, la gélivure, le chancre, la défoliation, la panachure, les tumeurs, et les excroissances.

Les maladies internes sont : l'étiolement, la pléthore, la jaunisse et la gomme.

Causes des maladies.

Des Insectes. *Les Fourmis.* Elles s'opposent au développement des racines, en creusant des galeries autour d'elles, dévorent les fruits lorsqu'ils sont mûrs, et se jettent quelquefois sur les pousses naissantes des jeunes arbres fruitiers et les font périr, quand ils sont nouvellement plantés. On les détruit en jetant sur la fourmilière un peu de chaux vive, sur laquelle on verse de l'eau froide. Un anneau de laine et de cuir roulé autour du tronc d'un arbre, une bande de cuir circulaire enduite de glu, ou d'une peinture à l'huile entretenue humide, ne leur permet pas de parvenir aux branches et d'en dévaster le feuillage et les fruits.

Les Chenilles. Ces insectes se jettent souvent sur les arbres fruitiers et en dévorent toutes les feuilles, ce qui fait tomber les fruits, et porte le plus grand préjudice aux arbres. On les empêche d'y monter par le moyen que l'on emploie contre les fourmis. Mais le meilleur moyen de s'en préserver est de recourir à l'échenillage. On peut aussi les asphyxier avec de la fleur de soufre jetée sur un réchaud de charbons allumés qu'on place sous l'arbre. On fait aussi périr les chenilles par des aspersions, soit d'eau dans laquelle on a fait fondre du savon noir, soit de jus de fumier.

Pucerons, Cochenilles, Gallinsectes, Punaises. Voici une recette efficace pour détruire ces ennemis redoutables des végétaux. Mettez 50 litres d'eau dans un tonneau, délayez-y 750 grammes de savon le plus commun, et un kilo de champignons vénéneux des bois écrasés légèrement. Faites bouillir 50 autres litres d'eau dans laquelle vous mettrez 750 grammes de fleur de soufre, enveloppée dans une toile claire, et que vous maintiendrez au fond en y attachant une pierre. Pendant l'ébullition qui doit durer vingt minutes, vous foulerez avec un bâton le paquet et vous agiterez l'eau, de manière qu'elle prenne la couleur et la force du soufre. En retirant l'eau de dessus le feu vous la verserez dans le tonneau, où vous la remuerez un instant avec un bâton. Chaque jour vous agiterez ce mélange jusqu'à ce qu'il ait acquis le plus haut degré de fétidité. Plus la composition est fétide et ancienne, plus elle est efficace. Quand on veut se servir de cette eau, il suffit d'en asperger les plantes, ou d'y plonger leurs branches attaquées.

Tigre. Cette insecte au corps jaune, avec cinq rangs de points noirs longitudinaux sous le ventre, attaque principalement le poirier et le pommier dont il dévore les feuilles et n'y laisse que les fibres. Pour le détruire, il faut frotter les feuilles l'une après l'autre pendant le mois de mars, et écraser entre ses doigts l'animal qui n'a pas encore fait de ravages, et racler avec soin les vieilles écorces du tronc et des branches, dans les fentes desquelles il dépose ses œufs. On se sert des mêmes moyens pour détruire le *charançon du poirier.*

Limaces, Limaçons. Il est difficile de parvenir à la destruction de ces insectes, mais on peut prévenir leurs ravages en les poursuivant, vers la fin de février, dans les monceaux de cailloux et les gerçures de murailles, où ils s'engourdissent pendant l'hiver. Pendant la belle saison, lorsqu'il a plu, on doit les chercher sur le sol ou sur les plantes. On doit les mettre dans des pots pour les livrer aux volailles ou les écraser.

Larves et *Vers blancs.* Il faut passer un fil d'archal dans les trous des branches où ils se sont introduits récemment, et les y percer, ou bien suivre leur route qu'on reconnaît sur l'écorce, la couper proprement avec un canif, jusqu'à ce qu'on les ait atteints. Quelquefois ils attaquent au mois de mars l'extrémité des pousses des jeunes poiriers et pommiers, qui se flétrissent et se penchent ; on doit couper tout ce qui est malade et toujours au-dessus d'un œil sain. Si le ver est dans les racines, on doit arroser la terre avec une infusion de substances amères, telles que la suie, le brou de noix, les feuilles de noyer, de l'absinthe, de la rue.

Sauterelles. Pour les anéantir, on doit allumer le jour de grands feux au centre du champ qui en est infecté, et des personnes en grand nombre, armées de pelles et balais dont elles frappent la terre, et de fusils dont elles font des décharges répétées, chassent les sauterelles et les dirigent vers les feux où elles vont se brûler.

Guêpes et *Frélons.* On en prend beaucoup au moyen soit des petits filets dont on se sert pour attraper les papillons, soit de caraffes remplies au tiers avec de l'eau miellée.

La Sécheresse. Les arrosements sont les seuls remèdes dans cette malheureuse circonstance.

Les Pluies trop fréquentes sont des maux sans remèdes.

L'Humidité dans les racines. Cet inconvénient a lieu dans les terres argileuses qui retiennent l'eau, on n'y peut obvier qu'en creusant, avant de planter, des trous de 2 mètres de largeur et de 1 mètre de profondeur, et en y mêlant l'argile qu'on en sort avec du gros sable de rivière et un peu de terre calcaire, pour la diviser et la rendre moins solide et plus meuble.

Les Gelées tardives sont à craindre, lorsqu'après une pluie le vent passant à l'est ou du sud au nord, refroidit tout-à-coup l'atmosphère, et détruit la plupart des fruits, et les bourgeons naissants des vignes. On peut sauver les fleurs et les fruits atteints de la gelée, en les arrosant avec de l'eau froide au moment où elle se déclare, ce qui fait fondre les gouttes gelées, avant que le soleil vienne frapper sur les arbres.

La Mousse. On la détruit en frottant, à l'entrée du printemps, les parties qui en sont attaquées, avec un gros pinceau, trempé dans du lait de chaux un peu épais. On la prévient en raclant à la même époque la vieille écorce jusqu'au vif.

L'Epuisement du sol. Les engrais diminuent le mal ; mais le seul moyen de le faire disparaître, c'est de remplacer la terre épuisée par une terre vierge, telle que le terreau, les limons de rivières, les boues des chemins, etc. On doit faire cette opération immédiatement après la chute des feuilles.

La Fructification trop abondante. Si l'on n'a pu éclaircir les fruits pour prévenir l'épuisement, on doit fumer les plates-bandes, à l'entrée de l'automne, avec du fumier de cheval bien consommé, arroser les arbres avec du jus de fumier, ou de l'urine humaine, en y ajoutant égale quantité d'eau, et les tailler sur le vieux bois quand les branches épuisées n'ont fait aucune nouvelle pousse.

Les Morsures d'animaux. On doit retrancher sur le tronc et les grosses branches tout ce qui a été mordu ou déchiré, laver la plaie avec de l'eau de fumier, remplir le vide de mastic et l'envelopper de chiffons pour le garantir de l'air. Les bourgeons coupés ou dont le bout a été mangé, doivent être taillés court d'abord après le mal, et les arbres déchargés de leur fruit la première année. On traite de même les arbres qui ont reçu des *coups.*

Il n'y a d'autres moyens de prévenir les ravages que font les grands vents, que de renoncer à planter des arbres en plein vent, dans les lieux qui ne sont pas abrités.

Maladies externes.

Fractures. On remet doucement dans le même état les branches qui on été cassées à moitié ou aux trois-quarts; on pétrit de la graisse avec de l'eau de fumier, on en frotte bien l'endroit de la fracture, et on la recouvre d'un morceau de chiffon. On lie ensuite la branche sur un bâton, jusqu'à parfaite guérison.

Plaies. La guérison des plaies ne consiste qu'à les mettre à l'abri du contact de l'air et des corps étrangers qui pourraient irriter, dessécher ou corrompre les lèvres de la plaie. A cet effet on les couvre de divers onguents, tels que le baume de Saint Fiacre qui n'est qu'un mélange de terre glaise et de bouse de vache bien pétries. Un autre onguent se compose d'huile de lin bouillie pendant une heure, avec 50 gr. de litharge pour chaque kilo d'huile, mêlée avec des os calcinés, pulvérisés et tamisés, jusqu'à la consistance d'une pâte presque liquide; avec cette pâte on couvre les arbres endommagés, les plaies ou les endroits des branches coupées, par le moyen d'un pinceau, après avoir taillé l'écorce et le reste, et après avoir rendu le tout aussi uni que possible. On l'emploie par un temps sec, pour qu'il s'attache bien.

Ulcère. L'ulcère provient d'une plaie négligée ou mal pansée. Après avoir lavé avec de l'eau légèrement salée, ou avec de l'eau de fumier, on le traite comme une plaie.

Cloque. Les feuilles et les bourgeons atteints de la cloque acquièrent un volume extraordinaire, tous les fruits qui sont sur les branches malades tombent, les pucerons viennent s'y loger et s'y multiplient par milliers. On attribue cette maladie à l'alternative du chaud et du froid, et la plupart des jardiniers laissent à la nature le soin de la guérir.

Rouille. Cette maladie se manifeste par des taches de couleurs diverses sur les arbres fruitiers ; elle est due aux coups de soleil, lorsque les arbres sont couverts de rosée ou à des brouillards, aux arrosements trop rapprochés suivis d'une forte chaleur. On peut remédier à la seconde cause, en ménageant les arrosements.

Carie. Elle n'attaque guères que l'écorce des arbres qui vieillissent. On doit couper l'extrémité de l'écorce, la laver avec de l'eau acidulée, et la couvrir de l'onguent dont nous avons donné la recette.

Le Blanc ou *Meunier.* C'est une matière blanchâtre qui s'attache comme de la poussière aux feuilles et aux fruits et les fait tomber avant leur maturité. On l'attribue à une stagnation dans la circulation. Le seul remède est d'abattre les fruits dès que le mal paraît, de couper à l'entrée de l'automne tous les bourgeons attaqués, et de donner aussitôt après à l'arbre un engrais liquide, composé de colombine ou de crottin de mouton et de jus de fumier.

La Brûlure et la Gelivure. Ce sont des fentes longitudinales produites sur les branches et au tronc par les fortes gelées ou les grandes chaleurs, qui les font périr en découvrant l'aubier. Dès qu'on s'en aperçoit, on doit remplir les vides avec l'onguent indiqué et les recouvrir de chiffons. Au printemps, quand l'arbre est en pleine sève, on coupe la partie de l'écorce desséchée, et l'on bouche encore tous les vides, jusqu'à ce que les deux peaux aient recouvert l'aubier. On garantit les espaliers de cette maladie, en plaçant devant le tronc une tuile ou planchette, et en enveloppant les grosses branches exposées au soleil, avec de la paille longue ou des chiffons.

Chancre. Il provient de l'altération de la sève et consiste en une tache noire arrondie, peu éloignée de la souche, d'où découle une humeur qui corrode l'écorce et pénètre bientôt l'aubier jusqu'au vif. On le guérit radicalement au moyen d'un cautère, c'est-à-dire en perçant la partie malade avec une tarière dans une direction ascendante et inclinée, en y adaptant un tuyau de sureau, et en laissant couler librement le liquide surabondant. La plaie étant sèche, on coupe jusqu'au vif tout ce qui était gâté, et on remplit le trou avec l'onguent.

Défoliation. La chute des feuilles a lieu à la suite d'une pluie froide précédée d'une extrême sécheresse. On peut la prévenir en ayant soin d'arroser les feuilles sans négliger les racines.

Panachure. Elle est causée par des vers qui rongent les racines ou par l'épuisement de la terre. On détruit les vers en saupoudrant de suie le fumier qu'on leur donne au pied, et on renouvelle la terre épuisée par de la terre vierge, en ayant soin de couper dans le vif les racines attaquées, et d'enduire la plaie avec de l'onguent.

Tumeurs et excroissances. Les tumeurs proviennent des compressions qui arrêtent la circulation de la sève. On y remédie en détruisant la cause de la compression. Les excroissances sont la suite des sucs extravasés; on doit les prévenir par des incisions aux racines ou au tronc. Dès qu'une excroissance paraît, il faut la couper et la traiter comme une plaie.

Maladies internes.

Étiolement. Un arbre s'étiole lorsqu'il pousse des branches longues, effilées, terminées par des petites feuilles assez mal façonnées et d'un vert pâle. La cause de cette maladie est due à ce que les arbres croissent trop près l'un de l'autre, ou dans des lieux privés du courant de l'air libre, et principalement de la lumière du soleil. On ne peut les en guérir qu'en leur ménageant le soleil, trois ou quatre heures par jour.

Pléthore. Cette maladie est causée par une surabondance de sève, produite par un sol trop gras ou un excès d'engrais, qui rompt ses vaisseaux et se répand au dehors, en formant des gerçures et des excroissances. Dans le premier cas on doit transplanter l'arbre, ou renouveler le sol par une terre inférieure. Dans le second, il faut supprimer les engrais. Mais on doit attendre pour fermer les gerçures et supprimer les excroissances que la sève ait cessé de couler.

Jaunisse. Cette maladie, qui fait faner les feuilles et tomber avant le temps, vient presque toujours de la sécheresse, ou de la trop grande humidité, ou de la morsure des racines par les insectes; on usera des moyens que nous avons indiqués contre ces diverses causes.

Gomme. Elle est produite par des contusions, par l'intempérie des saisons, par un excès de sève. Dès qu'elle se montre on l'enlève avec un linge mouillé, en faisant une incision à l'écorce ; on coupe ensuite jusqu'au vif les parties endommagées, l'on enduit la plaie avec de l'onguent et on recouvre le tout d'un chiffon.

Verger.

De même que le jardin, le verger doit être entouré de bonnes clôtures. S'il est possible, le sol sera en pente vers le sud, le sud-est ou le sud-ouest, et il sera protégé contre les vents du nord et de l'ouest qui font un grand tort à la floraison, et qui ébranlent et font tomber les fruits. Un terrain profond, un peu pierreux et meuble est celui qui convient le mieux au verger. Ordinairement on réunit ensemble le verger et le potager ; ainsi l'engrais et la culture destinés à l'un sont profitables à l'autre. Tous les soins qu'exigent les arbres fruitiers, sont d'enlever le bois mort, d'écheniller, de nettoyer des mousses, des lichens, des chicots et du gui, les tiges et les rameaux, et de donner dans les premières années une bonne direction aux branches. On doit cueillir les fruits avec une échelle double, ou secouer légèrement les rameaux pour les faire tomber sur des draps.

Fruits à Pepin.

Poirier. La meilleure manière de multiplier les poiriers est de semer des pepins provenant de poiriers sauvages, d'en former une pépinière et de greffer la seconde année sur les jeunes sauvageons les nombreuses variétés du poirier. On le transplante un an après dans le verger. On marcotte aussi cet arbre en enlevant à la fin de février sur une branche de l'année dernière un anneau d'écorce de 2 millim. de hauteur au-dessus de l'œil, qu'on remplace par une ficelle, afin d'empêcher la réunion des deux peaux, ou en y faisant une forte ligature, qui suffit presque toujours pour former le bourrelet d'où sortent les racines, et on fait entrer la branche dans un petit pot ouvert par le côté, de manière qu'en le remplissant de terreau, la partie incisée ou ligaturée n'en soit couverte que de 6 à 8 cent. Soutenu par deux perches enfoncées dans la terre, ou attachées à quelque branche, ce pot doit être couvert de mousse et arrosé assez souvent, pour que la marcotte soit dans un état d'humidité d'où dépend entièrement son succès. Si cette branche se trouvait placée à l'extérieur de l'arbre et exposée au soleil, on ferait fort bien de couvrir le pot de quelque mauvais linge ou de toute autre chose, pour le mettre à l'ombre et empêcher l'évaporation de l'eau.

On multiplie aussi le poirier par les boutures, de même que la plupart des autres arbres : la première méthode consiste à couper à pied de biche des branches d'un an dont la grosseur n'excède pas celle du petit doigt et de la longueur de 24 cent., de les planter au commencement de novembre, à 16 cent. de profondeur, dans un terrain défoncé à 65 cent., bien ameubli, et de les tenir fraîches pendant le printemps et l'été, en les arrosant sans les noyer.

La seconde, c'est de faire au mois de février une ligature, avec un fil un peu fort ou un fil d'archal, à la branche qu'on veut planter, où se forme un bourrelet par le moyen de la sève descendante, et de la couper à la fin d'octobre immédiatement au-dessus de ce bourrelet, pour la planter également à 18 cent. de profondeur.

La troisième, c'est de planter, à la même profondeur, une branche avec ses rameaux, de manière que le tronc, qui leur donne naissance soit seul au-dessus du sol dirigé en l'air par sa base. Il faut avoir soin d'étendre les rameaux dans le trou comme si l'on voulait disposer des racines. L'olivier, le grenadier, le figuier, le groseiller, etc., se multiplient fort bien de cette manière.

Voici la manière de le multiplier par rejetons. Les poiriers greffés sur des poiriers appelés *francs*, c'est-à-dire, provenant de pepins de poires bonnes à manger, lorsqu'ils sont vieux et qu'on leur a coupé le pivot en le plantant, poussent des rejetons sur les racines latérales, qui deviennent traçantes, et s'étendent quelquefois fort loin. Ceux qui sont venus de marcottes, de boutures, ou de rejetons, en donnent davantage, parce qu'ils s'éloignent plus du type que les premiers.

La plupart des propriétaires font enter ces rejetons sur place pour les planter ailleurs, un ou deux ans après; mais comme ils ont très peu de racines la première année, parce qu'ils reçoivent encore toute leur nourriture de celles qui leur ont donné naissance, nous croyons qu'il vaut mieux les mettre d'abord dans les endroits où on les veut à demeure, en réduisant les tiges proportionnellement à leurs racines, et les y greffer à œil dormant, l'année d'après, pour les élever sous la forme qu'on désire.

On greffe ordinairement le poirier sur le cognassier et préférablement sur le cognassier venu de graines; dans les terres sèches on le plante en novembre et dans les terres humides en mars. Lorsque les trous qui doivent recevoir les plants ont été préparés quelques mois avant la plantation et les pluies, on déplante les jeunes arbres avec ménagement, afin d'avoir en entier leur pivot, dont on rafraîchit les petites racines latérales qui ont été cassées, sans toucher aux autres ; après quoi, on les étête, savoir : à 60 cent. de la racine ceux greffés près le collet destinés pour une exposition battue par des vents, et à 1 mètre 50 cent. au-dessus de la greffe ceux en plein vent et à demi vent ; ensuite on retranche tous les yeux inutiles avec la serpette, de manière qu'il ne reste que les cinq plus hauts. Par ce moyen, ces derniers, recevant toute la sève, font des pousses beaucoup plus fortes et plus longues que si elle était partagée par les autres : ainsi préparés, on les attache chacun à leur bâton par le collet, et on remplit peu à peu les trous, en rapprochant toujours autour du pivot la terre venue de la superficie, qu'on doit avoir mis pour cela de côté en creusant les trous. La plantation étant achevée, et les arbres bien alignés, on applique sur la coupe un peu de mastic ; puis on leur donne à chacun un arrosoir d'eau en forme de pluie fine, pour ne pas trop tasser la terre, et on finit par mettre sur toute la largeur des trous un lit de bon fumier, qui doit être recouvert de 3 à 5 cent. de terre, sans laquelle il serait bientôt desséché par le soleil et le vent.

Nous avons donné plus de développement à la multiplication et à la plantation du poirier, ces détails pouvant s'appliquer à la plupart des arbres fruitiers à pepin ainsi qu'aux autres. Pour la multiplication et la plantation des arbres à fruits à noyau et à fruits à enveloppe, voyez l'article *olivier*, page 63, et *bois et forêts*, page 157 ; quant à la *taille* des arbres fruitiers et à leurs *maladies*, voyez pages 230 et 245.

Pommier. Le pommier franc se plaît dans les terres grasses, un peu humides. Il s'élève moins haut et dure moins que le poirier ; mais il croît plus promptement et donne plus tôt des fruits. Il redoute les grandes chaleurs. On le multiplie de semences, de rejetons, de marcottes et de boutures. On le greffe en fente au mois de mars, ou bien à œil dormant. Abandonné à lui-même sans le tailler, il ne donne du fruit que de deux en deux ans ; mais en le déchargeant convenablement, il porte tous les ans. Le pommier doucin donne vers la Saint-Jean de petits fruits ronds, pâles, sucrés, parfumés, mais un peu secs. Ce pommier, moins délicats que les autres, prospère dans tous les terrains. Le pommier paradis, dans l'état sauvage, s'accommode aussi de presque tous les sols ; mais lorsqu'il est greffé, il exige le même terrain que la greffe, et de grands soins dans le courant de l'année, pour pouvoir se mettre en harmonie avec elle. On cueille les pommes d'automne à la mi-septembre, et celles d'hiver à la fin d'octobre.

Cognassier. Il résiste aux plus grands froids, n'est sujet à aucune maladie grave, et paraît respecté par les insectes qui attaquent la plupart des arbres fruitiers. On le multiplie très facilement par rejetons et par boutures. Le cognassier vient à toutes les expositions, mais il lui faut une terre grasse, meuble, un peu humide, ou arrosée en cas de besoin. On cueille les coings en octobre. Pour parvenir à les conserver frais pendant quelques mois, il faut les exposer une ou deux heures à l'ardeur du soleil, après les avoir cueillis par un beau temps, et on les enterre dans du sable bien sec ou dans la scine. Ce fruit, qui n'est pas mangeable cru, prend au feu un parfum et une saveur très agréables.

Néflier. De même que le cognassier, il aime les lieux frais et humides. On le multiplie par les graines qu'il faut mettre en terre dès que les fruits sont mûrs, pour qu'elles puissent lever la première année, par les drageons, ou en le greffant sur le cognassier, le poirier, l'azerolier. Ces arbres ne se taillent pas ; on les débarrasse seulement du bois mort. On cueille les nèfles, lorsque les feuilles tombent ; on les dépose à la cave sur de la paille, où elles subissent la fermentation vineuse, et deviennent susceptibles d'être mangées.

Grenadier. La multiplication par les boutures est la plus prompte et la plus sûre. Il lui faut une terre fraîche et grasse. On doit avoir soin de retrancher les branches gourmandes et inutiles dont cet arbre se couvre dans sa jeunesse. Le grenadier croit rapidement et donne bientôt des fruits. Ses fleurs éclatantes se succèdent depuis le mois de mai jusqu'au mois d'août ; mais les premières tombent presque toujours. On cueille généralement les grenades du 15 au 20 septembre ; cependant à cette époque ces fruits n'ont acquis ni toute leur grosseur ni leur maturité ; mais s'il était possible, en les préservant de l'alternative du soleil et de la pluie, de les empêcher de se crevasser et de s'ouvrir, il vaudrait mieux les laisser sur l'arbre jusqu'à la mi-octobre.

Oranger. Cet arbre originaire des pays chauds, n'est guères cultivé en pleine terre que dans la partie la plus méridionale de la Provence. Mais la culture se fait, non-seulement dans le midi de la France, mais encore dans ses contrées les plus septentrionales, dans des caisses et des vases. Cet arbre qui fait un des plus beaux ornements des jardins, donne encore en fleurs un produit qui excède de beaucoup les frais de culture. La plantation de l'oranger ne diffère de celle des autres arbres fruitiers qu'en ce qu'après l'avoir enlevé de la pépinière, avec la précaution de ne point endommager ses racines, on doit le planter avec toutes ses branches. Comme les arbres toujours verts, l'oranger peut être transplanté sans danger au mois de juillet après la première sève, en ayant soin de le tenir suffisamment arrosé dans les grandes chaleurs. Le terrain qui lui convient est celui qui est à la fois léger et substantiel, l'humidité lui est contraire. Ceux qu'on plante en pleine terre doivent être espacés d'environ 2 m. 70 cent. On doit les fumer au mois de février avec de la fiente de mouton ou de cheval.

Il est nécessaire, après le labour de mars, de donner chaque mois un binage à l'oranger, et ne souffrir auprès de lui aucun arbuste ou plante. Il demande pendant l'été des arrosages fréquents, mais pas trop abondants. Si les grandes chaleurs suppriment les rosées, il ne faut pas négliger de joindre à l'arrosement du pied celui des feuilles. Si la sécheresse se prolongeait jusqu'en automne et qu'on manquât absolument d'eau, comme il serait à craindre que les premières pluies ne fussent suivies d'une gelée mortelle pour l'oranger qui serait alors entré en sève, on doit la prévenir en enterrant au pied de l'arbre des plantes légumineuses semées à ce dessein, et coupées à la veille de leur floraison. Ces plantes, contenant en ce moment la plus grande quantité d'eau de végétation, maintiennent la fraîcheur aux racines de l'oranger. La taille de cet arbre n'est qu'un simple ébourgeonnement ; on éclaircit les branches qui croissent dans l'intérieur, et qui géneraient la circulation de l'air, et on supprime les branches parasites. Le plus grand fléau de l'oranger est le froid. On le prévient par le moyen des serres, pour les orangers en caisse. Une autre maladie qui lui est particulière, est la cochenille de l'oranger, ou kermès des Hespérides, petit insecte qui couvre quelquefois toutes les feuilles, et qu'on détruit en répandant de la suie sur les feuilles attaquées. Excepté dans le Portugal, dans quelques contrées de l'Espagne, de l'Italie, de la Provence et de la Corse, le fruit de l'oranger n'est pour le propriétaire qu'un produit accessoire ; son principal revenu consiste dans la fleur. Tous les ans, au mois de mai, cet arbre se couvre de boutons qu'on cueille avant qu'ils se développent et un peu avant qu'ils s'épanouissent. Lorsqu'on veut conserver une certaine quantité d'orangers, on conserve les boutons les premiers éclos, parce que ce sont ceux qui conservent les plus beaux fruits. Cette cueillette doit se faire le matin, quand la rosée est dissipée, et avant que le soleil les échauffe. On place les boutons sur un linge et au frais, on les remue de temps en temps et on les fait passer dans l'alambic le plus tôt possible.

Les différentes espèces d'orangers qu'on cultive, soit en pleine terre soit dans des caisses, sont l'oranger à fruit doux, le bigaradier, le citronnier et le limonier.

L'oranger à fruit doux, appelé oranger du Portugal, a beaucoup de variétés, dont le caractère principal est la couleur rouge de l'écorce, et la saveur douce de la pulpe.

Le bigaradier porte un fruit fort acide, produit des fleurs qui joignent à l'abondance l'avantage d'avoir plus de parfum et du suavité. On ne le cultive guère dans nos contrées que pour ses fleurs qui donnent une eau excellente. Il a un grand nombre de variétés.

Le citronnier ne s'élève pas autant que l'oranger; il porte un fruit dont l'écorce est jaune, et le suc très acide.

Le limonier est une espèce riche en variétés, dont le fruit est ovale, ayant une écorce d'un arome piquant et caustique; sa pulpe, d'un blanc sale, renferme un jus acide, mais odorant et agréable. Il sert à composer des boissons rafraîchissantes.

On propage l'oranger par le moyen du semis, des marcottes ou des boutures. La voie du semis, est la meilleure, parce que les arbres qui en proviennent, sont moins sensibles au froid.

Sorbier ou *Cormier*. Il n'y a que deux manières de le multiplier : par le semis, voie très-longue, et en le greffant sur le poirier, le pommier ou l'aubépine. Il vient dans tous les terrains pourvu qu'ils ne soient pas trop humides. Son bois est très-recherché pour être mis en œuvre, et son fruit, d'une âpreté insupportable étant vert, devient doux en mûrissant sur la paille. On le cueille à la fin de septembre.

Vinetier ou *Epine-Vinette*. Cet arbrisseau aime les terrains secs et sablonneux. On le multiplie par ses semences et ses rejetons enracinés. Son fruit, de forme cylindrique, est arrondi par l'extrémité, et sa chair très-fondante est d'un rouge clair. Il mûrit vers la fin d'octobre. On le confit en grain, en gelée, en pâte, en conserve, en sirop.

Fruits à Noyaux.

Abricotier. Il réussit dans toutes sortes de terrains, mais il aime mieux les terres chaudes et sablonneuses. On le greffe sur l'amandier, sur l'abricotier de semis, ou sur le prunier, en écusson à œil dormant. Les fruits des diverses espèces d'abricots mûrissent depuis la mi-juin jusqu'en août. On taille ces arbres sur la fin de février. Dans les années où les abricotiers sont trop chargés de fruits, il faut en supprimer une partie dès qu'ils sont gros comme le bout du petit doigt.

Pêcher. Il aime un fonds de terre doux et substantiel, et qui ait une certaine profondeur ; on le cultive en espalier, et en plein vent. On le multiplie de semis, ou on le greffe sur l'amandier-pêche, vers la mi-septembre, quand le terrain a de la profondeur ; ou à la fin de juillet sur le prunier, quand il en manque. Le pêcher ne dure guère que de dix à vingt ans ; il faut donc en semer tous les ans, afin d'en avoir de beaux en réserve pour remplacer ceux qui viennent à périr. On taille le pêcher à la fin de mars. La pêche a de nombreuses variétés.

Prunier. Les terres légères et sablonneuses, mais pas trop sèches, conviennent au prunier. On le multiplie de noyaux, ce qui produit les meilleurs arbres, ou de rejetons, ce qui en donne plus tôt, ou bien on le greffe pour propager les espèces que l'on désire. On cueille les prunes depuis le commencement de juillet, jusqu'à la fin d'octobre. Cet arbre pousse très promptement, se met de bonne heure à fruit, et dure plus longtemps que le pêcher. Toutes ses variétés ont l'avantage de se passer de la taille, d'être peu difficiles sur le choix du terrain et de bien croître à toutes les expositions. Il a un grand nombre de variétés.

Cerisier. Cet arbre s'accommode de toutes sortes de terrains, mais les terres légères et profondes lui conviennent mieux. Il ne lui faut jamais de fumier : les gazons pourris et les feuilles d'arbres bien consommées sont les seuls engrais qui lui sont propres. Il vient très bien de noyaux et n'a pas besoin de la greffe. On le multiplie aussi de drageons et de rejetons. Il se greffe avec succès sur l'arbre de Sainte-Lucie, en écusson, à œil dormant ou en poupée. Il n'est pas nécessaire de le tailler. Les diverses variétés de cerises mûrissent depuis la mi-mai jusqu'à la fin de juillet.

Jujubier. Cet arbre se plaît dans un terrain léger et substantiel ; il veut une exposition chaude, on le multiplie par le semis. Son fruit mûrit en septembre.

Fruits à enveloppe.

Amandier. Il se multiplie d'amandes qu'on fait germer dans le sable et qu'on plante au printemps en terre légère et substantielle en même temps, à l'abri des vents du nord, parce qu'il fleurit de très bonne heure et est naturellement délicat. Lorsqu'on le plante dans des terres humides et froides, on le greffe soit sur lui-même, soit sur le prunier. On cueille les amandes en septembre et octobre.

Noyer. Dans les commencements, il est assez difficile sur la nature du terrain où il est planté. Il aime un sol profond, léger, substantiel et frais. On le reproduit par le semis ; il faut le transplanter avec toutes ses racines dans une fosse bien défoncée, où il puisse se développer à son aise. On mange les noix soit vertes, soit sèches; on cueille ces dernières vers le mois de septembre. On en tire une huile qui a beaucoup de valeur. Son bois est d'une grande utilité dans la menuiserie et l'ébénisterie.

Noisetier. Cet arbrisseau qui vient naturellement en buisson, mais qu'on peut facilement faire croître en arbre en l'élaguant et en le disposant à former sa tête, aime les terres grasses, légères et fraîches où il se trouve du caillou. Son fruit est bon à cueillir vers la fin de juillet.

Pistachier. Sa culture est à peu près la même que celle de l'amandier. Il aime une terre légère et une exposition chaude.

Châtaigner. Cet arbre se plaît dans un sol sablonneux et cailouteux; les terres calcaires argileuses et les climats très froids lui sont contraires. On le multiplie de semis faits au printemps, à 1 m. d'intervalle, sauf à éclaircir si les arbres sont trop serrés. On les rapprochera davantage, si l'on plante en pépinière. Les jeunes châtaigners de 4 à 7 ans sont propres à être transplantés. On ouvre plusieurs mois d'avance les fosses qui doivent les recevoir. Ils n'exigent d'autre culture les premières années que de serfouir leur pied, si la terre est compacte, et de l'entourer de fougère et de bruyère sèche, si le sol est léger. Le bois de châtaigner est peu propre au chauffage; mais il sert à faire des cerceaux, des cercles, des douves, des échalas, etc. Son fruit est aussi recherché par les hommes que par les animaux. Son feuillage sert de litière aux bestiaux, et pourri sous leurs pieds, il produit un fumier et un terreau excellents.

Figuier. Cet arbre étant cultivé plus particulièrement dans le midi de la France, a été traité avec plus de détails.

Le figuier n'est pas une de ces sortes d'arbres pour lesquels toutes les qualités de terrains sont bonnes; il lui faut une terre douce, sablonneuse pour qu'il puisse cramponner et étendre ses racines, et cependant un peu grasse, afin qu'il puisse s'y nourrir.

On peut planter le figuier à plusieurs époques de l'année; mais sa plantation la plus ordinaire est au mois de mars; elle est préférable à celle du mois d'août, attendu que celle-ci, pour réussir, demande des pluies fréquentes.

Si vous voulez planter vos figuiers en grand nombre sur un même fonds de terre, et faire de ces arbres un verger que l'on appelle figuérie, il est bon alors de les disposer dans un ordre symétrique, de les aligner et de mettre entre chaque plant environ 12 mètres de distance. Quand le moment que vous destinez à la plantation de vos figuiers est venu, après que vous avez choisi l'espèce qui vous convient le mieux, vous coupez une branche jeune et saine, et vous laissez à cette branche deux petits jets, afin qu'elle puisse s'étendre et propager ses racines. Un trou de 65 cent. environ de longueur sur 50 cent. de profondeur, et 40 cent. de largeur, suffit pour la fosse où vous voulez la placer.

Vous faites, avec un instrument d'acier bien aiguisé, sur l'opposé de la tige destinée à se produire en dehors, une fente de 3 cent. de longueur, et sur la branche qui doit rester en terre, quelques scarifications, c'est-à-dire des incisions avec un couteau, soit autour de la branche fendue, soit autour de celles qui doivent rester en terre. Ces incisions peuvent encore, et même avec plus de succès, être faites sur les nœuds des branches couchées dans la terre, attendu que ce sont de ces nœuds que sortent les premières racines du jeune plant. Cette opération préliminaire finie, il reste à couder ce plant au fond du creux, en sorte qu'il n'en paraisse que fort peu au-dessus de sa superficie. Après cela, une couche de terre meuble et pulvérisée et une couche de fumier, chacune de 15 cent. d'épaisseur, sont étendues l'une sur l'autre et légèrement couvertes pour combler entièrement le creux; et, si celui qui a planté le figuier peut en alimenter la sève par l'arrosage, il ne doit pas négliger d'user de ce moyen de favoriser son accroissement. Il y a deux choses surtout qu'il ne faut pas oublier lorsque l'on confie à la terre un jeune plant de figuier; la première, c'est de conserver à la branche ou aux branches ensevelies plusieurs tiges, parce que ce sont les tiges ou jets qui opèrent la multiplication de ses racines. La seconde, est de pratiquer une fente et quelques incisions au bout de ces branches et autres jets enfouis, parce que c'est de ces incisions que sort le suc laiteux qui produit ces brins de racines que l'on nomme chevelu. Une troisième remarque à faire, et qui n'est pas moins essentielle, c'est que le jeune plant de figuier doit s'élever fort peu au-dessus du niveau de la terre, afin que la sève répercutée alimente mieux les racines et procure à l'arbre de plus beaux jets. L'on se sert aussi souvent, pour propager le figuier, de ces plants déjà enracinés, que l'on nomme *barba* en langue provençale : cette méthode, suivie par quelques agriculteurs, quoique moins sûre et moins avantageuse que la précédente, peut néanmoins s'employer avec succès, surtout lorsque la plantation se fait au printemps, au sortir d'un hiver qui n'a pas été humide.

Pour ce qui est de la manière d'élever les jeunes figuiers lorsqu'ils ont pris racine, il n'y a point d'arbres qui demandent moins de soins et de dépenses, puisque l'arbre croît, grandit et s'embellit de lui-même sans que le cultivateur ait besoin d'y porter la serpe qui serait pour lui un instrument de dommage et peut-être de ruine.

S'il arrive que le jeune figuier que l'on a planté ne donne pas un fruit d'une assez belle qualité, on lui adapte, par la voie de l'entage, la greffe d'un figuier que l'on choisit pour avoir de plus belles figues. Voici comment on procède à cette opération. On fait à une des branches que l'on se propose d'enter, une incision à-peu-près circulaire; on tire avec la pointe d'un petit instrument tranchant, par exemple d'un canif, une ligne perpendiculaire qui ait 5 cent. de long; l'on écarte avec le bout de ce canif, l'écorce que l'on vient de fendre, en la soulevant un peu, afin que l'on puisse insinuer l'ente que l'on place au milieu, et que l'on couvre de suite avec cette écorce. Mais comme cette substance laiteuse qui sort de l'incision que l'on a faite à l'arbre enté, pourrait par son abondance nuire au succès de la greffe, empêcher que l'ente ne s'adaptât bien à la branche greffée, il est bon, pour obvier à cet inconvénient, d'attendre un moment que cette liqueur s'écoule avant de placer l'ente, de l'essuyer même plus d'une fois avec un linge, soit avant, soit après cette opération. Sans cette précaution essentielle, il pourrait arriver que ce suc laiteux, par sa causticité, occasionnât la pourriture de l'ente auquel nous donnons le nom de carte.

Lorsque l'entage est terminé, l'on n'oublie pas de lier le tout avec quelques brins de chanvre que l'on serre et que l'on fixe par plusieurs nœuds. Voilà la manière la plus usitée et la plus sûre pour enter le figuier;

c'est celle de l'écusson, la même que l'on pratique pour l'entage du mûrier.

Les figues, lorsque l'on en recueille une certaine quantité, peuvent être encore un objet de commerce quand l'automne n'est pas pluvieuse. On observe de ne les cueillir que dans le temps de leur parfaite maturité ; ensuite on les étend et on les arrange l'une contre l'autre sur des claies ou canisses, pour en prévenir la moisissure qu'occasionnerait l'entassement. On les expose tout le jour au grand air et au soleil, avec la précaution de les mettre le matin et le soir à l'abri de l'humide : et lorsqu'elles sont entièrement sèches, on les presse l'une sur l'autre pour leur donner plus d'étendue, après quoi on les entasse et on les serre dans des paniers ou dans des coffres. C'est alors simplement une provision pour l'hiver et pour l'arrière saison ; tandis que lorsque ces figues sèches sont dans une quantité qui excède la consommation du ménage, on les vend.

Les meilleures figues à manger fraîches sont : la napolitaine, la verdale *, la bourjassote *, la blanquette *, la pitaluffe, *, la doucette *, la verdasse, la roulane, la messougue *, le col-des-dames, la pécoujude, la marseillaise *, la figue-datte *, la poulette *, la cordelière *, la trompe-cassaïre, la safranée *, la franche-paillarde, la bellone *, la verdaou *, la cazane, la carravenquin, la laminade, la recousse, la bermissenque, la mouissoune, la sultane ; les figues de Raguse, de Morée, d'Espagne, de Mahon, de Jérusalem, de Porto. * Celles bonnes à sécher sont : la colignaque, l'aubique blanche, l'hospitalière, la camelière, la boutillette, la brussanne, la péloua, la seyroles, la blancau, la tibourenque, la messouque, la beaucaire, la quasse blanche et brune, la viongue, la rose et blanche, la coucourelle, la roulandine, la verdale, la grisette, la quasse noire, la figue de Salerne, et celles suivies d'une astérisque. (*)

Bestiaux.

Taureaux.

Les animaux les plus utiles à l'homme appartiennent à la race bovine. Ils nous nourrissent de leur lait et de leur chair, et nous aident dans nos travaux. Ce n'est que la troisième année qu'on doit employer le taureau à la génération ; plus tôt il ne donnerait que de faibles produits. Le choix de ces animaux contribue beaucoup à obtenir une belle race. Le taureau doit avoir un front élargi, une tête courte, de grandes oreilles, de fortes cornes, de gros yeux, de larges naseaux, le mufle camus et fort, des épaules charnues, un col épais, une vaste poitrine, un fanon tombant très bas, une croupe élargie, des membres gros et courts, le dos rempli, la queue très prolongée, le cuir épais, moelleux et flexible, un poil fourni, doux et uni, les pieds bien affermis, les ergots ou ongles larges et courts ; avec un pareil sujet et une vache un peu moins grosse et moins grande, mais douée des mêmes qualités, vous êtes certain d'avoir une espèce superbe.

On conserve ordinairement le veau qui ressemble le plus au portrait ci-dessus pour en faire un étalon, qui sert ordinairement à 25 vaches. On lui donne après chaque saillie, quelque poignée d'avoine ou d'orge et on lui laisse un jour de repos.

Pour que les taureaux soient moins farouches, il convient de les nourrir au pâturage, plutôt que dans les étables. Ils s'accoutument à la vue des hommes ; le grand air et la liberté les rendent plus robustes, ils s'habituent à la compagnie des vaches et ne cherchent à couvrir que celles qui sont en chaleur ; mais si par cas, ils attaquaient celles qui sont pleines, il faut les séparer d'elles pour prévenir l'avortement.

Bœufs.

Les bœufs sont des taureaux châtrés, soit très jeunes, soit de deux à cinq ans. Très jeunes, il y a du danger pour leur vie ; plus tard, ils s'engraissent plus difficilement ; mais ils ont plus de vigueur pour le travail.

Le bœuf employé au labourage, ne doit être ni trop gras, ni trop maigre ; trop gras, il est pesant et paresseux ; trop maigre, il manque de vigueur. Ce n'est qu'à force de caresses et de bons traitements qu'on soumet le jeune bœuf au joug. Pour le dresser, on le familiarise avec un autre bœuf déjà façonné au travail en leur donnant à manger ensemble. On l'attache au joug avec son nouveau compagnon, on leur fait traîner d'abord une pièce de bois, puis une chaîne pour l'accoutumer au bruit, et enfin on les attèle à la charrette et à la charrue. Après chaque essai, qu'on doit lui faire faire à jeûn, on a soin de lui donner une bonne nourriture qui lui sert de récompense.

Le soin des bœufs dans les fermes doit être confié à un bouvier qui doit être adroit, doux et vigoureux. Il aura soin qu'on ne leur fasse pas faire d'efforts au-dessus de leurs forces, qu'ils soient bien pansés et bien frottés, que l'on mêle, dans les travaux d'été et pendant qu'il fait chaud, dans l'eau qu'on leur donnera, du vinaigre et du nitre : qu'on ne les laisse pas au courant d'air, lorsqu'ils arrivent des travaux, et qu'ils ne passent pas trop rapidement du chaud au froid.

La ration ordinaire de cet animal, est de quinze kilos, paille et foin mélangé ; mais il leur faut du vert fréquemment, et si on a des herbages ou pâturages à sa disposition, on y laisse paître les bœufs qui sont beaucoup mieux qu'à couvert ; mais lorsqu'ils arrivent du travail, il convient de les tenir à l'étable le temps nécessaire pour les bouchonner et leur permettre de reprendre haleine et d'étancher leur transpiration.

On engraisse le bœuf au vert et à l'étable ; les propriétaires qui ont de gras pâturages doivent y placer leurs bœufs à la fin de l'automne, et ajouter à leur nourriture un peu de foin de relais qu'on leur donne pendant la gelée et la neige. Ces bœufs d'hiver sont ordinairement gras dans le courant de juin, et s'étant engraissés des herbes nouvelles, ils donnent une viande excellente. Les herbes tendres et échauffées par le soleil sont celles qui engraissent le mieux. Si l'eau manque dans le pâturage, il faut conduire les bœufs deux fois par jour à l'abreuvoir, et davantage dans la chaleur. L'engraissement de l'été est plus rapide ; il ne dure que quatre mois, depuis le mois de mai jusqu'en septembre.

On engraisse le bœuf dans l'étable, vers la fin de l'automne, quand les travaux sont à peu près terminés. On les enferme dans les étables, en ménageant des courants d'air pour y maintenir la salubrité. On leur donne six repas dans la matinée, et six l'après-midi. Chaque repas doit être un mélange de foin et d'autres aliments, tels qu'avoine, son, gland, châtaigne, pommes-de-terre coupées en tranches en petite quantité et toujours suivi d'un intervalle de repos. Quand ils l'ont mangé, on les fait boire dans les premiers temps, hors de l'étable ; sur la fin, dans l'étable, afin qu'ils ne sortent pas. On ajoute toujours à leur boisson du son ou de la farine ; mais quand on les nourrit seulement de vert, on ne leur donne pas à boire. Les pommes-de-terre peuvent procurer de grandes ressources dans les années d'abondance où le prix est modique. Pour en faire usage, on les coupe à morceaux, et on en donne trois fois par jour aux bestiaux.

Indépendamment de la propreté dont on use dans l'administration de la nourriture et dans la tenue des étables, on a soin de bien étriller les animaux et de les bouchonner de temps en temps, parce que n'étant plus libres, ils ne peuvent plus se nettoyer, se lécher ni suppléer aux frottoirs qu'ils trouvent en plein champ.

Vaches.

« Le produit de la vache, dit Buffon, est un bien qui croît et qui se renouvelle à chaque instant. La chair du veau est une nourriture aussi saine que délicate ; le lait est l'aliment des enfants, le beurre l'assaisonnement de la plupart de nos mets, le fromage la nourriture la plus ordinaire des habitants de la campagne. Que de pauvres familles sont aujourd'hui réduites à vivre de leurs vaches ! »

« On reconnaît si une vache est bonne laitière, aux indices suivants, dit un auteur moderne : son corsage est vaste, son ventre gros, l'intervalle entre la dernière des fausses côtes et les os du bassin, assez considérable, le front ample et découvert, l'œil grand et vif, la tête ramassée, la mâchoire serrée, le poitrail large, le fanon pendant, les épaules charnues, la jambe courte, grosse et musculaire, les cornes brunes et bien disposées, les oreilles étendues et très garnies de poil, la queue longue, grosse et fournie d'une ample touffe de crin à son extrémité, la mamelle ample et annonçant beaucoup de grosses veines, le pis gros et long. »

On ne doit faire saillir la génisse qu'à deux ans, plus tôt on nuit au développement et à la durée de la vie de l'animal. Si on désire obtenir de beaux veaux, on choisit les vaches les plus fortes et qui ont le plus de disposition à s'engraisser. Si on spécule sur le laitage, on donne la préférence aux vaches qui ont le plus de lait, qui ne sont ordinairement ni grasses, ni disposées à l'engraissement.

La vache porte pendant environ 300 jours : lorsqu'elle est pleine, on doit la mettre à l'abri des grandes pluies, des fortes gelées, de la neige, et ne pas l'employer au travail. Il faut éviter tout ce qui pourrait la faire avorter, ne pas la conduire sur les pentes rapides, empêcher qu'elle saute les fossés. On cesse de la traire vers le septième mois de la gestation, et il faut la bien nourrir pendant les deux derniers mois.

Lorsque la vache est sur le point de mettre bas, on le reconnaît à l'abaissement du ventre, au gonflement des mamelles et du pis, au gonflement de la vulve qui laisse écouler les eaux, et à des mugissements plus ou moins fréquents. On doit alors la surveiller avec soin ; si le temps est beau et qu'elle soit au pâturage, il faut la laisser vêler dehors ; si elle se trouve à l'étable, on doit lui donner de l'aisance autour d'elle, pour qu'elle ne soit pas gênée dans ses mouvements. La plupart des vaches restent debout lorsqu'elles vêlent ; il faut veiller que cette opération ne se fasse que sur une herbe moelleuse, un sol doux ou sur une abondante litière.

Si le fœtus se présente bien, c'est-à-dire, s'il montre le mufle et les pattes de devant, il n'y a qu'à seconder la nature, en tirant doucement le veau à mesure que la mère fait des efforts pour l'expulser. Dans le cas contraire, il est prudent d'appeler un vétérinaire. Nous renvoyons cependant le lecteur à des traités plus étendus, tels que *Le parfait Bouvier* et autres, qui leur indiqueront des moyens et des remèdes que nous ne pouvons rapporter dans un ouvrage aussi circonscrit.

Du Veau.

La manière d'élever les jeunes veaux varie beaucoup, les uns les abandonnent à leur mère, et c'est le plus naturel ; les autres les attachent à part sur de la bonne litière, et ne les laissent pas même lécher, de crainte que la mère ne s'y attache trop et ne se tourmente pendant l'absence de son petit ; ils ne les laissent téter que deux ou trois jours, après quoi ils les renferment, et leur font boire chaud du lait écrémé ; mais la meilleure manière de nourrir les veaux est de les laisser à leur mère. Cependant quand la vache a peu de lait, et que l'on veut accélérer l'engraissage du veau, on lui fait boire du lait d'une autre vache et un peu de farine d'orge. On ne sèvre pas les veaux avant 40 jours, soit qu'on les élève, soit qu'on les destine à la boucherie.

Béliers, Moutons, Brebis et Agneaux.

Ce n'est qu'à deux ans et jusqu'à dix que le bélier est propre à la monte. Un seul suffit à 40 ou 50 brebis. C'est au même âge que les brebis produisent de beaux agneaux ; trop jeunes, elles s'affaibliraient en les allaitant. Si cependant elles mettent bas avant l'âge convenable, on livre l'agneau à une brebis faite, ou on le nourrit avec du lait de chèvre ou de vache affaibli avec de l'eau tiède. La brebis porte cent cinquante jours. Pendant leur gestation il ne faut pas les fatiguer par de longues marches : on doit les préserver des causes de frayeur. Quand l'agnèlement est difficile, il faut aider la mère. Elles peuvent porter deux fois par an et mettent souvent bas deux agneaux.

Les agneaux nés pendant l'hiver, ne se sèvrent qu'au bout de quatre mois ; mais ceux qui viennent au monde au commencement du printemps, peuvent l'être au bout de deux mois. On les taille à quinze jours en leur coupant les testicules ou en les bistournant ; aux agnelles on enlève les ovaires.

C'est dans le courant de juin qu'on procède à la tonte des laines ; mais les agneaux se tondent quelques jours plus tard.

On engraisse les moutons d'un à deux ans. Dans les bons pâturages on peut faire trois engraissements par an. La luzerne et le trèfle sont très propres à engraisser les moutons ; mais ils peuvent produire des maladies : le sainfoin est préférable. On engraisse l'hiver à l'étable. On leur donne quatre repas par jour, on les sort à midi, et on ne les fait boire qu'une fois par jour.

Les bergers ne doivent jamais hâter la marche des troupeaux, surtout lorsqu'ils sont chargés de toison ; ne jamais parcourir plus de quatre lieues par jour et éviter de se mettre en route pendant les grandes chaleurs.

On doit conserver toujours la bergerie saine, sèche et bien aérée. C'est une erreur de dire que la nouvelle laine chasse l'ancienne ; c'est-à-dire que celle-ci tombe pour faire place à l'ancienne ; cela n'arrive que lorsque l'animal est malade. On ne sait pas encore s'il est plus avantageux de tondre deux fois plutôt qu'une. La laine de six mois est plus fine, mais moins longue que celle d'un an. Si l'on fait deux tontes, il faut faire la première en mars et la seconde en septembre.

Si le troupeau doit passer l'été dans les montagnes de l'Auvergne, des Alpes, des Pyrénées, il ne doit se mettre en route qu'après avoir été dépouillé de sa toison, dont le poids l'échaufferait pendant sa marche.

Il faut observer que le temps soit sec et beau, lorsque l'on lave les moutons avant de les tondre, et les renfermer ensuite dans un lieu qui ne soit pas humide, pour qu'ils se sèchent aussitôt.

Quand on s'aperçoit au volume de la mamelle qu'une brebis est prête à agneler, il faut la laisser à la bergerie, surtout dans les temps froids, de crainte que l'agneau en naissant ne périt. Si le pis s'engorge, il faut en tirer un peu de lait, ce qui soulagera la brebis. Si elle a de la difficulté à mettre bas, le berger doit l'aider en introduisant ses doigts frottés avec de la graisse ou de l'huile dans le vagin, en retournant l'agneau s'il se présentait mal et en l'attirant à lui avec beaucoup de précaution.

Chèvres.

On reconnaît une bonne chèvre lorsqu'elle a la croupe large, les cuisses charnues, une grosse mamelle, le pis long, les jambes fournies, la taille grande, l'allure ferme et légère et que son poil est doux et épais. Elle vit dix à douze ans. Elle porte un peu plus de cinq mois. Elle entre en chaleur en automne ; les chevreaux naissent au commencement du printemps ; l'allaitement ne durant qu'un mois, ils peuvent paître l'herbe tendre au mois d'avril.

Quand il pleut ou qu'il tombe de la neige, on doit

les tenir à l'étable, les nourrir avec du foin, des herbages verts, des rameaux desséchés avec leurs feuillages, des pommes-de terre, etc. On doit les faire boire le matin et le soir.

Un peu avant que la chèvre mette bas, on doit la mieux nourrir, la surveiller et pendant les travaux du chevreautement, qui sont souvent laborieux, l'aider comme nous avons dit de la brebis.

On prétend que le poil des chèvres est susceptible d'une grande amélioration sous le rapport de la finesse et du moelleux, quand on fait allaiter les chevreaux par les brebis.

On ne doit employer le bouc qu'à 18 mois. Dans le temps de la monte on doit le mieux nourrir, et même lui donner un peu de vin et d'avoine.

Des Cochons.

Voici l'animal par excellence. Tout en lui est utile à l'homme ; tout son corps est susceptible de recevoir des emplois utiles ; tout, sans choix, lui sert de nourriture, et tout climat lui est bon.

Ce n'est qu'à dix-huit mois qu'on doit employer le verrat, s'en servir pendant trois années. Cependant, dans la plupart des exploitations, on s'en sert depuis un à deux ans ; on le châtre ensuite, parce que, au-delà de cet âge, sa chair serait moins bonne, si on tardait plus longtemps à lui faire subir la castration.

La truie doit être d'un caractère doux et avoir des habitudes tranquilles, avoir un ventre ample et seize mamelles allongées, être forte, longue, grosse, large des reins et des épaules : on la fait couvrir à un an ; elle porte quatre mois. Elle met bas deux fois par an, et chaque portée produit douze cochonets et même davantage.

Lorsque la truie est âgée de cinq ans on la fait châtrer et on l'engraisse.

Quand on la voit ramasser de la paille et préparer son lit, elle est sur le point de mettre bas. Il faut alors l'aider, lui faire une bonne litière : dans le dernier mois de sa gestation il faut la mieux nourrir sans cependant l'engraisser, ce qui rendrait son pourcellement difficile et diminuerait la quantité de son lait.

Dès qu'elle est délivrée, on la restaure par une rôtie au vin s'il fait froid et si le port a été laborieux ; on a soin pendant qu'elle allaite de lui procurer une nourriture plus substantielle, lui réserver ce qu'il y a de meilleur dans les déchets, y ajouter du son, des pommes-de-terre, des feuilles de choux, et d'orge, etc. Lorsqu'elle fait téter ses petits, il faut veiller à ce qu'elle ne les écrase pas ; parce que, lourde et maladroite, elle risque de les écraser en se tournant. On doit la laisser sortir ; elle revient d'elle-même allaiter ses petits, à la proximité desquels on tiendra un baquet très peu profond, rempli d'eau blanchie avec du son ou de la farine de grains grossiers.

Pour ne pas affamer la mère, lorsque la portée est de plus de sept à huit cochonets, on en supprime au bout de trois semaines un tiers qu'on vend avantageusement, parce que la chair du cochon de lait est excellente. On garde les mâles, parce qu'ils deviennent gros et que leur lard est plus ferme. A deux mois on les sèvre en les séparant de leur mère. On les laisse manger avec les autres cochons, en veillant toutefois que les plus forts ne blessent pas et n'empêchent pas les plus petits de manger. A trois mois, on châtre mâles et femelles ceux qui ne sont pas destinés à la reproduction.

A dix-huit mois, cet animal a pris tout son accroissement, et si depuis son neuvième mois il a été bien nourri, il doit avoir une forte corpulence et une bonne chair. Les saisons les plus favorables à l'engraissement sont l'automne et l'hiver ; à cette époque on lui donne de la litière et on tient son étable saine et fraîche. Pendant l'été, il doit coucher sur la dure, dans un endroit qui soit frais sans être humide. Le cochon aime la propreté, qui lui fait du bien, et s'il se vautre dans la fange ce n'est que pour se débarrasser des insectes qui le tourmentent.

On ne commence à les engraisser que lorsqu'ils sont bien en chair ; le gland les nourrit fort bien, leur donne une chair ferme, mais ne suffit pas pour les engraisser. La pomme-de-terre qui le nourrit assez bien, l'engraisse mal, et donne peu de goût à sa chair et peu de consistance à sa graisse. Les feuilles cuites de l'orme, de l'ortie et des légumes, les châtaignes, les farines de pois, de sarrasin, d'orge, conviennent à leur engraissement.

Pour parvenir à bien engraisser le cochon, on doit le renfermer, à une époque où il ne fait pas chaud, dans une étable obscure et tranquille, où la chaleur soit modérée, avec de la litière fraîche. On commencera à lui donner deux fois par jour ; puis on augmentera la dose progressivement pendant huit ou dix jours, au bout desquels on lui livrera à discrétion la nourriture destinée à son engraissement jusqu'à ce qu'il soit assez gras. Moins il boit, plus il engraisse rapidement ; cependant il ne doit pas manquer d'eau propre blanchie avec un peu de son.

On ne doit jamais acheter un cochon sans lui avoir visité les deux côtés de la langue, parties où la ladrerie se manifeste. Si on aperçoit des grains ou tubercules blancs, l'animal est attaqué de cette maladie ; plus il y en a, plus le mal a fait de ravages : alors les soies s'arrachent facilement, et leur racine est sanguinolente ; l'animal ne peut vivre longtemps et sa chair désagréable au goût est malfaisante.

Le Cheval.

Si on veut obtenir de beaux produits, il faut donner à la jument un étalon qui lui convienne pour la race, la taille et les qualités, et ne pas craindre de faire quelques lieues pour la conduire au dépôt des haras. Elle porte de onze à douze mois : c'est vers le mois de mai qu'on la fait saillir, afin qu'elle mette bas à la pousse des herbes. Pour s'assurer si elle est pleine, on la présente à l'étalon, qu'elle refuse si elle l'est, et qu'elle reçoit si elle n'a pas conçu. On peut ainsi noter l'époque de la mise bas, et lorsqu'elle est sur le point d'arriver, on la surveille, afin de l'aider dans son accouchement, s'il est laborieux. On reconnaît qu'elle est voisine de son terme par l'abaissement du ventre, la cavité des flancs, l'amplitude des mamelles, le gonflement de la vulve, et quelque écoulement rougeâtre. Lorsqu'elle a pouliné on doit la couvrir un peu, la tenir à une chaleur modérée et la laisser tranquille. Il faut lui donner quelques seaux d'eau blanche tiède, et une ou deux bouteilles de vin, si après un accouchement laborieux ses forces sont affaiblies. Au bout de huit jours on peut l'employer; mais modérément pendant les premiers temps, comme pendant celui de la gestation. Pendant qu'elle allaite, surtout si elle travaille, elle doit être bien nourrie.

Si le poulin est faible et qu'il ne veuille pas téter, il faut lui faire avaler quelques verres de vin trempé tiède, et une ou deux heures après le lait de sa mère au moment où il vient d'être trait. Si par quelque accident il venait à être privé du lait maternel, il faut lui donner tiède dans un seau, du lait de vache ou de chèvre. A deux ou trois mois on lui donne du foin tendre et il commence à manger l'herbe verte. A six ou sept mois on peut le sevrer ; on lui donne alors de l'eau blanche, un peu d'avoine ou d'orge broyés. Deux ou trois fois la semaine, on lui donne quelques coups de brosse, cela lui fait du bien, et le rend familier.

Ce n'est que par degrés qu'on accoutume les jeunes chevaux à recevoir d'abord le licol, le bridon, la bride, la sangle, la selle et la croupière ; à laisser laver chacun des pieds ; à traîner une pièce de bois, puis un petit chariot ; à porter un fardeau, un cavalier, et à prendre diverses allures : le pas, le trot, le galop et les fausses allures, telles que l'amble, l'aubin, l'entre-pas ou pas relevé.

L'élégance convient sans doute au cheval de selle ; mais celui destiné à l'agriculture doit avoir de l'ampleur dans toutes ses parties, beaucoup de force, des reins plus gros et des épaules bien prononcées, avoir le garrot très développé, le dos court, l'échine droite et tous les membres solides. Ce n'est qu'à trois ou quatre ans qu'on doit l'employer.

Cet animal vit de vingt-cinq à trente ans. Ses dents jusqu'à huit ans marquent son âge; celles auxquelles on le reconnaît, s'appellent les coins. Ce sont les troisièmes prises du milieu de la mâchoire, tant en haut qu'en bas. Ces dents sont creuses et ont une marque noire dans une concavité; à quatre ans et demi ou à cinq ans, elles ne débordent pas au-dessus de la gencive, et le creux est fort sensible. A six ans et demi, il commence à se remplir; la marque commence aussi à diminuer et à se rétrécir, et toujours de plus en plus, jusqu'à sept ans et demi, huit ans que le creux est tout-à-fait rempli, et la marque noire effacée. Après huit ans, comme ces dents ne donnent plus connaissance de l'âge, on cherche à en juger par les autres dents. A dix ans, celles d'en haut paraissent usées, émoussées et déchaussées. Plus elles le sont, plus le cheval est âgé; passé ce temps on dit qu'ils ne *marquent plus*, et on n'a plus de signes certains pour connaître l'âge.

Le cheval doit être étrillé, bouchonné, brossé et peigné matin et soir. Le pansement consiste en outre à laver avec de l'eau, point trop crue, les yeux, la bouche, les naseaux, les parties de la génération dans les deux sexes, et le fondement. On passera l'éponge humide sur le toupet et la crinière, la queue, les ars, les paturons et les sabots.

On ne doit confier le ferrement des chevaux qu'à des maréchaux habiles.

Il ne faut pas qu'un cheval soit trop gras. Cependant il doit être bien nourri, surtout s'il travaille;

mais il ne faut pas le forcer au travail parce que la fatigue l'épuise.

Le foin ou l'herbe du pâturage, sont la nourriture ordinaire du cheval. Il faut mêler au foin de la paille de froment hachée, un peu d'avoine, du son faiblement humecté. La meilleure eau pour les chevaux est celle des rivières, des étangs ; l'eau de puits ne leur convient pas ; à défaut d'autre, on s'en sert, mais lorsqu'il fait chaud, on la laisse reposer après qu'on l'a tirée du puits. On les abreuve matin et soir. Il faut éviter de les faire boire lorsqu'ils ont chaud.

C'est ordinairement de deux à trois ans qu'on châtre les chevaux. Cette opération doit être confiée à un habile vétérinaire.

L'Ane.

C'est, après le cheval et le bœuf, le plus utile de nos compagnons de travaux : il est sobre, patient, fort et solide. Il se contente d'une nourriture grossière, il consomme peu et travaille beaucoup ; il marche avec sûreté sur des pentes dangereuses ; il a l'œil prompt et sûr, l'ouïe fine et l'odorat excellent ; il s'attache fortement à son maître qu'il reconnaît de loin ; il n'est délicat que pour son breuvage ; il lui faut de l'eau claire ; c'est enfin l'ami du pauvre.

L'âne vit vingt-cinq à trente ans. Il reste quatre ans à croître. Le baudet ou étalon doit être choisi parmi les plus grands, les plus forts et les plus intelligents. C'est de trois à dix ans qu'il est le plus propre à la monte. M. Huzard le décrit ainsi : « Il aura les yeux pleins, vifs et bien fendus ; de grandes narines, la membrane pituitaire vermeille, la bouche fraîche, le col long, le poitrail large, les reins fermes, la croupe plate, la queue courte, le poil lisse, un peu luisant, doux au toucher, d'un gris foncé ou noir ou moucheté de rouge, les organes de la génération gros et charnus. Il faut écarter ceux dont le genou est couronné et sans poil, parce que cela prouve qu'ils s'abattent, et qu'ils sont faibles des jambes; ceux qui ont les yeux enfoncés, ceux qui sont ombrageux. » A ces qualités, l'ânesse doit joindre le corps et le bassin larges.

Ce que nous avons dit de la jument et du poulain convient à l'ânesse et à l'ânon. Comme on tire du lait d'ânesse un parti avantageux, on peut sevrer son petit à moins de six mois; on le nourrira avec du lait de vache et ensuite avec de l'eau tiède blanchie de plus en plus, lorsqu'on le sèvre, avec de la farine de seigle ou d'orge. Comme l'ânon s'attache beaucoup à sa mère, et qu'ils souffriraient tous les deux s'ils n'étaient pas ensemble, on met une muselière à l'ânon pour l'empêcher de téter sa mère.

Mulet.

Le mulet est produit par l'accouplement d'un âne et d'une jument, et le bardeau par celui de l'ânesse et du cheval. La jument sèvre d'elle-même le mulet à six ou sept mois; on le soigne alors comme les poulains et les ânons.

On estime un mulet lorsqu'il a le corps svelte et mince, la croupe rabattue vers la queue, les jambes rondes un peu plus grosses que celles de la mule. Celle-ci doit avoir le corps arrondi et gros, le pied petit, la jambe sèche et fine, la croupe plate et charnue, le col long et arrondi en voûte, la tête sèche et petite, le poitrail ample et développé.

La mule est plus tranquille et plus docile que le mulet; celui-ci est plus robuste, plus vif, et vit plus longtemps.

Nous n'avons pas parlé des maladies des bestiaux; plusieurs ouvrages, *Le parfait Bouvier*, *Le parfait Maréchal*, donnent là-dessus les plus grands détails.

La Basse Cour.

Poules. Le poulailler doit être exposé au midi, et établi dans un endroit spacieux; il faut y placer un nombre suffisant de perches, afin que les poules puissent se jucher. On le dispose encore de manière à pouvoir fermer la porte, tous les soirs, à cause des animaux ennemis de la volaille, tels que la fouine, la buse, la belette, etc. Il importe aussi qu'il ne soit ni trop froid pendant l'hiver, ni trop chaud pendant l'été.

On balaie chaque jour le poulailler, on nettoie les perches et on change la paille des niches, en prenant ces différents soins, on évite la fermentation des ordures, qui engendrent, par la corruption, des odeurs fétides, dégoûtent les poules, et portent en elles le germe de plusieurs maladies. On leur donne à manger de très bonne heure, parce que dès sept heures du matin les poules s'occupent de pondre. On ne leur distribue ainsi de la nourriture que le matin ; le reste de la journée, elles attrapent de côté et d'autres des insectes, ou du grain tombé dans la cour ou dans l'écurie. Les poules qui se disposent à couver pondent régulièrement un œuf par jour, et quelquefois même elles en pondent jusqu'à deux. On s'aperçoit que les poules sont prêtes à couver, quand leur ponte cesse, et quand elle gloussent au lieu de chanter.

Les jeunes poules, les poules farouches, et les poules qui ont des ergots semblables à ceux des coqs, ne sont pas propres à couver ; quelque désir qu'elles en puissent montrer, il ne faut pas les satisfaire. On choisit, pour couveuses, des poules fortes, paisibles, et de deux ans au moins. A mesure que les poussins naissent, on les laisse sous la mère un jour ou deux, en attendant que toute la couvée soit éclose. Le vingtième jour, on jette tous les œufs qui ne sont point ouverts ou éclatés en quelques parties, à l'exception toutefois de ceux où l'on reconnaît que le petit existe, mais n'a pu s'ouvrir un passage ; on le lui fraye, en faisant à l'œuf une légère ouverture avec une épingle.

Le temps de l'incubation fini, on sort les poussins du nid, on les loge avec la mère dans un grand panier, que l'on garnit d'étoupes pour les défendre du froid. On les accoutume ensuite par degrés à l'air. Au bout de sept à huit jours, on les place sous une cage à clairière, afin qu'ils puissent entrer et sortir à volonté, et se réchauffer sous la mère qui ne quitte pas la cage. On place cette cage sous un hangard ou sous un bâtiment, pour mettre ces animaux à l'abri du froid, dont leur faible duvet ne peut les garantir. On les nourrit alors de millet cru ; peu après, d'orge, de froment bouilli, et de miettes de pain trempées dans du vin. Lorsqu'ils manquent d'appétit, on a recours aux miettes de pain trempées dans du lait ou dans le caillé ; s'ils sont relâchés, on leur donne des jaunes d'œufs durcis et émiettés. Pour élever avec succès des poulets, il faut, du moment où ils sont hors de la coquille, les tenir dans un lieu chaud et exempt de toute espèce d'humidité, les entretenir dans la plus grande propreté, leur fournir une nourriture abondante, et la renouveler sans cesse, ainsi que leur eau ; les placer continuellement au soleil, ayant soin, s'il est trop actif, de couvrir leur cage avec un linge ou avec une planche, afin de les mettre à l'ombre sans les priver de la chaleur.

Les maladies des volailles sont la pépie, le croupion, le cours de ventre, l'ophtalmie ou inflammation des yeux. La première provient souvent de la disette ou de la malpropreté de l'eau ; le croupion, petite tumeur enflammée, qui survient et se place à l'extrémité du croupion, et le cours de ventre, sont occasionnés par une trop grande quantité de nourriture sèche et échauffante.

La mue est un état maladif commun à tous les oiseaux. Les jeunes poulets en sont souvent attaqués ; ils sont encore sujets à une autre maladie plus dangereuse à l'époque où les plumes de la queue commencent à leur pousser : on y remédie en les ôtant d'avec leur mère, en les préservant de l'humidité, en leur administrant une bonne nourriture, et en les tenant chaudement.

Il faut toujours régler la quantité de ses volailles sur celle de ses grains ; un petit nombre de poules bien nourries fournissent plus d'œufs qu'un grand nombre de poules mal nourries.

Les Canards sont peut-être les animaux les plus agréables de la basse-cour. Outre qu'ils multiplient considérablement, et que leurs plumes se vendent bien, ils demandent peu de soins, même dans leur premier âge ; le moindre bourbier leur suffit.

Lorsqu'on peut cependant leur procurer une eau claire, et dans laquelle ils nagent à l'aise, ils grossissent à vue d'œil, et leur chair est plus délicate. L'époque de leur ponte dure depuis le commencement de mars jusqu'à la fin de mai. Le temps de la couvée est de 29 à 30 jours ; il faut peu nourrir la cane pour qu'elle couve bien.

Tous les aliments sont propres aux canards : grains, légumes, herbages, rebuts de cuisine, chairs, boyaux, son, recoupe de farine, etc. On nourrit d'abord les canetons avec du pain émietté et imbibé d'eau ; on en prépare peu à la fois, parce qu'il s'aigrit facilement. On ajoute ensuite à cette première nourriture des herbes potagères, cuites ou hachées. Plus tard, on leur donne du son mouillé, et des herbes crues ou hachées. Enfin, on leur distribue le son et les criblures qui restent après que les grains sont vannés.

La mue du canard arrive au temps de la couvée, et celle de la cane quand ses petits sont élevés.

On trouve un grand avantage à faire couver les œufs de cane par une poule. Dès que ses petits sont éclos, la cane recommence sa promenade chérie, les petits la suivent, et l'impression froide de l'eau en fait périr beaucoup, tandis que les canetons, remis à la conduite d'une poule, ne la quittent que lorsqu'ils sont devenus un peu forts, et que l'eau leur est nécessaire.

Oie. Tout est produit dans l'oie : quand elle est jeune et parfaitement engraissée, on la mange avec plaisir ; sa chair se sale, et l'on vend les grandes plumes de ses ailes et son duvet. On nomme proprement oies les femelles, jars les mâles, et oisons les petits.

L'oie pond quinze, seize, dix-sept œufs, et couve vingt-sept à trente jours ; elle est bonne couveuse, pourvu qu'elle soit tenue chaudement, qu'on ne l'interrompe pas, et qu'elle ait à portée de son nid de l'eau et du grain ; elle ne mange pas beaucoup tout le temps de l'incubation. Quand des œufs éclosent avant les autres, ce qui arrive souvent, il faut tirer les petits de dessous la mère, afin qu'elle n'abandonne pas le reste de la couvée. On prépare aux nouveaux nés une nourriture faite avec de l'orge gruée, trempée dans du lait ; ou bien on leur donne du lait caillé, ou du son. Quand le soleil est chaud, quand le temps est froid, on laisse sortir la mère pendant quelques heures ; mais on renferme les oisons dans l'endroit où ils sont habitués à vivre et à prendre leur nourriture.

Deux maladies affligent ces animaux. La première est une diarrhée qui devient quelquefois épizootique : on parvient assez souvent à la guérir, au moyen de vin chaud, dans lequel on fait cuire des pelures de coings, ou gros comme une noisette de thériaque, ou des glands de chêne. La seconde ressemble à un vertige qui les fait tourner pendant quelque temps sur eux-mêmes, ils tombent ensuite et meurent. Cet accident, produit par le sang qui leur porte à la tête, demande un prompt secours ; en pareil cas, on saigne l'oie avec une épingle, une aiguille, etc., en perçant une veine assez apparente, située sous la peau qui sépare ses ongles.

Le Dinde. La poule d'Inde n'est pas aussi féconde que la poule ordinaire. Il faut lui donner de temps en temps du chenevis, de l'avoine, du sarrazin, pour l'exciter à pondre ; et avec cela, elle ne fait guère qu'une seule ponte par an, d'environ quinze œufs.

Le dindon est difficile à élever ; on ne peut compter sur lui, que lorsqu'il a pris le rouge, c'est-à-dire, lorsque la crête lui a poussé. On le nourrit dans les premiers temps de sa naissance, avec du jaune d'œuf et du persil haché. L'humidité et le froid lui sont très nuisibles, et il ne faut pas le faire sortir avant que le soleil ait séché la rosée. La meilleure façon de conduire les dindons devenus forts, c'est de les mener paître par la campagne, dans les lieux où abondent les orties et autres plantes de leur goût, dans les vergers lorsque les fruits commencent à tomber, etc., etc. Mais il faut éviter soigneusement les pâturages où croissent les plantes qui leur sont contraires, telle que la grande digitale à fleurs rouges.

Un dindon mâle suffit à six femelles. On reconnaît à celles-ci l'intention de couver, lorsqu'on les voit rester dans leurs nids après la ponte. Elles couvent avec tant d'ardeur, qu'il faut les faire lever de couvée pour leur donner à boire et à manger. Les poules de l'année précédente sont d'ordinaire les meilleures.

Pour engraisser les dindons, on tire parti de leur appétit. S'ils n'en ont pas un assez violent, on les tient dans un lieu sec et obscur, bien aéré. Il vaut cependant encore mieux les laisser rôder autour des bâtiments. Pendant un mois, donnez-leur, tous les matins, des pommes-de-terre cuites, écrasées et mêlées avec de la farine de sarrazin, de maïs, d'orge, de fèves ; on fait du tout une pâtée. Tous les matins, il faut une dose nouvelle ; ce qui aurait pu rester de la veille, répugnerait à l'animal. Un mois après avoir mis cette nourriture en usage, ajoutez-y, tous les soirs, une demi-douzaine de boulettes, composées de farine d'orge, que vous leur ferez avaler, et cela seulement pendant huit jours. Ce terme passé, votre dindon sera bon à manger.

Pigeons. Quand on veut peupler un colombier, on y met des jeunes pigeons de l'année précédente ; on les y tient enfermés, en ayant soin de leur donner une nourriture abondante, de l'eau toujours propre et fraîche, et de ne leur ouvrir la trappe que lorsqu'ils ont des œufs éclos. Alors, ils vont dans les champs chercher de la nourriture pour leurs petits. On continue à leur distribuer encore du grain pendant quelque temps, en diminuant par degrés la ration, jusqu'après l'incubation de la deuxième ponte, moment où l'on cesse tout-à-fait de leur donner des aliments, excepté aux deux époques des semailles, afin qu'ils ne nuisent point aux trésors confiés à la terre, et dans le temps des neiges et des grandes pluies, où ils ne sortent pas. On les renferme aussi aux approches de la récolte, afin qu'ils n'y portent point le ravage.

Les pigeons se nourrissent, dans les champs, de toutes les plantes à fleurs en croix et à fleurs papillonacées, ainsi que des graminées ; ils préfèrent cependant à cette nourriture, le froment, le seigle, l'orge, l'avoine, le maïs, le sarrazin, et surtout les vesces.

On doit apporter beaucoup de soin à retirer du colombier la colombine ou fumier, dont l'odeur forte fait déserter les pigeons. Leur manger leur doit être toujours délivré à la même heure et par la même personne ; au moyen de cette attention, l'oiseau ne s'effarouche point, il ne sort pas brusquement de dessus ses œufs, de dessus ses petits, et ne les jette pas à terre.

Leur femelle couve pendant vingt-un jours, et pond de nouveau vers le quarante-cinquième.

Les Pigeons de volière ne se répandent pas dans la campagne : leur femelle ne met que quarante jours d'une ponte à l'autre, elle passe la nuit sur ses œufs, et y reste jusqu'à dix et onze heures du matin ; alors le mâle prend sa place et y reste jusqu'à la nuit close. Ces pigeons, si on les laisse libres, ne s'écartent guère de la métairie ; retenus en captivité, ils pondent plus souvent, engraissent, grossissent et reproduisent plus vite que lorsqu'ils voltigent dans les cours. Ils ont besoin d'une nourriture abondante, d'eau toujours fraîche, et d'une extrême propreté. Pour qu'ils puissent prendre l'air et se chauffer au soleil, on établit en avant de leur volière, une cage de fer proportionnée à leur nombre. L'hiver, on intercepte le passage de la volière à la cage par une trappe au moyen de laquelle ils peuvent braver la rigueur de la mauvaise saison. Pendant les frimats, on veille à ce que leur eau ne se gèle point, et on leur en porte deux fois par jour. Dans la belle saison, on place au milieu de la volière, des terrines plates, remplies d'eau, où ils se baignent autant de fois qu'il leur plaît.

Les Lapins. La lapinière se construit sous le poulailler. Il faut que les portes des cabanes soient en barreaux ; que ces cabanes aient une pente bien marquée, et qu'il se trouve, du côté le plus bas, une petite goulotte recouverte d'un grillage, qui donne l'écoulement aux urines.

Lorsque des lapines ont mis bas, on doit bien prendre garde qu'elles ne mangent pas des herbes mouillées. On leur prodigue, durant une huitaine, le son mêlé avec un peu de sel. On ne les remet pas au mâle avant six semaines au moins. Il ne faut pas non plus laisser les jeunes lapines s'accoupler trop tôt ; elles avorteraient.

Des Réservoirs et Viviers.

Des Réservoirs simples. Les poissons d'eau douce ont ordinairement la vie plus dure que les poissons de mer ; ceux de rivière et d'étang sont d'ailleurs plus abondants dans l'intérieur des terres, où chacun est intéressé à en trouver au besoin.

Les réservoirs ont été imaginés pour conserver après la pêche d'un étang le poisson que l'on veut vendre ou celui que l'on destine à sa propre consommation. Les plus simples et les plus en usage sont ceux que chacun peut avoir à portée de sa demeure lorsqu'il a une rivière, une source ou même une mare. Ces réservoirs ne sont autre chose qu'une caisse en chêne avec une trappe que l'on ferme à clef. Cette caisse est percée de plusieurs trous pour que l'eau y entre et en sorte librement. Elle doit être enfoncée dans l'eau de toute sa hauteur et assujettie par de forts pieux. On en retire le poisson avec une petite trouble.

Des réservoirs plus grands en maçonnerie. Ces réservoirs se font en maçonnerie ou clayonnage, autour des maisons ou châteaux où l'eau est profonde ; on y dépose le beau poisson qu'on a pris dans l'étang ou ailleurs ; ordinairement ils sont à compartiments séparés, les uns pour les *brochets*, un plus petit pour les *anguilles*, d'autres pour les *carpes*, les *tanches*, les *randoises*, etc. Mais le poisson maigrit si on n'a pas soin de nourrir les *carpes* et les *tanches* avec du gros pain bis ou du blé qu'on a fait cuire dans l'eau et qu'on pétrit avec de la terre grasse. On remplit de cette terre un panier ou baril défoncé et les *carpes* sucent la terre et le grain. Les fèves à demi cuites sont aussi fort bonnes. Les *brochets* aiment beaucoup les entrailles d'animaux ; cette nourriture les engraisse promptement. Il est essentiel de nourrir les poissons dans le temps du frai ; on peut s'en dispenser pendant l'hiver.

Des Viviers. Les viviers sont de larges fossés qui ont de 40 à 50 mètres de longueur ; on y dépose le poisson quand il est parvenu à sa grosseur, et on y pêche toutes les fois qu'on en a besoin pour la provision de la maison. Leur étendue étant plus grande que celle des réservoirs, le poisson s'y porte mieux, surtout quand le vivier est entretenu par une source ou par un courant d'eau ; la *truite* même s'y conserve pourvu qu'il y ait un fond de gravier.

Il est un moyen très facile de s'assurer quand un vivier sera propre à conserver des truites, ce qui est assez rare. Il s'agit d'y jeter quelques écrevisses prises dans un ruisseau voisin. Si elles y vivent, les truites y vivront ; si elles y périssent, il en sera de même de ces poissons.

Dans tous les cas, si l'eau d'un vivier n'est pas froide, limpide, si elle ne se renouvelle pas continuellement, il est inutile de tenter cette expérience : elle n'aurait aucun succès.

Il est bon, tant pour nettoyer le vivier que pour y pêcher, qu'on puisse le vider en ouvrant une petite vanne. Quand l'eau n'est pas renouvelée, la *carpe* et la *tanche* y prennent un goût de vase fort désagréable ; dans ce cas, il faut, avant de les employer à la cuisine, les faire dégorger dans une eau vive. On doit éviter de mettre trop de carpes dans un vivier, elles y maigriraient infailliblement, à moins qu'on n'eût l'attention de les nourrir, ce qui deviendrait d'autant plus coûteux, que le vivier serait plus rempli de poissons. La *perche*, la *tanche*, le *gardon* y prospèreront mieux que la *carpe* ; le *brochet* y grossira beaucoup, mais aux dépens des autres poissons.

Il est bon de faire observer que lorsque l'on construit des viviers ou des réservoirs, il faut leur donner une grande profondeur d'eau ; sans cette précaution, les fortes gelées d'hiver feraient périr les poissons.

Quand le froid devient intense et que l'eau commence à se glacer, il faut ménager de l'air aux poissons. Pour cela on prend plusieurs fagots de longue paille, et on les place debout, moitié dans l'eau et moitié hors de l'eau. On peut encore, et cette précaution est beaucoup plus sûre, faire casser la glace dans deux ou trois endroits, de temps à autre.

Dans les viviers où l'eau est entretenue par un léger filet provenant d'une source, ces précautions sont inutiles s'il y a seulement 65 cent. d'eau.

Les meilleures carpes pour peupler, ne doivent être ni trop grosses ni trop petites. On les choisit à peu près de 27 à 29 cent.; elles doivent être rondes et avoir le ventre plein, observant qu'il ne faut au plus qu'un quart de mâles sur ce qu'on met de femelles.

Dans les mois d'avril et d'août, époque du frai pour les carpes, il faut bien garder les viviers; car le poisson, alors engourdi et presque à sec dans l'herbe, se laisse prendre à la main. Il faut aussi empêcher que les bestiaux n'aillent boire au vivier; ils feraient avec leurs pieds une énorme destruction de frai. Les cochons surtout sont fort à craindre, parce qu'ils mangent le frai avec avidité.

Il peut survenir beaucoup d'accidents à un vivier aleviné, jusqu'à ce qu'il soit en pêche. Le plus fâcheux est de manquer d'eau pendant l'été; c'est la saison où les poissons profitent le plus; c'est aussi celle où ils ont le plus besoin de nourriture. Ainsi, s'il était possible, il faudrait mettre beaucoup d'eau dans le vivier, pour qu'en étendant la nappe d'eau, ils eussent abondamment de quoi se nourrir. C'est là ce qui fait apercevoir le grand avantage des viviers qui peuvent tirer l'eau de quelques sources abondantes, d'une rivière.

Pisciculture.

Dans ces dernières années, on s'est appliqué à propager un procédé pour la multiplication du poisson d'eau-douce, qui consiste à préparer des réservoirs d'eau courante, divisés en compartiments, où l'on féconde artificiellement les œufs des poissons. Au moment du frai, on se procure des mâles et des femelles des espèces que l'on veut multiplier. Au moyen d'une légère pression de la main sur le ventre de la femelle, on amène la sortie des œufs qui sont reçus dans un de ces compartiments, et aussitôt après, on fait sur le mâle une pression analogue, de sorte que la laite, en sortant de son corps se répand sur les œufs et les féconde. Il faudrait plus d'espace que nous n'en avons ici pour décrire minutieusement tous les soins avec lesquels on fait éclore les jeunes poissons : on les nourrit d'aliments convenables, on les change de compartiments à mesure qu'ils grossissent, on les amène enfin à l'état d'être transportés dans les lacs, les étangs, les rivières que l'on veut repeupler. Ces procédés très ingénieux et éminemment utiles sont exposés dans des ouvrages spéciaux qui pourront servir de guides aux personnes qui voudraient opérer elles-mêmes la propagation du poisson dans leurs propriétés.

Des Abeilles.

On distingue, dans une ruche, trois sortes d'abeilles ; 1° les *abeilles-ouvrières*, qui sont le gros de la nation ; elles sont chargées de tout l'ouvrage et ne sont ni mâles ni femelles. Leur emploi est de récolter, de travailler et d'élever les petits ; elles ont toutes une trompe pour le travail et un aiguillon contre l'ennemi. 2° Les *faux-bourdons*, qui sont les mâles et qui n'ont point d'aiguillon ; ils sont d'une couleur plus obscure que les abeilles, et d'un tiers plus gros. Il s'en trouve de cette espèce environ quinze cents, dans une ruche de quinze à vingt mille abeilles-ouvrières. 3° Enfin une espèce beaucoup plus forte et plus longue que les bourdons même, et qui est armée d'un aiguillon ; mais elle est bien moins nombreuse que les autres, puisque chaque ruche n'en renferme qu'une. C'est cette abeille unique qui est chargée de la multiplication de l'espèce ; elle produit à elle seule, non seulement de quoi peupler la ruche, mais assez d'individus pour en former plusieurs ; c'est pour cela qu'on lui donne le nom de *reine* ou *mère-abeille* ; c'est ainsi qu'est composé chaque essaim.

Lorsque les abeilles s'établissent dans une ruche, leur premier soin est d'aller visiter les plantes résineuses des environs ; elles y cueillent une matière gluante qui acquiert une grande fermeté en se séchant, elles en enduisent le dedans de la ruche, et en bouchent hermétiquement toutes les fentes ; cette matière se nomme *propolis* : ce premier travail achevé, elles s'occupent à construire les cellules ou alvéoles, dont la réunion forme ce qu'on appelle des gâteaux, lesquels réunis à leur tour, se nomment rayons.

Ces gâteaux, divisés en une infinité de cases, présentent un objet digne de la plus grande admiration ; l'œil est frappé de la délicatesse du travail et de l'économie de la matière. Les cellules sont de diverses grandeurs, suivant leur usage : celles des mâles ou bourdons sont constamment de 8 millimètres de large ; celles destinées aux abeilles-ouvrières d'un peu plus de 5 millimètres Il est à remarquer que cette dimension ne varie dans aucun des pays où on trouve l'abeille domestique. La reine a sa cellule particulière, et construite dans un autre ordre d'architecture ; elle est de figure arrondie et guillochée en dehors. Autant la matière est épargnée pour les autres, autant elle est prodiguée dans celle-ci ; une seule de ces cellules royales pèse autant que cent cinquante cellules ordinaires. Outre celle qui sert de logement à la reine, les abeilles en construisent trois ou quatre autres, destinées à recevoir les œufs femelles, que celle-ci pond en pareil nombre. Ces trois ou quatre nouvelles reines deviennent les chefs d'autres colonies, que vont former les jeunes essaims, lorsque leur multiplication les a rendus plus nombreux que la ruche n'en peut contenir.

Les personnes qui élèvent des mouches à miel, connaissent le moment où s'opère cette séparation, et le mettent à profit ; elles présentent aux jeunes mouches de nouvelles ruches dans lesquelles elles s'établissent, et où elles forment bientôt un état aussi nombreux que le premier.

Lorsqu'après la séparation, il reste plusieurs femelles dans la ruche, elles se battent à outrance, jusqu'à ce qu'une seule reste maîtresse du champ de bataille ; c'est celle-là qui exerce le souverain empire, tout semble fait pour la servir ; les faux-bourdons forment sa cour, et les abeilles ouvrières paraissent ses sujets : si elle meurt avant qu'une autre puisse gouverner, l'essaim se disperse et souvent périt ; alors pour le retenir, on a soin de l'enfermer dans une ruche, où l'on met des gâteaux de cire garnis de miel ; aussitôt les ouvrières s'occupent de construire une grande cellule, et de la fournir de tout ce qui est nécessaire pour la nourriture d'une nouvelle reine, qu'on se hâte de leur donner. Souvent aussi on réunit deux essaims, et celui qui a été privé de sa reine devient sujet du nouvel état dans lequel on l'incorpore.

C'est dans les fleurs que les abeilles ouvrières vont chercher la substance dont elles construisent leurs cellules ; elles se roulent dans leur calice, se garnissent les pattes du duvet léger dont il est rempli, le rassemblent en boule dans les brasses ou petites palettes de leurs pattes de derrières, et s'en retournent ainsi chargées à la ruche. Là, d'autres abeilles avalent cette matière, la préparent dans leur estomac, et la laissent suinter de leur corps. C'est avec cette espèce de sueur qui s'affermit à l'air et qui compose la cire, qu'elles construisent, à l'aide de leur bouche et de leurs pattes, toutes les cellules qui, réunies, forment le rayon.

Les mêmes abeilles ouvrières vont pomper dans le fond des fleurs, au moyen de leur trompe, un suc doux qu'elles avalent, et dont elles dégorgent une partie dans les cellules ; c'est ce qui compose le *miel* ; elles en font une provision proportionnée à leur nombre, et qui sert à leurs besoins, lorsque la campagne n'a plus de fleurs à leur offrir.

Pendant tout le travail, les mâles fécondent l'abeille-mère ; mais à peine celle-ci a-t-elle déposé ses œufs dans les cellules qui leur sont destinées, que les ouvrières qui, jusque-là, avaient nourri ses nombreux maris avec le plus grand soin, les chassent de la ruche et les tuent s'ils refusent d'en sortir. Ils paraissent connaître leur sort, et comme ils n'ont point d'aiguillon, ils font peu de résistance ; ces malheureux proscrits se répandent dans les champs, et y périssent misérablement.

La reine fait sa ponte dans les premiers jours du printemps ; les insectes qui sortent des œufs ont la forme de petits vers blancs sans pieds : les abeilles-ouvrières les nourrissent de miel jusqu'à ce qu'ils filent une espèce de léger cocon de soie, qui tapisse la cellule où ils s'enferment pour se métamorphoser en nymphe ou chrysalide. Au bout d'un certain temps elles se métamorphosent en faux-bourdons, abeilles-mères ou abeilles-ouvrières.

Pendant le temps du repos, et particulièrement l'hiver, il arrive quelquefois qu'un essaim sort de sa ruche et voyage pour chercher une autre habitation ; alors elles se suspendent l'une à l'autre par les pattes et forment une espèce de grappe ; il faut les suivre si on ne veut point les perdre. Lorsqu'elles s'arrêtent sur un arbre pour se reposer, on étend un drap au-dessous, on secoue l'arbre ; l'essaim ainsi groupé tombe, et on l'emporte.

L'exposition à donner aux ruches dépend des climats : il y en a de très-chauds où elles doivent être à l'ombre, d'autres au nord, d'autres au midi. A quelque exposition que l'on place les ruches, il faut qu'eles soient à l'abri des grands vents.

Quand les abeilles d'une ruche sont nombreuses et bien approvisionnées, elles peuvent supporter le froid ; mais si leur essaim est trop faible, on doit les réunir ou les marier à un autre. Pour cela, lorsque l'essaim rassemblé le soir ne forme qu'un peloton au sommet intérieur de la ruche, on la soulève, on la frappe rudement d'un seul coup au-dessus d'une nappe qu'on a étendue par terre ; on recouvre aussitôt les abeilles d'une seconde ruche contenant un essaim déjà établi, auquel on veut joindre le nouveau. Celui-ci s'établit dans la ruche pendant la nuit.

Pendant les plus grandes gelées, on abrite ces ruches ; on les visite souvent, sans les déranger, pour voir si elles ont besoin de nourriture, et veiller à leur sûreté. Si elles sont dépourvues, on leur donne un sirop qui se compose dans la proportion d'un demi kilogr. de miel ou de mélasse, de cassonnade ou de sucre et deux litres de vin. On fait bouillir doucement ce mélange, on l'écume, et quand il a acquis la consistance nécessaire, on le conserve à la cave dans des vaisseaux bouchés. Quand on s'aperçoit que les abeilles manquent d'approvisionnement, on en remplit une demi-bouteille, sur l'orifice de laquelle on attache une toile à mailles grossières ; et qu'on place le goulot en bas, dans le trou ménagé sur le haut de la ruche. Le sirop suinte lentement, les abeilles vont en prendre tour-à-tour leur part, et la ruche se trouve ainsi alimentée.

Lorsque le printemps est une fois venu, il faut s'occuper d'autres soins : on soulève la ruche, on la visite, on la nettoie, on en rétablit la libre entrée, et l'on est surtout attentif à fournir à tous ses besoins.

Quand la chaleur de l'été fait éclore les essaims, on les suit, on les reçoit, on les place, et on s'assure de leur nouveau travail ; à cette époque aussi on transvase, si les circonstances n'ont pas contraint de le faire plus tôt.

Il ne faut rien laisser dans les ruches au-delà des besoins des abeilles. Rien ne doit les embarrasser ni les infecter ; les rayons doivent être sains et nets, les alvéoles libres pour la déposition des œufs et du miel nouveau, et l'on est sûr alors que les essaims écloront de bonne heure.

Les ruches doivent avoir la forme d'un œuf coupé par la moitié ; celles en paille sont meilleures. Mais quelle que soit leur matière, il est nécessaire, pour les

opérations de l'essaim; que la ruche ait environ 50 cent.
de large et 40 de haut, et qu'elle soit recouverte d'un
chapiteau proportionné. Le diamètre supérieur du corps
de la ruche doit être resserré par un anneau rentrant,
pour rendre la séparation moins vaste, moins sensible
aux abeilles après la taille, et pour conserver circulairement plus de points de suspension aux rayons inférieurs. Tous les bords doivent être unis afin que la
jointure soit exacte, et que le fil de laiton puisse glisser
facilement. On lie le chapiteau au corps de la ruche par
des attaches extérieures, adaptées, par exemple, aux
pointes sortantes des baguettes placées horizontalement
dans l'intérieur, pour soutenir les rayons, et qu'on délie
au moment de faire la taille. Alors, avec la pointe d'un
couteau, on décolle doucement le chapiteau du corps de
la ruche en le soulevant tant soit peu; on place quelques
petites cales dans la jointure, et quand on a tout préparé,
on fait passer le fil de laiton en sciant adroitement les
gâteaux; on replace un autre chapiteau vide, on l'attache et on lute la jointure. — Le sommet du chapiteau
doit avoir un trou que l'on ferme avec un bouchon et
par où l'on fait entrer le goulot de la bouteille de sirop,
destiné à fournir de l'aliment aux abeilles. C'est aussi
par cette ouverture qu'on leur donne de l'air dans
les jours tempérés de la mauvaise saison; l'été, il faut
leur en procurer en tenant la ruche un peu soulevée
par de petites cales.

On fait aussi des ruches pyramidales qui sont composées de trois pièces. Pour les former, on prend d'abord
une ruche ordinaire destinée à recevoir l'essaim; elle
peut avoir 27 à 30 cent. de haut sur autant de diamètre :
c'est là le commencement de la ruche; il n'est plus question que de mettre en jeu et en usage trois hausses ou
caisses qu'on y adaptera successivement à proportion
des travaux des abeilles.

Un an après la réception de l'essaim, on passera dans le panier une première hausse ou caisse en bois, de 30 à 32 cent. en tous sens, n'ayant qu'un fond percé dans son milieu d'un trou de 2 à 3 cent. de diamètre. On rétablira le panier par-dessus, en ayant soin de le luter à sa jonction, pour que les abeilles ne puissent sortir de leur ruche que par une seule ouverture pratiquée sur le tablier, et on la laissera dans cet état une année entière, pendant laquelle elle donnera un ou deux forts essaims.

Lorsqu'on passera la seconde hausse sous les deux autres pièces, on la lutera comme nous l'avons déjà dit ; aussitôt que les bourdons auront été détruits, on pourra disposer du panier supérieur en bouchant les trous du fond. On le trouvera plein de cire et de miel, sans mouches et sans couvain. Le miel sera de l'année, parce que les abeilles auront consommé celui des années précédentes ; il n'y aura que la cire dont la date remontera à l'été de l'établissement de chaque panier.

Lorsqu'on enlèvera le panier supérieur, on laissera sa ruche passer les six mois de l'automne et de l'hiver dans cet état, pour ne lui donner une troisième hausse qu'au retour du printemps, et continuer ainsi toutes les années.

— *Récolte du miel et de la cire*. Lorsque les fleurs sont passées, c'est le moment de récolter le miel. Dans nos départements les plus chauds cette récolte doit se faire avant la fin du mois de mai. Pour lors les abeilles recommencent leur travail et le continuent jusqu'à la fin de l'automne ; ce qui dispense de leur donner à manger pendant l'hiver.

La veille de l'opération on délute les ruches, ensuite on détache les tourniquets ou la corde qui assujettit la hausse que l'on veut enlever ; on la soulève, et l'on passé justement et horizontalement entre la première et la seconde hausse un fil de fer ou de laiton qui scie les gâteaux. L'on replace la hausse supérieure, et l'on remet au lendemain la suite de l'opération. Cette remise est essentielle pour laisser redescendre dans la hausse inférieure la reine-abeille et sa suite, qui ont été appelées dans la supérieure par le bruit qu'elles y ont entendu.

Le lendemain, dès le matin, on enlève la première hausse déjà détachée, on met un couvercle sur la seconde, qui devient la première, et on place sous l'inférieure une hausse vide, dont on s'est préalablement muni. On assujettit de nouveau toutes les hausses. On ferme les portes, à l'exception de celle de la hausse inférieure, qui doit à l'avenir servir d'entrée aux abeilles, et on lute toutes les fentes.

Dans cette manière de dépouiller les ruches l'on ne doit pas craindre d'enlever le couvain parce qu'il se trouve au milieu de la ruche, dont on ne prend que la partie supérieure, tandis que pour tailler les ruches de l'ancienne forme, il faut des soins, de l'adresse et des connaissances acquises. Premièrement, celui qui taille doit savoir distinguer les rayons qui renferment le couvain, pour l'épargner lors de la taille. Secondement, il faut avoir les instruments nécessaires, dont le plus essentiel est un couteau à lame large, bien affilée et recourbée au bout en forme de serpette, qui doit être maniée avec beaucoup d'adresse ; enfin, il faut choisir un beau jour que les abeilles indiquent, dès le matin, par leurs vifs et sémillants ébats devant la ruche.

Lorsque toutes les abeilles ont quitté la hausse qu'on doit vider, on la transporte dans une chambre. Si c'est la nuit qu'on doit opérer, on aura la précaution, en sortant, de fermer les portes et les fenêtres ;

si c'est le jour, on ne laissera entrer la lumière que par une petite ouverture, afin que les abeilles puissent sortir en la voyant.

On se munira d'un plat rempli d'eau, de plusieurs terrines garnies de tamis ou de cadres sur lesquels on aura cloué du canevas ou de la toile très claire, d'un couteau, de plusieurs cuillers très fortes, de serviettes, de plumes de dinde, etc.

On commence par détacher les bâtons croisés, et ensuite chaque rayon en particulier : s'il y a des abeilles, on les fait tomber avec une plume qu'on lave dans l'eau lorsqu'elle est remplie de miel. On pose chaque rayon sur le tamis ; on en sépare la cire qui ne contient point de miel, ainsi que celle où se trouvent des vers, des nymphes ou des rouges ; on met le tout à part. Si les rayons contiennent du miel de plusieurs couleurs, on met chaque espèce dans des tamis séparés, et après cette première opération, on les passe à un sac plus fin, de sorte qu'il ne reste aucune particule de cire.

La hausse vidée, on la gratte avec une cuiller pour en détacher la cire, on la renverse sur un tamis, et on la laisse égoutter. On porte les abeilles engluées qu'on a trouvées sur les rayons, au soleil, devant leur ruche, où elles ne tardent pas d'aller retrouver leur reine.

On vide le miel le plus beau, le plus blanc, connu sous le nom de Miel Vierge, qu'on a obtenu en brisant les gâteaux les plus purs, sans les pétrir, dans des pots à ce destinés ; ensuite on brise encore les mêmes gâteaux avec les mains, sans les presser, en les joignant à de moins parfaits, on en retire le miel de seconde qualité. Ce dernier a une teinte jaune, à cause de quelques parties de cire qui s'y trouvent mêlées. On en remplit également des pots qu'on tient découverts et exposés dans un lieu frais ; il s'y fait de la fermentation, qui élève à la surface les matières étrangères qu'on écume ; enfin, on réunit le marc des gâteaux qui ont servi à faire le miel vierge et le miel de seconde qualité, et tous les gâteaux altérés, même ceux qui contiennent de la cire brute ; on les pétrit, on en forme une pâte qu'on met sous la presse, en l'humectant d'un peu d'eau, qui ne soit pas bouillante : c'est la manière d'obtenir le miel commun.

Le miel étant retiré, on rassemble les débris des gâteaux et ceux qui ne contiennent pas de miel ; on les laisse tremper quelques jours dans l'eau claire, ayant soin de remuer, afin que ce qui reste de miel s'en sépare ; on les met sur le feu dans une chaudière qu'on remplit d'eau auparavant jusqu'aux deux tiers : à mesure que la cire se fond, on la remue avec une spatule, afin qu'elle ne s'attache pas au bord de la chaudière ; on diminue le feu peu à peu, et on verse la cire fondue et l'eau dans des sacs de toile forte et claire, pour les mettre à la presse, qu'on nettoie auparavant. On a soin de verser un peu d'eau chaude dans le vaisseau qui reçoit la cire. La presse doit aussi être humectée et tournée doucement. Lorsqu'on n'a pas cet instrument, on se contente de serrer les sacs entre deux bâtons, qu'on conduit depuis l'ouverture jusqu'à l'extrémité ; le marc est mis dans l'eau, pendant quelques jours, pour être refondu, pressé de nouveau, et réuni à la première cire. Quelques propriétaires en font des boules qu'ils vendent aux fabricants de toile cirée. Quand la cire pure est suffisamment figée par le refroidissement, on l'ôte, on la jette dans une chaudière qui contient moins d'eau que la première fois ; elle se fond encore ; on écume les ordures, s'il y en a ; ensuite on la verse dans des vaisseaux plus larges à la surface qu'au fond, et dans lesquels on met de l'eau ; on suspend au milieu de chacun une corde attachée à un bâton, laquelle sert à enlever le pain, quand la cire est refroidie, sans qu'il soit besoin de corde; il suffit d'introduire dans les vaisseaux assez d'eau pour soulever les pains et les renverser sens dessus dessous. Il ne faut pas laisser refroidir les pains de cire dans des endroits où il vole de la poussière, ou bien on doit prendre la précaution de les couvrir. On laisse la cire se figer sans remuer les vaisseaux, afin que les ordures qui se déposeraient au fond ne se mêlent pas dans les pains; on ratisse la surface inférieure, où elles se réunissent, comme plus pesantes que la cire; celle-ci par ce moyen est pure.

Dans nos pays les plus abondants en fleurs, où les abeilles commencent à faire leurs provisions dès le mois de février sur les amandiers fleuris à cette époque, et peu de temps après sur les autres arbres fruitiers, on on pourrait très bien faire deux récoltes de miel avant la fin du mois de mai, et abandonner aux abeilles, pour passer l'hiver, celui qu'elles récolteraient jusqu'à la fin de l'automne.

Pour avoir le miel aussi bon et aussi blanc que possible, il faut le laisser le moins de temps qu'on peut dans la ruche, où il s'oxyde et se colore. On peut conserver le miel plusieurs années dans des pots placés à une température fraîche et égale, comme dans une bonne cave, par exemple; mais quand on le tient dans un lieu chaud, il fermente et n'est plus bon qu'à faire de l'hydromel ou du vinaigre.

La trop longue rétention des matières fécales en hiver fait périr les abeilles, ce qui arrive lorsqu'on les tient trop renfermées, ou qu'un froid trop prolongé les empêche de sortir. Cette maladie est connue sous le nom de dyssenterie. Le remède est de ne point renfermer trop longtemps les abeilles. Si elles en étaient attaquées, on leur donnerait un sirop composé d'un demi-litre de vin vieux sans acidité, d'un demi-kilogramme de miel, de douze décagrammes de sucre brut, bouilli ensemble jusqu'à consistance de miel frais. On y mêle un peu de cire pour servir de liaison. Ce sirop peut se garder plusieurs années à la cave, dans des bouteilles bien bouchées. La dose la plus forte pour une ruche bien peuplée, est la quantité que peut contenir une carte à jouer, dont on relève les bords ; on peut la réitérer, s'il est nécessaire. Avant de présenter ce sirop aux abeilles, on le fait un peu tiédir, et on le place sous la ruche.

Année agricole.

Janvier.

Pendant ce mois, la terre est engourdie, et la marche de la végétation est suspendue ; on répare les outils et les instruments aratoires ; on fend le bois de chauffage ; on fait des paniers, des paillassons, des canisses ou claies pour les vers-à-soie, et les divers objets dont on aura besoin au retour de la belle saison. On continue de planter les arbres ; on transplante les plantes vivaces ; on taille les arbres en espaliers et en quenouilles ; on fait les fossés, les transports de terre, les défoncements ; on creuse les fosses pour la plantation des mois suivants. On donne un surcroît de nourriture aux volailles afin de les disposer à pondre de bonne heure ; on donne des aliments aux abeilles jusqu'à l'arrivée des premières fleurs. On taille les grosses branches d'arbres, on les émonde, on détruit les chenilles. On sème les laitues pour le printemps et l'été, des porreaux, des choux, des épinards. On fait de petites branches de persil. On sème des fèves, des pois, des fournitures de salade, la roquette, le cresson, le cerfeuil. On rajeunit les racines de l'oseille. On plante les racines de garance.

Février.

On continue de faire des plantations, de couper le bois. On sème le trèfle et le sainfoin dans les blés ou bien avec de l'avoine ; on nettoie et on étête les saules et les osiers ; on répare les rigoles des prairies ; on nettoie les arbustes ; on porte dans les champs le fumier destiné aux pommes-de-terre, et si le temps est convenable on l'enterre. On donne les premiers labours ; on fume pour la culture de mars ; on coupe les greffes dont on aura besoin pour les mois suivants, et pour qu'elles ne souffrent pas, on les pique en terre dans un endroit à l'abri du hâle et de la trop grande humidité.

On sème les fèves, pois, navets, carottes, oignons, porreaux, choux, topinambours, épinards, persil, cerfeuil, céleri, laitues, asperges. On plante l'ail, la ciboule, les échalottes, les petits oignons de l'année précédente ; on transplante les choux et les semis de janvier qui ont bien prospéré : on remplace par de nouvelles graines celles qui n'ont pas levé ; on visite les asperges et les fraisiers, on en enlève les filets, les mauvais pieds, et les vieilles feuilles gâtées. On taille le pêcher, l'abricotier, le prunier, le cerisier, la vigne et les arbustes. On plante les arbres verts. On met en terre les graines que l'on a stratifiées dans le sable ; on sème les fleurs printanières ; on sème pour transplanter l'œillet de la Chine et autres fleurs.

On sème raifort, radis, betterave rouge, salsifis, scorsonère. On sème et on replante les fournitures de salade. On taille la vigne.

Mars.

On continue la coupe des bois ; le vigneron donne un labour à sa vigne, il taille et provigne. On interdit aux bestiaux l'entrée des prés à faucher ; on continue de planter les arbres verts. On termine les tailles et les élagages. On plante les pépinières ; on greffe en fente, on écussonne à œil poussant. On achève de mettre en terre les graines d'arbres que l'on a stratifiées dans le sable, et de cette manière, on repeuple les clairières des bois, les pépinières, les haies. On fait des boutures des arbres qui repeuplent par ce moyen. On palisse les arbres dont les fruits sont à noyau. On plante les pommes-de-terre et les topinambours. On laboure, on émonde, on sarcle. On sème les choux-fleurs, les céleris, les raves, les pourpiers, les câpres, les capucines, les salsifis, les scorsonères, les betteraves, radis, etc. On plante les racines légumineuses que l'on destine à fournir de la graine. On fait des semis d'arbres verts ; on greffe la vigne ; on sème des laitues, des oignons d'été, des pois, des fèves, des poirées, des cardons en pleine terre, des haricots. On déchausse à demi les artichauts ; on plante des asperges ; on continue de semer la fourniture des salades. On sème l'angélique, la courge, le concombre, les melons, la pomme d'amour, la carde poirée, la chicorée fine, et les balsamines, les roses d'Inde, les œillets d'Inde, les belles de nuit et autres diverses fleurs.

On soumet à la castration les agneaux nés en novembre et décembre, on surveille les oies, les canes et les poules qui veulent couver. On sème les pois, les vesces, les luzernes, les sainfoins et les trèfles.

Avril.

Si le printemps est pluvieux, c'est le temps favorable pour répandre le plâtre cuit pulvérisé sur les prairies artificielles. On jette la suie sur les prés, et on en saupoudre les ensemencements qui craignent les insectes.

Les binages et serfouissages si nécessaires à toute espèce de culture et à la nettoyer. Si ce mois n'est pas pluvieux, on arrose les arbres nouvellement plantés, les repiquages, les transplantations de légumes et quelques semis.

On fauche les luzernes, les trèfles, et les seigles destinés au fourrage.

On plante le figuier. On sème les melons à l'exposition du midi ; lorsqu'ils sont assez forts de tige, on les transplante en les arrosant. En général, toute plante venue de la graine, réussit mieux lorsqu'elle est transplantée.

On achève de déchausser les pieds d'artichauts ; on aplanit le terrain, on bêche à 16 cent. à l'entour, on les soulage des rejets et on ne leur en laisse que ce que la plante en peut nourrir sans s'épuiser. On sème les haricots et tout ce que le froid aurait pu retarder en mars.

On greffe en couronne, en flûte, à l'écusson, avec des rameaux coupés en février, et conservés fraîchement en terre, à l'ombre et dans un lieu frais. On fait des marcottes d'arbuste. On retaille les pêchers, on achève de palisser, et on continue de pincer tout ce qui surcharge trop. On fait la guerre aux insectes et autres animaux nuisibles. On plante les artichauts, les asperges. On tond les buis et les haies. On fauche l'herbe des gazons.

On sème le pourpier, le salsifis, des laitues courtes pommées d'été et des longues vertes, l'oseille, la scorsonère, et des fournitures de salades. On sème la graine de garance. On établit des pépinières de fraisiers. On fait des bordures de thym, lavande, sauge, romarin, violette, etc.

Mai.

On commence à tondre les bêtes à laine. On soumet à la castration les veaux qui y sont destinés. On fait saillir les juments et les ânesses. On sèvre les agneaux nés en janvier.

On continue les semailles de haricots, le sarclage et la destruction des mauvaises herbes. On coupe les premiers foins. On achève de faucher les prés artificiels.

On sème des choux verts, des choux fleurs, des laitues rouges tardives, les aubergines, les tomates, le concombre, les cressons, les endives et autres fournitures.

On déterre les renoncules et les anémones.

On rame les pois et les haricots.

On éclaircit les ensemencements qui sont trop drus, tels que les oignons, les salsifis, les carottes. On coupe les filets des fraisiers; on arrose fréquemment; on met en place le céleri, la laitue, le porreau, la chicorée, etc. On replante, on arrose fréquemment.

On commence à donner les luzernes en vert aux bestiaux. On taille et on pince les pêchers, on palisse les arbres. On greffe en flûte le châtaigner et le figuier.

Juin.

On continue de sarcler, d'éclaircir et de donner de l'eau abondamment aux plantes; on sème de tout ce qu'on a semé le mois précédent. On réserve pour graines, les fèves, les pois, les choux-fleurs et autres légumes destinés à la multiplication; on continue d'éclaircir. On sème en pépinières plusieurs variétés de choux; on œilletonne les artichauts qui ont rapporté, on les serfouit, on effeuille les fraisiers; on recueille beaucoup de graines de fleurs. On tire de terre et on fait sécher au soleil, les oignons, les bulbes et les griffes de diverses fleurs, à mesure que les feuilles sont complètement desséchées; on greffe en écusson à la pousse les arbres qui produisent des fruits à noyaux; on rame les haricots; on fauche l'herbe des gazons pour la seconde fois.

On fait la récolte de la graine de farouch; on continue de faucher les trèfles en vert pour les bestiaux, et on en fait sécher pour les enfermer; on fauche le sainfoin, on en recueille la graine quelques jours après; on enferme les foins secs; on fait la récolte des seigles; on commence à couper la récolte des autres céréales. On prépare les aires.

Juillet.

On achève de couper les blés; on forme les gerbières et on foule le grain si le temps est convenable. On défriche les trèfles : on écussonne à œil dormant; on ébourgeonne et on palisse les arbres; on réduit le nombre des fruits défectueux des arbres qui en sont trop surchargés. On sème des fournitures. On sarcle, on bine, on serfouit, on arrose. On remet en terre divers oignons.

On livre les vaches aux taureaux, pour qu'elles puissent mettre bas à la pousse des herbes de l'année suivante.

On recueille beaucoup de graines mûres. On sème encore quelques légumes.

Août.

On achève de fouler les grains, ont fait les paillers, on ramasse les graines de luzerne et de trèfle. On continue le binage, le sarclage et les arrosements.

On cure les fossés, les mares; on recueille les œufs pour l'hiver; on sarcle et l'on serfouit légèrement les jeunes arbres; on transplante les arbres résineux à peu de distance.

On desserre les greffes qui pourraient éprouver un étranglement fâcheux; on écussonne les amandiers, les abricotiers et les autres arbres à œil dormant. On sème diverses fleurs printanières, et quelques légumes et fournitures de salades.

On recueille diverses graines. On fait des plants de fraisiers.

Septembre.

On sème les raves, navets, épinards, cressons, cerfeuil, carotte. On plante les groseilles, les ciboules, des choux d'hiver venus de graines. On laboure et on porte les fumiers aux terres pour la semence; on sème les avoines. On commence la vendange. On fait les fosses pour planter les arbres d'automne et d'hiver. On commence à recueillir les pommes-de-terre. On continue de faire les provisions d'œufs, et l'on cueille des fruits pour l'hiver. On détruit les vieilles couches. On change de caisse et de terre les orangers. A la fin de ce mois comme en avril la terre des jardins doit être entièrement couverte de légumes, ou semés ou repiqués. On arrache la garance.

Octobre.

On achève la vendange; on continue les semences des blés, avec lesquels on doit mêler les graines de trèfle. On étend les cendres des terres écobuées et on les laboure. On finit de recueillir les fruits d'hiver; on coupe les bois secs des arbres fruitiers avant la chute des feuilles : on étête à environ 2 mètres les arbres des pépinières qui doivent y passer une année.

On sème les raves, les radis, le cerfeuil, les épinards, la laitue, le choux et diverses fournitures. On plante des œilletons d'artichauts; des fraisiers, des choux, des laitues, des marcottes d'œillets. On met en terre les oignons et griffes de diverses fleurs; on repique les choux et les oignons. On continue de faire des fosses et des tranchées pour les plantations d'arbres. On récolte les pommes-de-terre.

Novembre.

On achève les semences des céréales. On plante les arbres, on fait les plants des vignes; on serfouit le pied des arbres fruitiers. On butte, on empaille les plantes délicates. On recueille les glands; on commence la cueillette des olives. On rentre dans la serre les arbres, arbustes et plantes qui craignent le froid. On sème les semences d'arbres qu'on ne stratifie pas; on couvre les garances. On met en terre les oignons à fleurs et à griffes. On lie, on enterre les cardes, les laitues, les chicorées, etc. On chausse les céleris. On sème des pois et des fèves. On achève les engrais des cochons, oies, canards, chapons, poulardes, etc. On tire le vin. On couvre de terre les pieds d'artichauts. On sème du cerfeuil, des fèves, des pois, on met en terre les échalottes; on sème des fournitures de salade. On chausse les oliviers.

Décembre.

On commence les coupes de bois, et particulièrement de ceux destinés à la charpente et à la menuiserie. On achève la cueillette des olives. On arrache les vieilles vignes. On émonde, on continue la plantation des arbres. On fait provision, ainsi que dans le mois de novembre, de fougères et de feuilles sèches pour la litière des bestiaux et pour abriter les végétaux délicats. On fait les fagots; on répare les haies mortes. On raccommode les outils et ustensiles; on fait les travaux de l'intérieur du ménage.

TABLEAU DES DIFFÉRENTS MOYENS
DE MULTIPLIER LES ARBRES.

NATURE DES ARBRES.	MOYEN DE LES MULTIPLIER.
Fruitiers.	
Abricotier......	} greffer sur amandier, prunier.
Pêcher..........	
Amandier......	semis d'amandes.
Noisetier........	rejetons.
Prunier..........	} semis de noyaux.
Cerisier..........	
Figuier..........	rejetons, boutures.
Grenadier......	marcottes, boutures.
Poirier..........	greffer sur franc et sauvageon.
Pommier........	greffer sur paradis ou sauvageon.
Forestiers.	
Acacia..........	semis et rejetons.
Aune............	rejetons, marcottes et boutures.
Alisier..........	
Charme.........	
Châtaigner.....	
Chêne...........	} de semence.
Cormier.........	
Cornouiller.....	
Frêne............	
Erable...........	} graine, marcottes.
Mûrier..........	
Hêtre............	
Marronnier.....	} de semence.
Mélèse..........	

NATURE DES ARBRES.	MOYEN DE LES MULTIPLIER.
Noyer	de semence.
Orme	
Tilleul	graine, rejetons et marcottes.
Tremble	
Platane	marcottes et boutures.
Peuplier	
Saule	bouture.
Osier	marcottes et boutures.
Cytise	graine, marcotte.

TABLEAU DE LA DURÉE DES GRAINES, ET DE L'ÉPOQUE DE LEUR GERMINATION.

NOMS des PLANTES.	VIE.	GERMI-NATION.	DURÉE de leurs SEMENCES.	
		Jours.	Ans.	
Fève.	Annuelle.	3	5 à	6
Haricot.	Idem.	3	2	4
Pois.	Idem.	5	2	5
Lentille.	Idem.	5	3	4
Pom.-de-terre.	Idem.	10	"	"
Topinambour.	Vivace.	15	"	"
Carotte.	Bisannuelle.	5	2	3
Navet.	Idem.	3	2	5
Salsifis.	Idem.	8	1	2
Scorsonère.	Vivace.	12	1	3
Chervis.	Idem.	"	3	4

NOMS des PLANTES.	VIE.	GERMI-NATION.	DURÉE de leurs SEMENCES.
		Jours.	Ans.
Betterave.	Bisannuelle	6	6 à 4
Panais.	Idem.	8	2 5
Rave. Radis.	Annuelle.	5	5 10
Raifort.	Bisannuelle.	6	5 6
Chou.	Idem.	10	6 10
Céleri.	Bisannuelle.	10	2 4
Epinard.	Annuelle.	5	3 5
Cardon.	Bisannuelle.	10	7 10
Oignon.	Annuelle.	6	2 3
Ail.	Vivace.	"	" "
Echalotte.	Idem.	"	" "
Ciboule.	Idem.	"	" "
Porreau.	Bisannuelle.	6	3 4
Asperge.	Vivace.	15	6 10
Artichaut.	Idem.	10	3 5
Melon.	Annuelle.	5	6 15
Concombre.	Idem.	6	5 8
Citrouille.	Idem.	6	4 6
Melongène.	Idem.	8	4 5
Mâche.	Idem.	10	6 7
Raiponce.	Vivace.	10	4 6
Cresson d'eau.	Idem.	"	" "
Cresson alénois.	Annuelle.	5	4 5
Pourpier.	Idem.	9	8 10
Laitue.	Idem.	4	2 5
Chicon.	Idem.	4	2 5
Chicorée.	Idem.	"	6 10
Oseille.	Vivace.	8	3 4
Arroche.	Annuelle.	8	2 4

NOMS des PLANTES.	VIE.	GERMI-NATION.	DURÉE de leurs SEMENCES.
		Jours.	Ans.
Bette.	Bisannuelle.	6	8 à 10
Persil.	Trisannuel.	45	3 5
Cerfeuil.	Annuelle.	5	3 4
Ache.	Vivace.	10	3 5
Bourrache.	Annuelle.	6	2 3
Estragon.	Vivace.	"	3 4
Pimprenelle.	Idem.	10	3 4
Fenouil.	Bisannuelle.	4	3 5
Sarriette.	Annuelle.	8	4 5
Angélique.	Bisannuelle.	15	1 2
Coriandre.	Annuelle.	10	2 5
Capucine.	Idem.	12	3 6
Sénevé.	Idem.	3	2 3
Corne-de-Cerf.	Idem.	8	2 3
Piment.	Idem.	8	6 8
Tomate.	Idem.	8	3 4
Basilic.	Annuelle.	5	2 5
Absinthe.	Vivace.	8	1 3
Thym.	Idem.	"	" "
Lavande.	Idem.	"	" "
Romarin.	Idem.	"	" "
Rue.	Idem.	25	5 8
Hyssope.	Idem.	30	4 6
Groseiller.	Idem.	30	7 10
Framboisier.	Idem.	30	7 10
Fraisier.	Idem.	10	1 3

FIN.

TABLE

AVERTISSEMENT.	Pages 5
DES DIVERSES NATURES DE TERRES.	9
Terres sablonneuses.	9
Terres argileuses.	10
Terres calcaires.	10
Terreau ou humus.	11
DES ENGRAIS.	12
Des excréments humains.	12
Colombine.	12
Fumier de moutons, de chèvres et de lapins.	13
Fumier de cheval, de mulet et d'âne.	14
Excréments de bœuf, de vache.	14
Fumier de porc.	15
Fumier de vers-à-soie.	15
Guano.	15
Os, cornes, écailles et coquillages.	15
Chiffons de laine.	15
Vieux chapeaux, peaux de lapin, retailles de peaux, vieux souliers.	16
Cendres.	16
Cendres de gazon.	16
Cendres de charbon de terre.	17
Cendres lessivées.	17
Suie.	17
Poussier du charbon de bois.	17
Tourbe.	18
Marc d'olives.	18
Marc de raisin.	18
Marc des huiles de graines.	19

Plantes marines. 19
Patte de poule. 19
Plantes aquatiques herbacées. 20
Paille des céréales. 20
Chaume. 20
Plantes, arbustes, arbrisseaux propres à servir
   d'engrais en les enfouissant. 20
Marne. 22
Plâtre. 23
Chaux. 24
Houille. 24
Soude artificielle. 24
Sel marin. 24
Décombres. 25
Poussière des chemins. 25
Boue des rues et des ruisseaux. 25
Ecobuage. 26
Vase des ports de mer. 26
Eau de la mer. 27
Eaux savonneuses et des lavoirs. 27
Eau de neige. 27
Engrais mixtes ou composés des trois règnes de
   la nature. 28
Premier compost. 28
Second compost. 29
Troisième compost. 29
Quatrième compost. 29
Cinquième compost. 29
Sixième compost. 29
Fumiers et leurs emplois. 30
Temps où il faut fumer. 31
Manière dont le fumier agit sur les végétaux. 34
Amendement des terres. 35
DU DRAINAGE. 36

DU COLMATAGE.	37
DU SOUFRAGE.	40
DU LABOURAGE.	41
DU MURIER.	44
ÉDUCATION DES VERS-A-SOIE.	51
DE L'OLIVIER.	63
Semis de l'Olivier.	77
Maladies de l'Olivier.	79
DE LA VIGNE.	85
Taille de la Vigne.	85
CULTURE DE LA VIGNE.	90
PREMIÈRE OEUVRE A DONNER AUX VIGNES.	91
SECONDE OEUVRE A DONNER AUX VIGNES.	96
DE LA PLANTATION DE LA VIGNE.	97
DES TRAVAUX A FAIRE AVANT LA PLANTATION.	98
CULTURE DE LA VIGNE EN CORDONS HORIZONTAUX	
A LA THOMERY, A LA SAVOISIENNE, ETC.	108
MALADIE DE LA VIGNE.	110
DE LA VENDANGE.	111
MANIÈRE DE FAIRE LE VIN BLANC.	111
MANIÈRE DE FAIRE LE VIN CUIT.	114
MANIÈRE DE FAIRE LE VIN ROUGE.	115
MANIÈRE DE FAIRE DU VIN BLANC AVEC DES	
RAISINS ROUGES.	116
MANIÈRE DE FAIRE CUVER LE VIN.	117
MANIÈRE DE FAIRE LA PIQUETTE.	120
DERNIERS SOINS A DONNER AU VIN.	121
DES CÉRÉALES.	123
DU BLÉ.	123
DE LA SEMENCE.	125
DU SARCLAGE.	127
MOISSON.	129
SEIGLE.	131
ORGE.	132

AVOINE.	133
DES GRAINES LÉGUMINEUSES.	136
HARICOTS.	136
CULTURE DES HARICOTS.	137
POIS.	139
POIS-CHICHE.	141
FÈVES.	142
LENTILLES.	143
POMMES-DE-TERRE.	145
DES PRAIRIES.	152
PRAIRIES NATURELLES.	152
PRAIRIES ARTIFICIELLES.	153
DES BOIS ET FORÊTS.	157
SEMENCES.	158
PÉPINIÈRE.	161
MARCOTTES.	166
BOUTURES.	167
PLANTATION.	170
PLANTATION DES BOIS ET FORÊTS.	171
CONSERVATION.	180
DES TAILLIS.	183
BOIS D'ÉLITE.	183
DU JARDINAGE.	185
TUBERCULES ET RACINES.	186
Patate.	186
Topinambour.	186
Carottes.	186
Navets.	187
Salsifis.	187
Betterave.	187
Raves, Radis, Raifort.	188
LÉGUMES HERBACÉS.	188
Chou.	188
Céleri.	189

Épinards.	190
LÉGUMES BULBEUX.	190
Oignon.	190
Ail.	190
Echalotte.	191
Ciboule.	191
Ciboulette, cive ou appétit.	191
Porreau.	191
LÉGUMES VIVACES.	192
Asperges.	192
Artichaut.	193
Cardon.	194
LÉGUMES CUCURBITACÉS.	194
Melon.	194
Concombre.	195
Citrouille, courge ou potiron.	195
Pastèque.	195
Melongène ou aubergine.	195
SALADES.	195
Cresson.	195
Pourpier.	196
Laitue.	196
Chicorée.	196
HERBAGES POTAGERS.	196
Oseille.	196
Bette ou poirée.	197
Persil.	197
Cerfeuil.	197
Bourrache.	197
Estragon.	198
FOURNITURES.	198
Pimprenelle.	198
Fenouil.	198
Angélique.	198

Capucine.	198
Moutarde ou Sénevé.	198
Piment ou Poivron.	198
Tomate ou Pomme d'amour.	199
PLANTES AROMATIQUES.	199
Basilic.	199
Thym, Lavande, Romarin.	199
Sauge, Rue, Menthe, Hyssope.	199
PETITS FRUITS.	199
Groseiller.	199
Épine-Vinette.	199
Framboisier.	200
Fraisier.	200
LA BETTERAVE A SUCRE.	200
PLANTES OLÉAGINEUSES.	202
COLZA.	202
NAVETTE.	204
PAVOT SOMNIFÈRE.	205
CAMELINE OU CAMOMILLE.	206
PLANTES FILAMENTEUSES.	206
COTONNIER.	206
CHANVRE.	211
LIN.	213
LA GARANCE.	214
LE TABAC.	219
LA CARDÈRE OU CHARDON A FOULON.	221
PLANTES AROMATIQUES DES MONTAGNES.	223
DE LA GREFFE.	224
Greffe en fente.	225
Greffe en couronne.	226
Greffe en approche.	227
Greffe en flûte.	228
Greffe anglaise.	229

21

DE LA TAILLE DES ARBRES.	250
FAUX-BOIS.	255
BRANCHES GOURMANDES.	256
ÉBOURGEONNEMENT.	258
ESPALIER.	259
CONTRE-ESPALIER.	243
PRINCIPES GÉNÉRAUX DE LA CONDUITE DES ARBRES FRUITIERS.	243
MALADIES DES ARBRES.	245
CAUSES DES MALADIES.	245
Des Insectes. Les Fourmis.	245
Chenilles.	246
Pucerons, Cochenilles, Gallinsectes, Punaises.	246
Tigre.	247
Limaces, Limaçons.	247
Larves et Vers blancs.	247
Sauterelles.	248
Guêpes et Frélons.	248
La Sécheresse.	248
Les Pluies.	248
L'Humidité dans les racines.	248
Les Gelées tardives.	248
La Mousse.	249
L'Épuisement du sol.	249
La Fructification trop abondante.	249
Les Morsures d'animaux.	249
MALADIES EXTERNES.	250
Fractures.	250
Plaies.	250
Ulcère.	250
Cloque.	250
Rouille.	251
Carie.	251

Blanc ou Meûnier. 251
Brûlure et Gelivure. 251
Chancre. 252
Défoliation. 252
Panachure. 252
Tumeurs et excroissances. 252
MALADIES INTERNES. 253
Étiolement. 253
Pléthore. 253
Jaunisse. 253
Gomme. 253
VERGER. 254
   FRUITS A PEPIN. 254
  Poirier. 254
  Pommier. 258
  Cognassier. 258
  Néflier. 259
  Grenadier. 259
  Oranger. 259
  Sorbier ou cormier. 262
  Vinetier ou Épine-Vinette. 262
   FRUITS A NOYAUX. 263
  Abricotier. 263
  Pêcher. 263
  Prunier. 263
  Cerisier. 264
  Jujubier. 264
   FRUITS A ENVELOPPE. 264
  Amandier. 264
  Noyer. 264
  Noisetier. 265
  Pistachier. 265
  Châtaigner. 265

Figuier.	266
BESTIAUX.	270
TAUREAUX.	270
BOEUFS.	271
VACHES.	273
VEAU.	275
BÉLIERS, MOUTONS, BREBIS ET AGNEAUX.	276
CHÈVRES.	278
COCHONS.	280
CHEVAL.	283
ANE.	286
MULET.	287
BASSE COUR.	288
Poules.	288
Canards.	291
Oies.	292
Dindes.	293
Pigeons.	294
Pigeons de volière.	295
Lapins.	295
DES RÉSERVOIRS ET VIVIERS.	296
Réservoirs simples.	296
Réservoirs plus grands en maçonnerie.	297
Viviers.	297
PISCICULTURE.	297
DES ABEILLES.	300
Récolte du miel et de la cire.	307
ANNÉE AGRICOLE.	312
Janvier.	312
Février.	313
Mars.	314
Avril.	315
Mai.	316

Juin.	316
Juillet.	317
Août.	317
Septembre.	318
Octobre.	318
Novembre.	319
Décembre.	319
TABLEAU DES DIFFÉRENTS MOYENS DE MULTIPLIER LES ARBRES.	320
TABLEAU DE LA DURÉE DES GRAINES, ET DE L'ÉPOQUE DE LEUR GERMINATION.	321

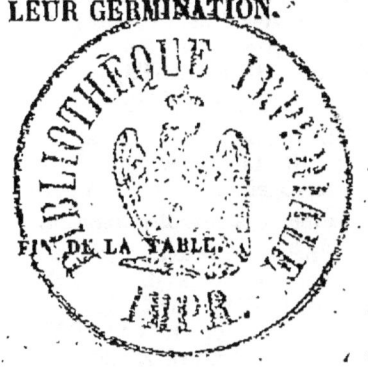

FIN DE LA TABLE.

AMÉDÉE CHAILLOT, Imprimeur-Libraire-Éditeur,
à Avignon.

LIBRAIRIE AMÉDÉE CHAILLOT
A AVIGNON

Les ouvrages suivants seront adressés aux personnes qui en enverront le montant en timbres-poste par lettre affranchie.

GUIDE PRATIQUE pour bien faire ses AFFAIRES soi-même, un gros volume in-18. . . . . 1 fr. 50 c.
LE CUISINIER MÉRIDIONAL, d'après la méthode Provençale et Languedocienne, un gros volume in-18. . 1 fr. 50 c.
SECRETS DES ANCIENS ET RECETTES NOUVELLES, recueil de procédés pour l'utilité du Ménage, la Propreté, les Aliments, les Vêtements, les Meubles, les Appartements, les soins de la Santé, les Maisons, les Jardins, la Destruction des Animaux nuisibles, etc. un volume in-12. . . . 1 fr.
1200 SECRETS, Recettes, Procédés, et Remèdes utiles, nouveaux et éprouvés, un volume in-18. . . . . . 1 fr.
RECUEIL DE COMPLIMENTS, in-18. . . . . . 50 c.

Ouvrages de WALTER SCOTT.

LE TALISMAN, Conte des Croisés, 2 volumes. . . 2 fr.
LE NAIN NOIR, Conte de mon Hôte. . . . . . . 1 fr.
Les autres chefs-d'œuvre de W. Scott paraîtront successivement.

Romans divers et ouvrages amusants à 1 fr. le volume.

LES FIANCÉS, par *Manzoni*, 2 volumes.
MOLIÈRE, Scènes choisies dans ses Comédies.
LE DIABLE BOITEUX, par *Lesage*.
FLEUR D'ÉPINE et Mémoires de GRAMMONT, par *Hamilton*.
LE VOYAGE SENTIMENTAL, par *Sterne*.
LES VOYAGEURS AMUSANTS, Racine, La Fontaine, etc.
CONTES DES GÉNIES, par *Horam*.
FÉERIES NOUVELLES, par *le comte de Caylus*.
NOUVELLES CHOISIES, par *W. Scott, Cervantes, Florian*.
LE CONTEUR DE BONNE SOCIÉTÉ, Récits amusants, etc.
LE CONTEUR AMUSANT, choix de Contes et d'Anecdotes.
HISTOIRES FANTASTIQUES, par *Byron, Hoffmann*, etc.
CONTES FANTASTIQUES, par *Apulée, Hoffmann, W. Scott*, etc.
CONTES MORAUX, par *Mme de Genlis*.
CONTES MORAUX, par *Marmontel*.
L'ÉPICURIEN, par *Th. Moore*.
FAUST, drame fantastique, par *Goethe*.

N. B. Des Notices sur les auteurs sont en tête de ces ouvrages.

Sous Presse :

LE JARDINIER FLEURISTE DU MIDI, in-18. . . 1 fr. 50
LE JARDINIER POTAGER DU MIDI, in-18. . . . 1 fr. 50
LE VERGER, par M. Brémond, 2e édit, 2 vol. in-12, fig. 3 fr.
DESTRUCTION DES ANIMAUX NUISIBLES, in-18. 1 fr.

www.ingramcontent.com/pod-product-compliance
Lightning Source LLC
Chambersburg PA
CBHW070612160426
43194CB00009B/1255